JN091749

マイノリティ問題から考える社会学・入門

差別をこえるために　　西原和久＋杉本 学 編

有斐閣

はしがき

　ここ数年，マイノリティや差別に関するメディアの報道をしばしば見聞きします。LGBTカップルには生産性がないので税金を使うべきではないという国会議員の発言や，医学部の入試で女子の受験生の点数を低くして男子を優先していたことなど，若い世代も関心をもたざるをえない，ジェンダー・セクシュアリティをめぐる差別の報道がありました。

　また，受験生が韓国人の場合は面接の点数を0点にして不合格としていた大学があったとされる問題も報じられて，在日韓国・朝鮮人へのヘイトスピーチなどとともに，エスニシティに関わる外国人差別の問題も，しばしば話題にのぼります。

　世界に目を転じれば，Black Lives Matter［黒人の生命・生活も大切だ］で知られるように，アフリカ系の人びとをはじめとする人種差別問題や，ヨーロッパに押し寄せた難民やイスラム系の人びとへの嫌悪や差別の問題も指摘されています。

　国連人権委員会から是正勧告が出されてきたアイヌや沖縄のいわゆる先住民と呼びうる人びとへの差別も，国際化が進むなかで問題とされてきました。マイノリティと差別の問題は今後も決して軽視できない社会問題であり続けると思われます。

　こうした社会情勢のなか，本書で取り上げるのは主に日本におけるマイノリティへの差別問題です。女性差別，外国人差別だけでなく，障害者差別，部落差別，疾病者差別，被爆者／被曝者差別，沖縄差別など多岐にわたります。もし読者の関心に添う章が

あれば，どこから読んでくださっても結構です。

「マイノリティ問題から考える」本書全体としては，マイノリティとは誰のことで，差別とは何かを確認しながら，マイノリティへの差別問題をしっかりと捉え，それについて社会的・歴史的に考察しながら，そのような問題に対して私たちがどう対応していけばよいのかも考えていきます。つまり，「マイノリティ問題から考える」というのは，ただ頭のなかで「思考する」だけでなく，私たち自身がどのように「行動する」ことが望ましいのかを，事例を通して模索することをめざしています。

なお，用語に関して少し補足をしておきましょう。本書では「障害者」に関しては，一貫してこう漢字で表記をしています。国などの公的機関では「障がい者」と表記するようになっています。しかし，ある障害者団体の方が語っていたことですが，「障害」を考えるためには，社会による「害」（たとえば車いす用のスロープがない）や社会が与える被害（たとえば就職の道が閉ざされる）などを考えることも含まれるので，「障がい」として「害」を無害化・無色化することはむしろ問題だと考えて，あえて本書では「障害者」と表記することにしました。

また，上述した「在日韓国人・朝鮮人」に関しては，この区別自体が差別的な意味合いも帯びている現状を考えて，本書では，「在日コリアン」という言葉で表現するようにしました。こうした用語法のなかに，どうすれば差別を「こえて」いけるのかの契機が潜んでいるようにも思われます。

さらに，本書の副題でもある「差別をこえる」の，この「こえる」という平仮名の意図についても説明しておきます。漢字の「越える」は，越境や越年のように一定の境界を越えて向こうの方に行くこと，他方「超える」は，超人や超スピードのように一

ii

定の基準や数値をはるかに上回ることというニュアンスがあります。本書で使用した「差別をこえる」や「差別をこえて」というのは，差別という壁を「越えて」先に進むこと，あるいは差別という壁をはるかに「超える」といった意味合いもありますが，それ以上に，「こえる」と平仮名書きにすることで，差別のない状態を「つくる」こと，つまり差別という壁を壊して差別のない社会を「創造する」という含意を意図しています。そしてそのために，差別のない社会とはどういう社会であり，どのようにすればそうした社会を創り上げることができるのかを社会学的に「考える」のも，本書のねらいなのです。

　そのためには，過去そして現在において，差別とはどのようなものであるのかをしっかりと把握することが求められます。そしてそれが，これからの差別のない社会を構想する出発点となるのです。本書がめざしたのは，「マイノリティ問題から考える社会学」を「差別をこえる」方向で学んでいくための入門書となることです。各章の執筆者とともに，読者自身が身近な問題から考え，想像力を働かせ，さらに創造力を鍛えて，未来に向けて行動していくことができれば，編者・執筆者としては望外の喜びです。

　さらに，本書にはもう一つのねらいがあります。以上で述べてきたとおり，本書はマイノリティ問題を主題としていますが，その主題を通して，社会学への入門をも意図しています。マイノリティをめぐる問題を考えることは，ひいては社会そのものを考えることにつながります。マイノリティ問題「を」考えるというより，むしろマイノリティ問題「から」私たちの社会を考え，そのことを通して社会学的な見方・考え方を学ぶことができるようなテキストをめざしました。各章の本文やキーワード，コラムで，社会学の概念や社会学史上の重要人物についても，可能なかぎり

言及してあります。

　最後になりましたが，本書の刊行に際しては，企画段階から，執筆段階，校正段階，そして仕上げの段階にいたるまで，有斐閣書籍編集第二部の四竈佑介さんに，本当にお世話になりました。四竈さんの助言がなければ本書は成立しなかったという言い方だけでは，彼の努力を言い尽くすことはできません。むしろ四竈さんは，間違いなく本書の共同編者であり，ときに共同執筆者でもあります。そのアドバイスを私たち執筆者がうまく活かせたかどうかという点については一抹の不安もありますが，本書が少しでも興味深い本に仕上がっているとすれば，それは四竈さんの尽力のおかげです。ありがとうございました。

　さて，今度は読者の出番です。執筆者と一緒に，さらに執筆者をもこえて，マイノリティと差別の問題に関して「考える」ことを通して，未来に向けてともに社会学していくことを心から望んでいます。

　　　2021 年 2 月

　　　　　　　　　　　　　　　　　西原和久・杉本学

執筆者紹介 (執筆順, ＊は編者)

＊西原 和久 (にしはら かずひさ)　　　　　　　　　　〔序章, 第 14 章, 終章, コラム〕

名古屋大学名誉教授, 成城大学名誉教授, 南京大学客員教授

主著　『意味の社会学——現象学的社会学の冒険』弘文堂, 1998 年。『トランスナショナリズム論序説——移民・沖縄・国家』新泉社, 2018 年。『現代国際社会学のフロンティア——アジア太平洋の越境者をめぐるトランスナショナル社会学』東信堂, 2020 年。

堀田 裕子 (ほった ゆうこ)　　　　　　　　　　　　　　　　〔第 1 章〕

摂南大学現代社会学部教授

主著　『意識としての身体——在宅療養現場のビデオ・エスノグラフィー』東信堂, 2022 年。「解題——クロスリーの身体論」『社会的身体——ハビトゥス・アイデンティティ・欲望』N. クロスリー著 (共訳), 新泉社, 2012 年。

後藤 悠里 (ごとう ゆり)　　　　　　　　　　　　　　　　〔第 2 章〕

成城大学社会イノベーション学部准教授

主著　「合理的配慮は人々にいかに理解されているか——意識調査における自由記述回答の分析を通じて」『障害学研究』第 14 号, 2018 年。「『1989 年障害をもつアメリカ人法』をめぐる障害者運動のフレーム生成——アメリカ連邦議会公聴会の議論を分析対象として」『東海社会学年報』第 2 号, 2010 年。

<ruby>安 林 奈緒美<rt>やすばやし な お み</rt></ruby>　　　　　　　　　　　　　　　　　　　〔第 3 章〕

　中部大学生命健康科学研究所研究員，中部大学・名古屋学院大学ほか
　　非常勤講師

　　主著　「保健と教育が交錯する場における養護教諭の役割──学校管理
　　　　職へのインタビュー調査を手掛かりにして」『保健医療社会学論集』
　　　　第 23 巻第 1 号，2012 年。「『養護社会学』の構築に向けて──養護
　　　　教諭の歴史と現代的『養護』概念」『コロキウム──現代社会学理
　　　　論・新地平』第 4 号，2009 年。

<ruby>阿部 純 一郎<rt>あ べ じゅんいちろう</rt></ruby>　　　　　　　　　　　　　　　　　　　〔第 4 章〕

　椙山女学園大学文化情報学部准教授

　　主著　『〈移動〉と〈比較〉の日本帝国史──統治技術としての観光・
　　　　博覧会・フィールドワーク』新曜社，2014 年。「〈銃後〉のツーリズ
　　　　ム──占領期日本の米軍保養地と R&R 計画」『年報社会学論集』第
　　　　31 号，2018 年。

<ruby>山口 博史<rt>やまぐち ひろし</rt></ruby>　　　　　　　　　　　　　　　　　　　〔第 5 章〕

　徳島大学大学院社会産業理工学研究部准教授

　　主著　『変貌する豊田』（共編）東信堂，2020 年。「日系ブラジル人親
　　　　の国内居住と子の滞日化傾向──ある人材派遣会社の事例から」『移
　　　　民研究年報』第 20 号，2014 年。

<ruby>郭 基煥<rt>かく き かん</rt></ruby>　　　　　　　　　　　　　　　　　　　〔第 6 章〕

　東北学院大学国際学部教授

　　主著　『差別と抵抗の現象学──在日朝鮮人の"経験"を基点に』新泉
　　　　社，2006 年。「在日コリアンに対するヘイトスピーチとイデオロギ
　　　　ーへの呼びかけ──ジュディス・バトラーによる『主体化』論を手
　　　　引きに」『現代社会学理論研究』第 8 号，2014 年。

なかむら けい
中村　圭　　　　　　　　　　　　　　　　　　　　　　　　〔第7章〕

　島根県立大学国際関係学部教授

　主著　『なぜ中国企業は人材の流出をプラスに変えられるのか』勁草書
　　　　房，2019年。「家族構造から見る現代中国組織と流動人材」『ジェン
　　　　ダーとセクシュアリティで見る東アジア』瀬地山角編，勁草書房，
　　　　2017年。

すぎもと まなぶ
*杉本　学　　　　　　　　　　　　　　　　　　　　〔第8，13章，コラム〕

　熊本学園大学商学部教授

　主著　『ジンメルの論点』（共著）ハーベスト社，2018年。「近接性と
　　　　距離――バウマンの道徳論におけるジンメルの援用をめぐって」『コ
　　　　ロキウム――現代社会学理論・新地平』第3号，2007年。

こさか ゆうすけ
小坂　有資　　　　　　　　　　　　　　　　　　　　　　　　〔第9章〕

　香川大学大学教育基盤センター特命講師

　主著　「ハンセン病者をめぐる社会関係の変容―― ART SETOUCHI に
　　　　おける国立療養所大島青松園での活動に着目して」『アート・ライ
　　　　フ・社会学――エンパワーするアートベース・リサーチ』岡原正幸
　　　　編，晃洋書房，2020年。「ハンセン病者の経験の共有に向けた道
　　　　――カラウパパと大島青松園のダーク・ツーリズムに着目して」『保
　　　　健医療社会学論集』第27巻第1号，2016年。

とくひさ み お こ
徳久　美生子　　　　　　　　　　　　　　　　　　　　　　　〔第10章〕

　武蔵大学総合研究機構専門研究員，武蔵大学・成城大学ほか非常勤講師

　主著　「被爆1世の沈黙の意味と抵抗―― J. バトラーの自己に関する
　　　　説明を手がかりに」『年報社会学論集』第26号，2014年。「人々の
　　　　〈生〉と『社会』との関係を問う社会学理論の展望―― G. H. ミード
　　　　の理論実践を手がかりに」『社会学史研究』第40号，2018年。

執筆者紹介　　vii

保坂　稔 ^{ほ さか　みのる}　　　　　　　　　　　　　　　　　　　　〔第 11 章〕

　成城大学社会イノベーション学部教授

　主著　『緑の党政権の誕生——保守的な地域における環境運動の展開』
　　　　晃洋書房，2013 年。『現代社会と権威主義——フランクフルト学派
　　　　権威論の再構成』東信堂，2003 年。

佐藤　直樹 ^{さ とう　なお き}　　　　　　　　　　　　　　　　　　　〔第 12 章〕

　株式会社早稲田大学アカデミックソリューション　社会連携企画部所属

　主著　「Recognition theory for Social movement research: Examination
　　　　of Axel Honneth's Recognition theory on Dialogue」『現代社会学理論
　　　　研究』第 12 号，2018 年。「気づきとアクションを生み出すフューチ
　　　　ャーセンターのセッション設計」（共著）『静岡大学生涯学習教育研
　　　　究』第 19 号，2017 年。

渡辺　克典 ^{わたなべ　かつのり}　　　　　　　　　　　　　　　　　〔コラム〕

　徳島大学大学院社会産業理工学研究部准教授

　主著　「〈気詰まり〉を生きる吃音者——言語障害と相互行為儀礼」榊原
　　　　賢二郎編『障害社会学という視座——社会モデルから社会学的反省
　　　　へ』新曜社，2019 年。『触発するゴフマン——やりとりの秩序の社
　　　　会学』（共編）新曜社，2015 年。

目　次

マイノリティ問題から考える社会学・入門——差別をこえるために

第IV部
差別をこえる
脱差別の理論と実践

社会学史コラム

（コラム末尾には執筆者として西原を N，杉本を S，渡辺を W と表記した）

序章　マイノリティと差別の根を問う

チャップリンの『モダン・タイムス』（dpa/時事通信フォト）

　ここではまず，本書全体と関わる「差別」と「マイノリティ」という言葉を考えてみましょう。そうすると興味深い意外な発見があるかもしれません。そこから，マイノリティへの差別の原因と，その克服の道を探る社会学の旅に出かけてみましょう。

> **本書のキーワード**
> 近代　　資本主義　　ポストモダン　　近代国民国家　　パラダイム

I

「差」と「別」からなる「差別」という言葉は，意外なことに，仏教用語では「しゃべつ」と読み，「個々の存在があくまでも独自で，それぞれに異なるすがたを持っていること」（『岩波仏教辞典〔第2版〕』）を意味します。差別が個性や多様性に関わるとは，きわめて興味深い指摘です。日本の代表的な辞典である『広辞苑〔第7版〕』にも，仏教用語として「しゃべつ（差別）」の項目があり，そこでも最初に，「それぞれの個物が具体的な差異をもっていること」と記され，その次に「相違」「区別」などの意味が示されています。少なくとも仏教用語としては，「差別（しゃべつ）」は個性に着目した語なのです。

　現代の私たちにとって，こうした説明は差異や個性や多様性の重視，つまり「ダイバーシティ」に光を当てているように見えます。しかし，すぐに気づくように，そのような捉え方は現代語でいう「さべつ（差別）」とかなり異なっています。現代日本語の意味や用法に焦点を当てている『明鏡国語辞典〔第2版〕』の「さべつ（差別）」という項目では，①「種類・性質・状態などの違いによって区別すること。また，その違い」という意味とともに，②「偏見などによって差をつけ，一方を他よりも価値の低いものとして扱うこと」と記されています。現代の日常的な感覚では，いうまでもなくこの後者②がポイントです。そこで，ここでは①の区別という意味合いをふまえつつ，この②の意味での差別を社会学的に考えていきたいと思います。

1 差別とマイノリティを考える

差別とは何か

そこでまず，筆者が考える「差別」の捉え方を述べておきます。一言でいえば，差別とは，「区別と蔑視と排除」の3つが合わさるときに，明確に成立するといえます。区別は無条件には差別につながりませんが，その区別がもとになり，一面的な捉え方や偏見に基

づく見下し＝蔑視がなされて，さらに実際に排斥・除去という排除の行為がなされる場合には，差別だということができます。

　私たちは対象を，必要に応じて，「AではなくB」だというように区別して特定します。たとえば男ではなく女だとか，日本人ではなく中国人だという具合に，無意識の場合を含めて，区別して認識します。

　しかしこうした区別が，偏った見方や一面的な独断に固執して蔑み（＝蔑視）に転じ，さらに対象を受け入れがたいものとして排除するとき，私たちは「差別」という行為を語らざるをえないのです。他者を個性を持った対等な仲間として迎え入れずに排除してしまう行為は，いうまでもなく他者との共生を拒むことであり，異質な他者とともに対等な立場で生きることとは正反対のスタンスです。

　このように，差別は区別・蔑視・排除が合わさって成り立つと述べましたが，なぜ差別が現代社会に存在するのでしょうか。過去の歴史的経緯から差別が現代にまで残っていたり，現代社会において新たに生じている差別もあります。

　本書では，焦点を日本の現代社会に合わせているので，現代社会と差別問題という文脈で考えていきます。そのためには，もう一つの鍵となる言葉の「マイノリティ」についても，言及しておきましょう。

| マイノリティと
社会的マイノリティ | まず，マイノリティとは何かを考えてみます。ふたたび『広辞苑』をひもとくと，真っ先に挙げられている |

のは「少数派」という意味です。反対語はマジョリティ（多数派）です。ただし，差別を問題にするときには，たんに数の上でのマイノリティ（少数派）だけを取り扱うわけではありません。

たとえば，日本社会において，女性は男性と比較して，労働機会や給料面などで対等の機会や待遇が与えられていない場合が際立ちます。実際，国際的にみて日本はジェンダー格差が大きい国だとされています。2019 年に発表された「ジェンダー・ギャップ指数」では，日本は世界 153 カ国中 121 位でした（世界経済フォーラムウェブサイト）。ここからもわかるように，とくに現代日本において，女性は男性に対して「社会的マイノリティ」の状況に置かれているといえるでしょう（第 1 章参照）。男女はほぼ同数ですが，女性は劣位に置かれて，排除されていると考えられます。それは，女性の「数」の問題ではなく，いわば「処遇」の問題です。

　あるいは，植民地化された地域の人びとは，植民地化を推進する国（宗主国）の人びとよりも人数が多くても（たとえばかつての宗主国イギリスと植民地インドのような場合），力で抑圧されたり，法外な課税があったり，民主的な権利（たとえば自己決定権や選挙権など）が認められなかったりします。植民地の人びとは，宗主国の人びととの関係では「社会的マイノリティ」だということができるでしょう。

　本書では基本的に，そのような個人の生活の機会や権利が，力ある他者によって奪われて，劣位に置かれている状況にある人びとを「マイノリティ」と呼びます。したがって，少数ではないとしても劣位に置かれて，生活機会や人としての権利が奪われている人びとに関しても「マイノリティ」（とくに必要な場合はあえて「社会的マイノリティ」とも呼びます）として，考察の対象とすることにします。

マイノリティと
差別の社会的背景

では，そのような不当・不平等で差別的な扱いが，なぜ21世紀の現代でも生じるのでしょうか。ここでは，その社会的な背景を考えてみたいと思います。この点を考えるためにはおそらく，主に，差別の①歴史構造的な経緯，②集団関係的な要因，そして③文化価値的な理由，さらには④相互行為的な場面，に着目する必要があります。もちろん，これら①から④は，実際には重なり合ったり，交じり合ったりしているのですが，論点を明確にするために区別して検討してみたいと思います。

まず「①歴史構造的な経緯」です。かつて戦争などで捕えられた人びとが，奴隷のような扱いを受けて差別されてきたことがあります。それは戦いの敗者や奴隷とされた未開地の住民といった特徴を有するもの（「有徴者」）として，差別的な扱いがみられたケースです。そして多くの場合，このような歴史的経緯のなかで，その差別的取り扱いは慣習化され，意識的にも制度的にも構造化されていく点が重要です。とくに身分制社会における規則，あるいは人身売買を含めた奴隷制という制度，さらには国民と国民ではない人びと（外国人）とを区別する法的規則なども，そうした構造化された例だといえるでしょう。

さらに「②集団関係的な要因」も重要です。特定の集団の人びとが別の集団の人びとによって，集団まるごと差別される例がここでの焦点です。ただし，ここでいう「人びと」の社会集団とは，その集団に属していることに必ずしも自覚的な集団というわけではなく，一定のカテゴリーに属すると周囲から見なされる人びとの集合という場合もあります。人種差別や民族差別などを思い起こすとわかりやすいでしょうが，一定の属性を持つと有徴化がなされ，一定のカテゴリーに属する者として差異化され，差別的な

処遇を受けるような事態です。そうしたケースでは，差別する側の人びとは差別対象となる外部の集団に対して差異化し，自分たちと同等の権利を認めず差別的な取り扱いをすることになります。同時に，差別する側の内部では，同一属性を持つ「われわれ」として，自分たちを同一化する傾向も見られます。そのような集団関係の差異化の力学にも着目が必要です。

　そして「③文化価値的な理由」もあります。さまざまな区別や差異化に，さらに明確な「文化価値的な理由」がともなうとすれば，たとえば優劣意識や上下意識などの「価値づけ」「見下し」という差異化がそれにより明確化されるとすれば，いっそう顕著な「差別」意識が生まれます。その背景には，人種的・民族的，あるいは宗教的，政治的，経済的，さらには暴力といった「力」の不均衡や，資質的・後天的な身体上の力の強弱なども関わってくるでしょう。全体的な差異がポイントではなく，無数にある特性のうちの差別者に都合のよい一部のみを取り上げ，価値序列のもとで差異化し，見下し・蔑視し，排除するような場合に，差別が問題視されるのです。同時にその場合は，自他間に共通の特性は無視されているといえるでしょう。人種差別や民族差別の例以外にも，宗教的な異端者，文化的な劣位者（植民地文化など），政治的な被迫害者，さらには障害者，貧者，病者，同性愛者などに対する差別がすぐに思いつきます。ここでとくに「文化価値的」な理由としたのは，価値づけには文化的な要素が色濃く反映されるからです。

　そして最後が「④相互行為的な場面」です。差別が実際にはさまざまな相互行為的な状況において具体的に生起すること，この点に社会学は着目する必要があります。なんらかの理由があっても，相互行為をしている相手の生活機会を奪うような暴言や差別

的言辞を対面で発するのは，直接的な相互行為場面での出来事です。くわえて，メディアを介した非対面的な相互行為場面のコミュニケーションもあります。現代に特徴的な，ネットやSNSで特定の他者（たち）を意識して差別的な言辞を記すケースも，発信者と受信者との相互行為場面での差別といえます。しかし，この場合のように，相互行為場面というのは1対1の二者関係に限られるわけではありません。むしろ，相互行為場面は三者関係をモデルとするような，複数の人びとが関係する状況が一般的です。Aという人がBを差別するというよりも，むしろ差別には，AがBと一緒にCを差別する（「仲間」はずれの場合を考えてみましょう），あるいはAがBとCに対して，その両者を差異化してBは許容できる仲間だが，Cは許容できないとして区別し排除するような，複数者間のケースが多いのです。インターネット上でも，不特定多数が第三者的な立場で反応することが目立ちます。

　いずれにせよ差別の実践は，1対1でなされうるにしても，その背後には三者以上の複数行為者の相互行為場面ないしは集団関係状況が存在し，そのことによって差別がより一般化・固定化されるのです。そして，それが直接的，間接的に相互行為場面でなされるので，その意味でまさに相互行為場面は差別の「生成の現場」（クロスリー2003）であるといっても過言ではありません。

　ただし，ここで重要なことは，相互行為場面で他者（たち）が差別の対象とされるならば，そうした差別のあり方を変えていくのもまた，相互行為場面である点です。つまり，相互行為場面は差別解消の現場ともなりうるということです。もちろん，その背後にある文化価値的な理由やより大きな集団関係的な要因，さらには歴史構造的な経緯を問い直しながら，差別関係を変化させていく努力も同時に行いながらではありますが，新しい相互行為状

況や集団関係状態をつくりだして新たな社会を構想していくのは，個々の相互行為レベルでの人びとの主体的行為がポイントとなってくるということです。

「近代」の人間観と
マイノリティ差別

そこで，とくに「近代」という時代文化に特有な，マイノリティへの差別的扱いを考えてみましょう。その時代の人の特性としては，自律して主体的に判断し，科学的知見を有し，さらに経済発展に貢献し，国家の発展にも寄与する模範的人間像が指摘できます。しかし身体障害者や知的障害者の場合は，自律・自立した活動ができずに，経済発展や国家発展に貢献できない役立たずの者と「価値づけ」られがちです。

とくに「資本主義」という近代の経済システムは，競争原理のもとで効率・能率を重視して人びとが生産活動に従事し，利潤の最大化を目的とするシステムですから，そこでは男性と比べて力の弱い女性や障害をもった人たちなどが差別されやすい存在となります。そして現代においては，いわゆるLGBT（詳細は第1章参照）の人びとも「種の再生産」つまり次世代の子供を産んで育てることがないという意味において，つまりそうした「生産性」という観点からみて，「生産」能力を持たないという価値判断を下され，差別されがちとなるわけです。これが，現代日本の保守政党の国会議員がLGBTを批判する論拠でした。経済中心の文化的価値観のなかで下される，「生産性」重視という価値判断によって，それに適合的ではない人びとは「不完全」な者として，蔑視と排除の対象と見なされるのです。人間を，生産性ではなく，別の価値基準で評価する社会があるとすれば，そこではこのような蔑視・排除による差別は問題となりにくいはずです。

さて，この序章では，以下であらためて，私たちがいま生活し

ている「現代」の社会が土台としてきた，「近代」という時代を
取り上げます。そこから差別の生じる相互行為場面の背景と，差
別に対する人びとの実践的行為に焦点を当て，差別を変容させる
未来をも展望する足がかりとしてみたいと思います。

2 現代の差別の重要な背景としての「近代」

近代とは何か

ここでいう近代とは，英語のモダン
（modern）と深く関係する言葉です。
この英語やほかの西洋語でいう「モダン」に類する言葉は，近代
と現代を合わせた言葉です。つまりその背景には，現代も近代と
いう土台のうえに成り立つという考え方があります。モダンとは，
とくに西欧で 16 世紀を経たのちに現れ，18〜19 世紀に本格的に
成立し，20 世紀には頂点に達して，現在はその転換期にあると
考えられている時代認識です。

　チャールズ・チャップリン主演の『モダン・タイムス』という
映画は，1936 年に公開されました。それは資本主義や機械文明
を批判する映画でした（本章の冒頭参照）。しかし，20 世紀の終わ
りになると，モダンの終焉，つまり**ポストモダン**という見方が広
がりはじめました。建築の場面で意識されるようになったポスト
モダンは，能率や効率，機能性の追求への反動の発想からはじま
りました。この間の経緯をもう少し詳しく見ておきましょう。

科学と主体の重視

「近代」を語るには，科学，主体，
資本，国家がポイントとなります。
まず科学を見てみましょう。1543 年にニコラウス・コペルニク
スが地動説を明らかにしてから，文字どおり世界は 180 度の転回，

つまり天動説から地動説への「コペルニクス的転回」を経験します。その後に，ガリレオ・ガリレイやアイザック・ニュートンの活躍もあって，合理的な科学的精神は，「科学革命」とも称されて，近代の発想の一つの中核をなします。そして，いわば科学的であることが最も「正しい」思考形態であるとする「科学主義」が定着していきます。

他方，近代哲学の祖ともいわれる17世紀フランスのルネ・デカルトは，「我思う，ゆえに我在り」と述べたことで知られています（デカルト 1997）。この言葉は，思考する主体（「我」）の活動がまずあって，その我（主体・主観・自我）が他の人や物を客体（対象）として認識するという関係を，その議論の出発点とする見方です。「主客図式」の成立などともいわれています。そこでは，主体的／主観的に思考する「我」の存在の重要性が強調されました。それを，「主体主義」と呼ぶことができるでしょう。「主体主義」は，個人を重視する近代意識の一つの典型でもあったのです。ただし，デカルトが近代をつくったわけではありません。デカルトのような発想は，ほかの領域でも見られました。たとえばそれは，一般に宗教改革といわれる変化のなかでも生じました。

16世紀に起こったドイツのマルティン・ルターの宗教改革は，それまでのローマ教会を中心とするキリスト教世界を，大きく変容させました。それまでは教会の聖職者が，庶民には読むことができないラテン語で書かれた聖書の解釈を独占し，信者たちは信仰のよりどころを教会の聖職者の説教に置いていました。絶対な権力のもとに腐敗したローマ教会は，お金を払えば罪を免れることができるという「免罪符」（「贖宥状」とも訳されます）を販売して教会の収入にしていましたが，1517年にそれはおかしいと抵抗・抗議したのがルターです。ルターと同じくカトリック教会に

プロテスト（抗議）する人はプロテスタントと呼ばれ，新しいキリスト教各派をつくる動きとなります。信仰者自身が聖書を頼りに，神と向き合って日常生活のなかで（世俗内で禁欲的に）信仰生活を送ることが，信仰者の道だとルターは考えました。それは信仰者個人を尊重する発想です。そして個人が聖書を読めるように，ルターは聖書のドイツ語訳を行ったのです。個人が自分の言葉で聖書に接して信仰生活を営むという個人重視の視点が，ここでも確立されはじめたわけです。このような個人の人としての権利の遂行が，やがて「人権」という発想の成立にもつながっていきました。そして自立した個人という「主体」を重要視する「主体主義」の発想も，より一般化していったのです。そして，科学主義とも一体となり，主体的・理性的な人間像が一般化されていきました。

資本主義と近代国家

さらにドイツの社会学者マックス・ヴェーバーは，上述のルターとともにジャン・カルヴァンという宗教改革者も取り上げ，〈全智全能の神はすべてを予定している，したがって人が救われるか否かも神は予定している〉というカルヴァンの「予定説」に着目しました（ヴェーバー 1989）。

　自分が救われる側に予定されているかどうかという点は，世俗のなかで仕事・労働に誠実に向き合って成功することで確認することができるとカルヴァンは説いたので，カルヴァンの信仰者たちは日々の自分の経済活動に積極的に従事し，成功をめざすことになったとヴェーバーは考えました。合理的な計画性をもって一生懸命に働き，無駄や贅沢をせずに，資本（富）の蓄積という経済的な成功をめざすという勤勉（industry）な態度は，労働，とくに新興の産業（industry）を推し進める原動力でもあったのです。

こうして，神に仕える（信仰生活を送る）ことが結果として富を得ることにつながった，とヴェーバーは説きました。そして，このようにして，「資本主義」という自由競争を原理とする，私的な利潤獲得の経済活動が活性化したと論じました。ただし，神とそのもとでの倫理という連関が，やがては富とそれを得る営利という目的 - 手段に変質していき，「価値の転倒」が起こったとも，ヴェーバーは指摘しています。

　さらに，宗教戦争でもあった西欧の三十年戦争（1618-1648）の結果，現在の西欧のかたちに近い近代国家が成立したことにも触れておくべきでしょう。この戦争の講和条約（交戦国間で結ぶ平和回復のための条約）である1648年に締結されたウェストファリア条約は，今日の西欧の国家の大枠を確定したということができます（それゆえ近現代の国際体制は「ウェストファリア体制」とも呼ばれます）。それ以後，西欧では民主主義が進展し，国家が国民の人権を保護し，さらに国家は教育や福祉も担いつつ，自分たちの国家を自分たちで管理運営していくという「主権」の意識も，国家意識とともに定着していきます。「領土，国民，主権」が近代国家の3要素であるなどといわれるのは，このような**近代国民国家**の生成と成長に基づく主張です（西原・油井編2010）。

　こうした国家観のもとで，19世紀の帝国主義の生成から，20世紀には，国家間の戦争が世界規模で生じるようにもなりました。20世紀の2度の世界大戦とその後の冷戦は，国家間対立の象徴的な出来事でしょう。しかしその後，このような近代の国家中心の発想である「国家主義」は，「資本主義」とともに少しずつ批判されはじめます。

環境問題と
パラダイム転換

20世紀の後半からは，環境問題が大きな問題となりました。先進国では18世紀後半以来，利益優先の大規模な工場経営などに見られる資本主義の発展によって，大気汚染や水質汚染が引き起こされてきました。第二次産業の重工業を中心に近代化を進める新興国においても，同様な問題が生じました。こうして環境破壊が地球規模で広がった20世紀後半に，利潤追求を第一とする資本主義との関係でようやく環境問題が，グローバルに議論されるようになったのです。

　現在では，世界のトップ10％の富裕層が，二酸化炭素（CO_2）の約半分を排出しているという環境関連の格差社会の指摘もあります（斎藤2020）。地球の温暖化，大気汚染，森林破壊，オゾン層の減少の問題などは，利益追求を優先してきた社会に反省を促しました。さらに，一つの国家だけでは対処できない地球環境問題の自覚化から，国家主義を超える国家間の連携も必要となります。自国中心主義では問題は解決されないのです。

　このように近代とは，個人中心の発想である「主体主義」を基盤として，「資本主義」という私的な利潤を最大化する経済システムと，科学的・技術的な知見を基準とした合理的な「科学主義」のもとで，国家の発展と国家間での競争に勝つことを目標にした「国家主義」が展開されてきた時代だったのです（西原・保坂編2016）。

　「近代」という時代に共有された発想の型（思考の「パラダイム」）によって，一種の「自分中心主義」が定着し，戦争問題や環境問題なども引き起こされてきたのです。自分だけよければいい（他人のことはどうでもいい），国家の存続は個人の命よりも重要だ（お国のために死ぬ）などといった発想は，大なり小なり，こう

2　現代の差別の重要な背景としての「近代」　　13

したパラダイムと結びついています。そのような近代という時代の発想と行動を問い直して変革する「パラダイムの転換」は，地球環境問題や世界の格差社会化，社会分断化が語られるいままさに最重要な課題となっているといえるのではないでしょうか。

　じつは，マイノリティ問題や差別問題を知り，考えることで，私たちはこうした問題をも問い直すことができます。政治的，経済的，あるいは軍事的な強者が社会レベルで弱者を虐げるシステムは，問い直されなくてはなりません。とはいえ，言葉でいうのは簡単ですが，近代的パラダイムは歴史社会的な経緯から私たちの思考・行動全体に見えないかたちで入り込んで拘束しているものなので，それを崩していくのは相当に大きな課題です。つまり思考のパラダイムを問い直すことは，私たちの身近なところから，過去の歴史やグローバルな地点まで広がる大きな課題でもあるのです。おそらく，そうした問い直しのためには，一つひとつの問題をていねいに解きほぐしながら，問題解決への足がかりを探る以外に道はないと思われます。

　マイノリティ，そして差別の具体的な現場をまずは知り，適切に把握することからはじめて，本書を通して，一緒に，マイノリティと差別の問題を考える旅に出かけてみましょう。

キーワード解説
近代：思考する主体・主観を重視し，理知的な科学を信頼し，自分の国家（近代国民国家）を中心に利潤追求を第一とする資本主義的経済の発展に努める時代を指す言葉。西洋語の近代を指すモダン（modern, Moderne など）という言葉は，日本語でいう「現代」をも含む。そして，現代はモダンからポストモダン（脱近代・ポスト近代）への移行期であるという時代認識や，近代を批判してポストモダンに移行

すべきであるという考え方もある。

資本主義：近代になって本格的に確立した経済社会制度。資本を活用し，原材料等と労働力を商品として購入し，生産過程を経て生み出した物などを商品として売買する，私的かつ自由な利潤追求の競争原理システムを是とする考え方である。能率／効率・拝金主義・(新旧)自由主義などと深く関係し，かつてマルクス主義では資本家階級（ブルジョアジー）と労働者階級（プロレタリアート）の対立として資本主義社会が描かれたが，今日では南北問題を含むグローバル資本主義の展開や，金融資本主義，カジノ資本主義，祝賀資本主義など，物の生産に直接かかわらない資本主義も語られている。

ポストモダン：ポスト近代や脱近代などとも表記されるが，モダンの特性である主体主義，科学主義，資本主義，国家主義などのあり方や概念に鋭い批判が向けられた結果生まれた，主体の解体，科学批判，脱成長，脱国家といった発想が柱となる。課題は，近代後の社会をどう構想するかにある。その意味では，資本主義後の社会を超える「ポスト資本主義」という考え方も，広い意味ではポストモダンの流れに属するといえるだろう。

近代国民国家：多様な国家形態のなかで，近代国民国家とは，17世紀に西洋近代で，宗教的権威（神権）を脱した新たな一団の人びとが，暴力を独占し，租税を徴収し，一定領土内で他の人びとへの支配権力を確立した統治の機関として成立し，やがて民主主義を核とし，対内的には国家意識を核とする国民の一体感を強調し，対外的には相互承認された主権国家として成長し，19世紀に本格的に一般化されはじめた国家類型で，21世紀にはその退場が語られはじめた「想像の共同体」である。

パラダイム：ある時代の世界認識の基底にある，人びとに自明視された共通の思考の型を指す。前近代の地動説と近代の天動説との違いはわかりやすいが，現代社会においては，自由，平等，人権，国家，資本，利子，賃労働なども一般に自明視され，自由主義的な資本主義社会のパラダイムを形成している。しかし，平和と共生，世界的な格差社会，地球環境などが問題視されるようになると，これまでに自明

とされてきた物事の是非を問う必要が生じ，その問い直しがパラダイムの転換につながる可能性がある。

ブックガイド

■中村雄二郎『臨床の知とは何か』岩波新書，1992 年
　著者は科学の知を批判して現場に密着した臨床の知を説く。近代の科学知は普遍主義と論理主義と客観主義を重視して成立するが，そのことで人びとのもつ独自の宇宙観（コスモロジー）や多義的な意味（シンボリズム）は切り捨てられ，他者や環境に働きかける行為（パフォーマンス）も失われたと指摘する。

■アンソニー・ギデンズ『近代とはいかなる時代か？──モダニティの帰結』松尾精文・小幡正敏訳，而立書房，1993 年
　社会学者ギデンズは，近代＝モダニティの 4 つの制度特性として，資本主義（競争を旨とする労働市場や商品市場における資本の蓄積）と産業主義（自然界の変容−「創出環境」の発達），そして軍事力（戦争の産業化という状況のもとでの暴力手段の管理）と監視（情報の管理と社会的監視）を挙げている。やや古い本だが，以上の指摘は現代世界の制度特性をうまく捉えている。

■西原和久・油井清光編『現代人の社会学・入門──グローバル化時代の生活世界』有斐閣コンパクト，2010 年
　グローバル化と生活世界の変容，グローバル化と他者へのまなざし，そしてグローバル化とジェンダーの問題を最初に押さえながら，次いで家族，若者，企業，地域，まちづくり，観光，環境に関する諸社会問題を考察する。さらに生の世界の諸相として，福祉とケア，医療と倫理，身体と作法といった問題にも目を向ける。最終的にエスニック・アイデンティティの問題と，国家概念・社会概念の再検討にも立ち入り，ともに生きる社会を考える示唆に富んだ入門書である。

社会学史コラム①　差別論の系譜

　社会学とその周辺では，早い段階からマイノリティへの差別が多様に語られてきた。ヨーロッパでは，ユダヤ人差別がしばしば論じられた。K. マルクスや E. デュルケムもこの問題に言及した。その後，ナチスによるユダヤ人迫害の経験を経た Th. アドルノらフランクフルト学派の社会学者たちが，ホロコーストを生み出した近代社会についての鋭い批判を展開した。一方，アメリカでは W. E. B. デュボイスなどが黒人差別に対して批判的に論及したが，必ずしもアメリカ社会学の主流とはならなかった。

　第二次世界大戦後には，公民権運動や第二波フェミニズム運動，障害者運動を背景に，様々なマイノリティの問題が着目されるようになってきた。イギリスでの障害学研究の進展は障害者差別の社会学研究を深め，欧米のジェンダー論の展開は日本に影響を与え，青鞜社以来の女性解放論に加えて，女性差別が日本でも鋭く批判されることになった。また，1990 年代には日本で『講座 差別の社会学』全 4 巻が刊行され，差別の社会学という領域が定着しはじめた。さらに，グローバル化のなかで，エスニシティ問題も活発に論じられ，民族差別にも新たな光が当てられるようになった。

　なお，差別論への視点としては，マルクス主義のように歴史的な社会構造というマクロな視点や，エスノメソドロジーのように身近な会話の分析といったミクロな視点から論じるものまで，多様である。日常的な相互行為の積み重ねが差別構造を構成し，そうした構造が逆に日常生活に影響を与えるという関係にある限り，こうした双方向の視点からの差別論が必要だろう。

（N・S）

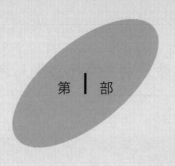

第 | 部

社会的マイノリティの視点から問う

個人と社会

生きづらさをこえる社会関係づくり

第 *1* 章　女性差別を身体論から考える

「生理マシーン，タカシの場合。」©Sputniko!

　女性は数的なマイノリティではありませんが，社会生活から
排除されがちな社会的マイノリティです。その差別の根底には
身体へのまなざしの問題があります。本章では，女性解放思想
の歴史を概観し，身体の観点から差別解消の可能性を考えます。

本章のキーワード
フェミニズム　　ドメスティック・バイオレンス　　LGBTQ
セックス／ジェンダー　　社会化　　身体技法　　ハビトゥス

世界人口統計によると，どの地域においても女性と男性の割合はほぼ同程度です。しかし，世界各国の議会で構成される列国議会同盟（IPU）によると，世界全体での女性国会議員比率（2022年1月1日時点，下院ベース）は26.1％であり，日本は平均をはるかに下回る9.7％，G7中最下位でした。また，国際労働機関（ILO）によると，世界の女性管理職比率（2018年）は27.1％であり，こちらでも日本は平均を大きく下回る12％，やはりG7中最下位でした。このように，国家や企業を動かす地位にあるのはほぼ男性で，女性は世界的に見ても「社会的マイノリティ」であり，男女共同参画という点では日本は後進的であるとさえいえます。また，性をめぐる差別を考えるうえでは，こうした統計には表れないLGBTQといった性的マイノリティにも留意が必要です。性的マイノリティは数のうえでも社会的にもマイノリティであり，女性以上に「有徴」な存在として，さまざまな社会的機会から排除される可能性のなかにいます。ここではまず，こうした性をめぐる差別および生きづらさとの闘いの歴史を概観していきましょう。

1　性をめぐる解放思想の変遷
——誰が何に対して異議申し立てをしてきたか

第一波フェミニズム

　性をめぐる闘いの出発点として，19世紀から20世紀初頭にかけて起こったフェミニズムが挙げられます。とくに，最初のフェミニズムは「第一波フェミニズム」と呼ばれています。当時，ヨーロッパを中心に自由と平等を掲げる権利意識が高まっていましたが，それはあくまでも男性のものでした。しかし，その権利を女性も求めるべきとして主張したのです。このとき，女性は主に社会のあり方を決定するうえで重要な参政権を求めて立ち上がりました。また，財産権の獲得や教育の平等なども目標として掲げられ，いわば公的領域における平等がめざされたのです。

日本においてフェミニズムの歴史が大きく幕開けするのは，明治から大正にかけての 20 世紀に入ってからです。平塚らいてうが中心となり，女性の感性の解放と権利擁護を謳う青鞜社を結成し，「元始女性は太陽であつた」と題した『青鞜』発刊の辞を執筆したことは有名です。その後，与謝野晶子や山川菊栄らを巻き込む，女性の労働と育児に焦点化した母性保護論争が起こるなど，女性の社会的立場について日本女性たちも声を上げはじめます。

　日本において男女の社会的差異を解消しようとする国家としての動きがあったのは，第二次世界大戦後の GHQ 占領下においてです。1925（大正 14）年の普通選挙法制定から 20 年後にあたる，1945（昭和 20）年の衆議院議員選挙法改正時に女性の参政権が認められました。ただし，21 世紀に入ってようやく女性参政権が認められたアラブ首長国連邦（2006 年，ただし制限付きで 2010 年に完全化）やサウジアラビア（2015 年）といった国々もあります。

　さらに，教育の平等についても，内閣府『男女共同参画白書（令和 4 年版）』のまとめによると，大学進学率は男子 58.1%，女子 58.9%（短期大学進学率 7.2% を含む）と，高等教育を受ける女性比率は高くなっているものの，特定分野に性別の偏りがあることは否めません。また，大学入試で女性の入学が人為的に減らされていた事例もあります。この意味では，世界的に見ると「第一波」はまだ終わっていないといえるかもしれません。

第二波フェミニズム

　「第一波」が功を奏し，先進諸国を中心に，少なくとも見かけ上は公的領域での平等が達成されていきます。しかし，女性は高等教育を受けても結婚・出産・育児を機に仕事を辞めて家庭に入ったり，仕事を継続したとしてもパートタイムの仕事であったり，家庭内のアンペイド・ワーク（不払い労働）を主に担ったりという傾向

もありました。1960年代には，こうした私的領域での平等も求め，ふたたび女性たちが立ち上がります。これが「第二波フェミニズム」または「ウーマン・リブ」と呼ばれる運動です。「第二波」は，「個人的なことは政治的である」というスローガンで有名な意識高揚運動にはじまりました。制度的な平等のみならず，女性自身の意識改革が必要だという認識のもと，互いの経験を語り合い共有することを重視しました。

　「第二波」ではさまざまな考え方が生まれ，それらが対立することもありました。ベティ・フリーダンは，ミドルクラスの専業主婦が，一見すると恵まれた立場にありながらも私生活のなかで経験する不安を描き出しました（フリーダン1970）。このように一方で，主婦の生きづらさに注目する立場が現れます。しかし他方で，1970年代の日本でおこった「（第三次）主婦論争」の際に見られたように，「主婦こそ解放された人間像」であると主張する立場も現れます。このように，たとえば主婦というトピック一つを取り上げても，肯定派と否定派が交差するようになります。

　また，家庭内および労働における男女の平等な権利を求める「リベラル・フェミニズム」，資本制と家父長制を問題化し再生産活動と生産活動の関連性を問う「マルクス主義フェミニズム」，私的領域や身体の問題を通じて男女間の支配的関係性を考える「ラディカル・フェミニズム」，男性原理を批判し女性解放を反核運動や環境保護運動と関連づける「エコロジカル・フェミニズム」などといったように思想も多様化し，「第二波」は一言では語ることのできない広がりをもちます。さらにこの頃から，ゲイやレズビアンによる解放運動も活発になります。1970年代頃からはメンズリブなる男性解放運動も登場し，性をめぐる問題がより複雑化してきます。

「第二波」にひと区切りをもたらしたといえるのが，1979（昭和54）年に国際連合で採択された女子差別撤廃条約です。日本もこれに批准し，1985（昭和60）年には男女雇用機会均等法が制定され，かたちのうえでは性別による職業差別が禁止されました。しかし，特定の業種・職種に性別の偏りが見られるなど，雇用上の平等はまだ達成されたとはいえません。マイノリティがマジョリティのなかにあると，しるし（徴）を付けられることがあり，これを「有徴（化）」といいます。たとえば，女性の医師を「女医」と表すのは，その職業に男性が多い証です。

日本における女性就労率は，出産・育児期に相当する年代でいったん減少し，その後再び増加するというM字型を成してきました。近年，逆U字型に近づいてきているものの，出産・育児を経験しても仕事を継続できる環境づくりがまだまだ必要です。

第二波以降の新たな動き

「第二波」は終わっていないという立場もあります。とはいえ，およそ1980年代から1990年代にかけて，「ポストフェミニズム」や「第三波フェミニズム」と呼ばれるような新たな状況把握や思想的潮流が現れたという認識をもつ人は多いようです。

この頃から，これまであまり公的な場においては現れてこなかった，ドメスティック・バイオレンス（DV）などの親密圏内での性関係や身体的問題により焦点化した議論が登場しはじめます。2001（平成13）年，日本においてはじめて「配偶者からの暴力の防止及び被害者の保護等に関する法律」（DV防止法）が施行されました。

また，LGBTQ運動の成果として，それまで精神障害とされていた同性愛が，1987（昭和62）年に「DSM-Ⅲ-R」（精神障害の診断と統計マニュアル第3版改訂版）から完全に除外されました。ま

た，21世紀に入って同性婚やシビル・パートナーシップを認める国々も登場してきました。ちなみに，2022（令和4）年現在，同性結婚もシビル・パートナーシップも法的に認められていないのは，G7中，日本だけです。

このように，「第二波以降」は性へのまなざしがより微視化し多様化してきたといえます。「第一波」が政治や経済といった公的領域を，「第二波」が家庭という私的領域をそれぞれ関心対象としはじめたとすれば，「第二波」以降は，寝室あるいはクローゼットのような，個人の身体的アイデンティティに関わる私的領域あるいは身体的領域を対象にしているといえます。トイレットペーパーの補充のような「名前のない家事」も，こうした微視的なまなざしゆえに浮上してきた問題といえそうです。

ただ，共通していえることは，女性も男性もひと括りにできない多様な生と性を実践しはじめたということです。人びとが必ずしも女性／男性としてではなくひとりの個人として，自分なりの幸福を追求しはじめたという点では，これらの動きを「第三波」として見ることもできるでしょう。

しかし，女性差別がいまだ解消されていないのに個人主義に走る傾向を危険視する立場もあります。現代を「ポストフェミニズム」と見る立場は，女性間の差異に留意しつつ，同じ立場にある社会的マイノリティたちが集合的に社会運動を起こすべきだと考えます。たとえば，性暴力やセクシュアル・ハラスメントの被害を訴える「#MeToo運動」は，有名人の告発を機にSNSを通じて高まりました。これに対しては，黒人女性がはじめた運動が白人女性の功績のように広がっているとブラック・フェミニストらが批判してはいますが，同じ生きづらさを経験する女性たちがインターネット上で連帯するという新たな社会運動としても注目で

きます。

　また，「アンチ・フェミニズム」の動きもあります。1980 年代から顕著になったとスーザン・ファルーディが指摘する「バックラッシュ」（揺り戻し現象）です（ファルーディ 1994）。この現象は，女性の社会進出がはじまった頃からいくどとなく生じており，ミソジニー（女性嫌悪）や生物学的決定論に由来するものもあれば，女性間の格差を生み出したとフェミニズムを批判するものもあります。近年，比較的若い女性のなかに専業主婦志向が見られるのもその現れだと思われます。ただし，これについては非正規雇用やワーキングプアの増加など，現在の労働環境を取り巻く諸問題との関連でも捉える必要があります。ニートや専業主夫となることを望む男性もいるのですから。

　ここでは性をめぐる解放運動の歴史を概観してきました。女性差別は徐々に注目され解消に向けて取り組まれてきています。しかし，いまだ根底には生物学的性差，すなわち**セックス**の問題が横たわっています。「結局オトコとオンナは別の生き物」。本当にそうなのでしょうか。

2 女性身体へのまなざし
──ジェンダーとしてのセックス

見られることと心身関係

　女性は昔も今も，見られる対象であり続けています。外見を序列化するコンテストは，特定の身体を規範とし，そうでない身体を逸脱として見るようなまなざしを形成することにつながります。また，グラビアやポルノグラフィは性の商品化です。こうしたコンテストやポルノグラフィにおいて対象となるのはおおむね若い女性で

あり，男性や年配女性が対象であるような場合にはそれを示す有徴化が起こります（「女医」と表現する場合とは逆向きの有徴化です）。女性はこのように「見られる客体」として，男性は「見る主体」として位置づけられてきた歴史があります。

　見られていることを意識しながら生きるということは，生きづらいものです。私たちは何かに集中しているとき，自分の身体と心とが一体化している状態のなかにあります。しかし，自分が他者に見られていることを意識したとたん，集中の対象が，他者の視線，そして自分の可視的な部分，すなわち自分の身体へと分散し，この一体化が崩れます。このとき，私の身体は私にとっての対象となり，心身が分離するのです。生きづらさの一因として，こうした分離の経験を挙げることができます。

　同様の分離は，たとえば性暴力被害者に見られます。被害者は，傷つけられたのはあくまでも自分の身体であり，自分自身（あるいは自分の心）は傷つけられていない，というようにして自ら心身を意識的に分離することがあります。しかし，こうした意識のもち方がやはり生きづらさにつながることはいうまでもありません。また同時に，心よりも身体の方を劣位に位置づけていることにも留意すべきです。

　心身の分離は，心と身体を別々の実体として捉える心身二元論につながります。この考え方は直接的には，近代哲学の父ルネ・デカルトにはじまります。彼は，方法的懐疑を通じて「われ思うゆえにわれ在り」という考えに行き着いたことは有名ですが，このとき，心と身体を異なる実体として捉えただけでなく，身体の方を劣位に位置づけました。こうした二項対立図式は，心と身体だけでなく，文化と自然，生産と再生産などとさまざまなかたちで私たちのまなざしを二分しながら，前者を優位に，後者を劣位

に位置づけてきました。そのなかに男性と女性という二項も位置づけられました。

　しかし，私たちは自分の身体と心とを切り離せないものとして，前者は可視的で後者は不可視ではあるが，いずれも自分であるという捉え方もします。これを心身一元論といいます。「身をもって知る」という表現をするとき，「身」は心と身体の両方を指しています。私たちは日常的には心身一元論的に自己を経験しているといえるでしょう。

性の構築性：セックスはジェンダーである

女性身体はライフコースのなかでさまざまに変化します。胸の膨らみ，初潮（生理），妊娠，出産，母乳生成……こうした身体的変化の原因やメカニズムが未知であった時代や社会において，女性身体は脅威であり，「見られる客体」あるいは「他者」だったといえます。そのため，人間のコントロール下に置こうと，習俗として女性身体に対して加工を行っていた時代や社会もあります。しかし，現在は先進諸国では女性身体の変化についてほぼすべての人が十分な知識をもっており，女性身体はもはや未知ではありません。にもかかわらず，女性身体は現在も，「客体」であり劣位に置かれているのです。

　たしかに，妊娠と出産という現象は生物学的なオスには起こりえないことであり，それは生命の論理です。しかし，育児や家事はどうでしょうか。母乳を出すことのできる生物学的なメスが担うべきなのでしょうか。そう考えると，経済性を考慮し女性を雇わない，または雇ったとしても代替可能な仕事に，と考える人も現れるでしょう。また，先の二項対立図式にならって，女性は男性よりも能力的に劣っているから雇わないと考える人もいるかもしれません。このように，女性身体の仕組みや意味づけが，女性

の生きづらさにつながってもきました。

しかし、そうした考えが正しくないことを、マーガレット・ミードは教えてくれます（ミード 1961）。彼女が調査した地域には、女性が管理的な仕事に従事して男性が育児や家事をする社会があったり、男女ともに受容的もしくは攻撃的な性格をもつ社会があったりするのです。しかも、それは当該社会における慣習なのです。こうして、生物学的身体と社会的役割との関係性は、社会の慣習が規定するのではないかと考えられるようになります。

性は社会的につくられるという見方を可能にしたのがジェンダーという概念です。この言葉自体はもともと「文法上の性」を表わす言葉でしたが、1970 年代頃から現在のように「社会的、文化的につくられた性および性に関する規範」という意味で用いられるようになりました。典型的なジェンダーは、女性は受動的、男性は積極的であるとし、両者を対極的に位置づけます。ジェンダーは、幼いうちから社会化の過程で学習される規範であり、しかも日常生活で繰り返し実践されるため、意識しないほどに身体化されます。こうして、生物学的事実としてのセックス、社会的構築物としてのジェンダーという区別が可能になりました。

では、これらの性の関係はどうなっているのでしょうか。多くの人が、セックスは生得的で不変的、ジェンダーは獲得的で可変的、あるいは、前者が前提となりそのうえに後者が書き込まれる、と考えるのではないかと思います。

しかし、哲学者のジュディス・バトラーは『ジェンダー・トラブル』(1999) という著作のなかで「セックスはジェンダーである」と述べています。つまり、セックスも社会的につくられるといっているのです。

私たちは生まれたとき、外性器の形状に基づいて性を区別され

ます。遺伝学的には，性染色体が XX なら女性，XY なら男性，と区別されます。しかし，この区別に収まらない外性器，性染色体，性腺をもって生まれる人びと，すなわちインターセックス（かつては半陰陽とも称されたが，差別的と考えられ今は用いず）も存在します。このケースは性分化疾患とされて多くの社会では手術や治療の対象となり，いずれか一方の性として生きることが強要されます。このように，性は2つしかないという性規範（ジェンダー）に基づいてセックスがつくられていることがわかります。

　また，生殖に結びつかないホモ・セクシュアリティ（同性愛）は「異常」，ヘテロ・セクシュアリティ（異性愛）が「正常」という，セクシュアリティに関する性規範も存在します。ミシェル・フーコーが『性の歴史』で述べているように，国家は軍事上あるいは経済上，人口をしばしば問題にします（フーコー 1986）。国家が人口を増やしたいとき，生殖に結びつかないセクシュアリティを否定する政策や気運が生まれるでしょう。このように特定の社会状況のなかで生殖的異性愛が優位になり，それを前提に人間の性を捉えると，オスかメスという対になる2つの性しかあってはならないことになります。こうした意味でも「セックスはジェンダーである」のです。

　その意味では男性もジェンダーを学習し実践しているのであり，男性が女性を支配しているというより，男女ともにジェンダーによって支配されているといった方が正しそうです。フーコーは『監獄の誕生』のなかで，近代的権力を象徴する権力装置としてパノプティコン（一望監視施設）という監獄を挙げています（フーコー 1977）。中央に監視塔があり，その周囲に独房を配したかたちの監獄の内部で，囚人たちは監視塔にいるであろう看守を意識した「正しい」実践を強いられます（ただし監視塔には誰もいない

こともあります）。独房にいる囚人を私たちと考えれば，ジェンダーは看守のような働きをしており，私たちは看守（ジェンダー）を意識しながら実践を制御しています。そのなかで，私たちは女に，あるいは男になっていくのです。
・・・・・・

3 身体を形づくるもの
──科学技術は女性差別の突破口となるか

日常的実践が
身体をつくる

私たちは，髪を染めたり眉を整えたりと身体を加工しています。しかし，身体加工はそのような物理的なものだけではありません。たとえば，歩き方，食べ方など，動作への加工もしています。それは，かつて一説によると日本において見られたというナンバ歩き（同じ側の手と足を同時に動かして歩く動作のこと）が現在は見られなくなったように，文化や時代によって異なります。マルセル・モースは，このように社会によって異なる身体の動かし方を**身体技法**と表現しました（モース 1976）。

ハロルド・ガーフィンケルは，アグネスという性転換手術を望み実現した生物学的男性へのインタビューを通じて，アグネスが女性として見なされるよう「パッシング」（やり過ごし）をしてきた様子を描いています（ガーフィンケル 1987）。アグネスは自分の身体を人目にさらさないようにしたり，デート中，男性に腰から下を触らせないようにしたりと，レディーとして振る舞っていました。そして，女性としては受け身的な態度であることが望ましいということを学び実践しました。このようにアグネスは，女性としての身体技法を身につけ女性であることを実践することで，
・・・・・・・・
女性として見られようとしていたのです。しかし，アグネスは特

別な人ではありません。私たちも同様に，女であること，男であることを実践しているのだと教えられます。つまり，「ジェンダーは行為遂行的なもの」（バトラー）なのです。つまり，行為の遂行それ自体が「女であること」という事態をつくり上げているのです。

　個々の行為実践としての身体技法の積み重ねは，それを生みだす身体的性向，すなわちハビトゥスを生み出します。これは，ピエール・ブルデューが，集団や階級によって行為の仕方や知覚の仕方が異なることを表すために用いた概念です。ハビトゥスは生得的なものではなく，特定の集団のなかで勝者になれるよう，メンバーが獲得していくものです。たとえば，上流階級のハビトゥスを身につけている者は，あらゆる動きを意識せずとも「エレガントに」（身体をゆっくり動かすなどして）実践することができ，また，たとえば芸術作品を鑑賞するときには，それを審美的にまなざしたり批評したりすることもできます。そして，ハビトゥスに基づく実践が，社会構造を再生産することに寄与します。

　江原由美子（2001）は，ハビトゥスをジェンダーの文脈に広げ「ジェンダー・ハビトゥス」として説明しています。それは実践のなかで身につけたのに，あたかも本人の性質や能力のように理解されることがあります。たとえば，家事能力には，何が必要な家事であるかを読み取る能力，家事の順序を時間的に配列できる能力が必要ですが，これらは実際に家事に従事している人ならできることです。ところが，それを女性が実践すると「女性はよく気がつく」などと，こうした能力があらかじめ女性に備わっていたかのように現れるのです。こうした諸実践が，女性の「性質」を再生産していきます。ただし，ブルデューや江原も指摘するように，人びとはその都度の状況のなかで即興的に実践しており，

必ずしもハビトゥスを通じて社会構造がそのまま再生産されるわけではないことには注意が必要です。

　さらに，私たちは実践を通じて「身体的性質」もつくりだしているかもしれません。アイリス・ヤングは，生物学的決定論を否定し，女性らしい振る舞いが身体組成および態度や心構えをつくると指摘しています（Young 2005）。たとえばボールを投げるとき，女の子は身体を伸ばさず，広げない傾向があります。こうした女の子らしい実践が，身体の生育や受動的態度の形成につながっているのです。また，余力を残し全力で取り組まないという姿勢も形成します。こうして，女性は実践によって，自分の身体的劣位あるいは受動的性質を，予言の自己成就的につくり上げている可能性があるのです。

　「セックスはジェンダーである」。ここにもまたそのモチーフを読み取ることができます。

科学と身体

科学技術は人間社会におけるさまざまな差異を解消するために発展してきました。たとえば，情報技術は，職場から離れた場所に居ながらにして仕事をすること，すなわちテレワークを可能にし，距離の差異を縮めます。インターネット上では，性別や年代にとらわれず情報伝達することも可能です。介護ロボットによって，力のない人であっても介助することができます。科学技術の進歩は人間身体の拡張です。そして，社会的に劣位に置かれている女性と，男性との差異を縮めようとする装置でもあります。

　しかし，性規範を支持したり，女性の劣位を支持したりするために用いられてきたのもじつは科学です。脳，知能，ホルモンといったさまざまな科学的用語でもって，女性は男性よりも劣っているかのように示されてきたのです。科学研究者の多くが男性で

あったこと，そもそも科学研究者になる過程で女性は排除されがちであったことは忘れてはなりません。

とはいえ，今日，科学技術のない生活は想像できないほど，私たちはそれに依存しています。スマートフォンは私たちが記憶したり（人によっては）思考したりすること，すなわち脳が果たす役割の代わりをしています。つまり，現代の私たちは「サイボーグ」あるいは「混合体（キメラ）」であるといっても過言ではありません。

ダナ・ハラウェイは，科学技術と私たちの身体が融合した「サイボーグ」が社会を変革する可能性について論じました（ハラウェイ 1991）。さまざまな二項対立が融和され，女性の劣位が超克される，と。サイボーグという言葉には，人間と機械だけでなく，人間と動物，人間と環境の融合体も含意されています。彼女の思想は生物学的身体の差異を無効化しようとするものとして見ることができるでしょう。AI もロボットもクローン技術も，もはやSF ではありません。この延長上に，男性の妊娠・出産・授乳も，男女間の交配を必要としない人間の誕生も，起こる日が来るかもしれず，そうすればたしかに性の問題は解消されるかもしれません。

しかし，近年では，人間の差異を差異として経験することの重要性も意識されるようになってきました。科学技術をもってしても変わらない経験があるのです。たとえば，月経。月経の痛みである「生理痛」だけでなく，「月経前症候群」といって生理前に体調不良や精神的苦痛が起こる人もいます。人によっては，月の4分の1や3分の1を生理の煩わしさに振り回されます。しかし，説明してもその苦しみはなかなか伝わりません。

冒頭に挙げた「生理マシーン，タカシの場合。」は，スプツニ子！ による 2010 年の作品で，装着することで誰でも生理痛の

痛みと経血を疑似体験できるものです。彼女はこの作品に着手する際の問題意識を「もう 2010 年なのに，なぜまだ人間に生理という現象が起きるのだろう」と述べています。科学の進歩をもってしても，おそらく太古の昔から変わらない現象。科学の常識で考えれば，このマシーンが何の役に立つのかと思われるかもしれません。しかし，生きづらさという経験の共有という点ではこれ以上の発明はないと思われます。現在では，妊娠の疑似体験（陣痛も！）ができる機材も販売されており，妊娠中の人の大変さを理解する教育にも用いられています。

　痛みや生きづらさにはさまざまなかたちがあります。異なる立場にある人びとの苦しみを少しでも知り，感じとることが，どんな性の人も生きやすい社会をつくることにつながるのではないでしょうか。

キーワード解説

フェミニズム：女性解放思想あるいはその思想に基づく社会運動。女性は学問や研究から排除されてきたとの反省から，社会学，経済学，法学，人類学，文学・映画などの分野に「フェミニズム」と接頭辞がつくものがある。だが，運動が深化していくにつれこの言葉は否定的意味を帯び，男性はおろか女性のなかでも「フェミニスト」を称することが憚られる風潮がある。現在，著名人らがこの風潮に対し「フェミニズムのための社会運動」を起こしている。

ドメスティック・バイオレンス（domestic violence, DV）：「配偶者暴力」，および同居する内縁関係の間で生じる暴力を指す。ここで言う暴力には，身体的・性的暴力だけでなく，言葉による心理的暴力，金銭を渡さないといった経済的暴力も含まれる。同性カップル間の暴力や，女性から男性に対する暴力にも適用される。私的領域での出来事であり被害が気づかれにくいという問題，男性被害者は被害を相談

しない傾向があるという問題がある。恋人間で生じる暴力は「デートDV」と表現される。

LGBTQ：LGBT は，lesbian（女性同性愛者），gay（男性同性愛者），bisexual（両性愛者），transgender（性別越境者），および queer または questioning の頭文字から成る，性的マイノリティを指す言葉。queer は「奇妙な」「変態」という意味だが，あえてこの言葉を使用し性的マイノリティ全般を包括する意図がある。questioning は性自認が定まっていない，意図的に定めていない場合に使用する。Q の代わりに I（intersex）を用いる場合もある。近年では，「ソジ（ソギ）」（SOGI, sexual orientation and gender identity）というより広い概念を用いることもある。

セックス／ジェンダー：外性器の形状，染色体，性腺組織といった身体的特性によって区別される性のことを「セックス」という。それに対し，「（女性は）受け身」，「（男性は）積極的」というように，性に付与される性質および「らしさ」のことを「ジェンダー」という。ジェンダーは文化的・社会的につくられるものである。たとえば，「草食系」には「男子」，「肉食系」には「女子」が続くのは，その逆が規範的なジェンダーだと考えられている証拠である。

社会化（socialization）：さまざまな他者との相互行為を通じて，社会や集団の価値や規範を身につけていくプロセスであり，人間形成のプロセスを指す。自我を形成する第一次的社会化と，その後に経験する第二次的社会化とがある。性自認や性的志向に関わる社会化は，主として前者において起こるが，後者において起こることもある。所属集団が準拠集団となることが多いが，所属していない集団であっても，比較集団として準拠されることがある。

身体技法（body techniques）：泳ぎ方，歩き方など，人が「為すこと」やそのやり方は時代や社会によって異なる。このように人間がそれぞれの社会で知っている自分の身体を用いる仕方を，マルセル・モースは『社会学と人類学』のなかで「身体技法」と論じた。その技法は，個人に先立って存在し，個人よりも長く生き残っていく。エミール・デュルケムの甥にあたる彼の理論には，「社会的事実」や「集合

表象」といったデュルケムのモチーフを読み取ることができる。

ハビトゥス：ピエール・ブルデューは『実践感覚』（1988, 1990）や『ディスタンクシオン』（1990）のなかで，集団や階層によって異なる習慣をつくりだす身体の性向のことを「ハビトゥス（habitus）」という概念で言い表した。この語は「習慣（habit）」の語源のラテン語である。ハビトゥスは個人が身につける（身体化する）社会構造であり，実践を通じてこの構造を再生産する。ただし厳密には，まったく同じ構造が生み出されるのではなく，「首尾一貫した変形」をともないながら生み出されている。

ブックガイド

■ニック・クロスリー『社会的身体──ハビトゥス・アイデンティティ・欲望』西原和久・堀田裕子訳，新泉社，2012 年

　身体の客体としての性質だけでなく主体としての性質にも焦点を合わせながら，身体が社会的につくられるということについて真正面から議論している著書である。やや難解ではあるが，「身体の社会学」を学ぼうとする人にはぜひ読まれたい。身体について考える際，私たちの思考にまとわりついているデカルト以降の心身二元論の問題とそれを超克する道筋を，ブルデューの議論を主軸に，哲学や心理学を援用して探究している。

■風間孝・河口和也・守如子・赤枝香奈子『教養のためのセクシュアリティ・スタディーズ』法律文化社，2018 年

　個人的なことで人に話すべきでないとされるとはいえ，私たちにとってとても身近な問題であるセクシュアリティに焦点を当てた，まさにセクシュアリティを学びたい人のためのテキストである。LGBT，性暴力，性の商品化など，本章で言及した諸問題についても詳しく説明されている。とくに，第 9 章「性的マイノリティが経験する生きづらさ」は，性的マイノリティの抱える問題を理解するために，広く教養として読まれるべきであろう。

『資本論』とは，K. マルクスが資本主義を分析した著作のこと。1867年にその第1巻が刊行された（第2巻，第3巻はマルクス没後に F. エンゲルスによって編集・刊行された）。資本主義とは，「資本」を活用して，商品化を目的とする工業生産等によって，人びとの自由かつ私的な利潤追求の競争原理システムを是とする考え方である。マルクスは，人びとがものを交換するというもっとも基本的な相互行為場面から議論を展開して，価値や貨幣の在り方を論じ，最終的に階級の問題に進んでいった。資本主義では，資本家階級（ブルジョワジー）が，労働者階級（プロレタリアート）の産み出した価値（剰余価値）を搾取している点が問題だ，とマルクスは分析した。なお，階級とは，生産手段を所有するかしないかという基準で論じられ，所有する人びとが資本家階級，所有しない人びとが労働者階級である。社会主義では，労働者階級が主役となって貧富な差のない平等な社会が実現されると考えられた。　　（N）

■荻野美穂『ジェンダー化される身体』勁草書房，2002 年

　フェミニズムの歴史学として，身体の社会学として，非常に内容豊富な一冊。フェミニズムにおける身体の位置づけを整理した章のほか，避妊と堕胎，買売春，性病，美と健康といった女性身体に起こる出来事に関する章，また，男性の身体性に関する章，と多岐にわたり網羅されている。身体を「ジェンダー化される」プロセスにある「生きられた身体」ととらえ，ジェンダー／セックスをはじめとするさまざまな二元論に取り組んでいる。

第2章 障害者とともに生きる

障害者差別解消法施行を祝うパレード（朝日新聞社）
法律制定にあたっては障害当事者が大きな役割を果たした。

　みなさんは日々の生活のなかで「生きづらい」と感じることはあるでしょうか。生きづらさは人が共通に抱える課題といえるでしょう。この章では，障害者が経験する生きづらさと，それを解消しようとする取り組みに焦点を当てながら，さまざまな人が生きやすい社会について一緒に構想していくこととします。

本章のキーワード
障害の社会モデル　　障害学　　障害者権利条約　　合理的配慮　　エイブリズム　　ヴァルネラビリティ　　障害社会学

みなさんは日々の生活のなかで，人間関係がうまくいかないときや学校に行きたくないときなど，いろいろなときに生きづらさを感じることがあるでしょう。生きづらさを一度も経験していないと答える人はいないのではないでしょうか。生きづらさのなかで，私たちは生きているともいえるかもしれません。しかし，一方で，より多くの生きづらさに直面している人たちがいます。たとえば，電車に乗るという一つの行為について考えてみましょう（以下の例は，筆者が見聞きした出来事を参考に作成しています）。

　視覚障害者は，ホームドアがないホームでは線路に落下する危険性に日々直面しています。車椅子利用者は駅にエレベーターがあるかどうかを考えます。聴覚障害者は電車で遅延や事故があったときに，音声アナウンスがわからないのではないかと不安に思います。障害のある視覚障害女性は，駅で介助の申し出に応じた結果，不必要に身体をさわられたという経験があるといいます。電車に乗るという行為だけを考えてみても，障害者は多数の生きづらさに直面します。

　また，一つの生きづらさが異なる生きづらさを生み出し，結果として生きづらさが継続的に続くこともあります。先ほどと同様，電車に乗るという行為から考えてみましょう。電車に乗って通勤することが難しいため，就職をあきらめるケースがあるかもしれません。就職することができないと，お金を稼ぐことが難しくなります。家庭をもつことが難しいと感じる人がいるかもしれません。電車に乗ることができないという生きづらさが，社会生活のさまざまな場面での生きづらさを長期間にわたって生み出してしまうのです。

1　生きづらさを生み出す要因

障害者が経験する
生きづらさ

このように，障害者は多数の，そして継続的な生きづらさを経験することになります（星加 2007）。しかし，

これまで述べてきたように，障害のない人たちも生きづらさを感じることがあります。障害のある人と障害のない人の生きづらさは地続きといえるのではないでしょうか。駅のホームで線路に落ちそうになりヒヤッとした経験がある人は少なくないでしょう。荷物が多いときにエレベーターを使いたいと思うこともあるでしょう。駅の音声アナウンスは聞き取りづらいこともあります。障害者の生きづらさを解消することは，ひいては障害のない人たちの生きづらさを解消することにもつながるでしょう。障害者を取り上げることによって，私たちは，障害者の生きづらさの解消方策を通して，さまざまな人たちの生きづらさの解消方策をも考えることができます。

　ところで，本章では「障害」，「障害者」という表記を用います。表記についてはさまざまな議論がありますが，この表記を用いる理由は，第1に，法律や日常生活の中で，一般的に使われているからです。たとえば，障害者分野の法律や制度の基本的な理念を示している法律は，「障害者基本法」です。第2に，「障がい」や「障碍」ではなく，「障害」あるいは「障害者」という表記が，次項で述べる「**障害の社会モデル**」の考え方に適合的であるからです（杉野 2007）。先取りすれば，「障害」，「障害者」という表記には，問題は障害者自身にあるのではなく，社会にあるという考え方が反映されています。

障害の社会モデルの出現

では，障害者の生きづらさをもたらす要因は何でしょうか。長い間，障害者の生きづらさの原因は，本人にあると考えられてきました。たとえば，学校に通うことができなかったり，働くことができないのは，本人に障害があるからだとされてきました。そうした考え方のもとでは，障害をなくそうとしたり少しでも障害のない状

態に近づけていこうとしたりする試みが続けられてきました。その際，医学的な知識が用いられてきました。医師は障害があるか否かを判断する権限を与えられ，障害があった場合に治療を行うようになりました。一方，障害者には手術やリハビリテーションを通して，障害のある身体を正常な身体にすることが求められていました。

　しかし，1970年代のイギリスの障害者たちは異なった主張をはじめます。彼らは，自分たちが生きづらさを抱えているのは，自分たちのことを考えずにつくられている社会に原因があるのではないかと主張します。また，彼らはこの主張をもとに，自分たちの障害者運動を展開していくことになりました。

　社会学者のマイク・オリバーがこの考え方に触発され，「障害の社会モデル」を提示します（Oliver 1983）。「障害の社会モデル」とは，社会によって障害者が生み出されているとする着眼点をいいます。それまで障害者の生活を支配してきた「障害の個人モデル」に対抗する考え方です。さらに，オリバー（2006）は，障害者の生きづらさをつくる要因が資本主義社会に起因すると考えました。現在の資本主義社会において，多くの人びとは自分の労働力をお金に換えることによって生活の糧を得ます。現在は，第二次産業・第三次産業の従事者が多いので，工場や会社で仕事ができる人たちが，一般的に，働くことのできる人とされることになります。この働く人たちが生きづらさを感じないように，社会の仕組みがつくられるようになります。一方で，働くことのできない人たちは，マジョリティのためにつくられた社会に自分たちを合わせることを求められます。したがって，働くことのできない人たちは，多数の継続的な生きづらさに直面することになるといいます。

「障害の社会モデル」の考え方はイギリス障害者運動や**障害学**の論者たちが使う用語法にも表れています。論者たちは「障害者」を disabled people と呼びます。disabled は動詞 disable（障害者にする）の過去分詞です。形容詞的に用いる過去分詞は，その動作の主体が他者であることを示します。つまり，障害者とは，他者によって「障害者にされた」人たちのことを示しています。「障害の社会モデル」の視点です。本章での「障害者」という表記には，この視点を反映させています。

「私たちのことを私たち抜きで決めないで！」

同時期，アメリカでも障害者運動の新しい流れである「自立生活運動」が生まれました。自立生活運動とは，障害者が自己決定を行いながら，周りのサポートを得て地域で暮らしていくことをめざす運動です。自らに関する決定を障害者自身が行うことが自立生活運動の柱になっています。多くの人たちは，大人になれば，自らに関する決定を自分が行うことを当然のことだと思うかもしれません。しかし，施設の中では専門家に，家庭の中では親によって障害者に関わる決定が下されてきたのです。障害があることにより自己決定権を奪われてきた人たちが，自立生活運動を通して自らに関する決定権を取り戻すようになっていきます。

「自立生活運動」の歴史を少したどってみましょう。1962年にカリフォルニア大学バークレー校にエド・ロバーツが入学しました。ロバーツは，幼い頃に罹ったポリオの後遺症でほぼ全身にマヒがあり，車椅子と夜間には呼吸器を使用していました。学生寮では彼のニーズに対応することができなかったため，大学は学内にある病院に彼が住むことができるようにして彼は大学生活を送りました。ロバーツは卒業後，バークレー市で自分が生活するた

めの社会サービスをつくり出します。これが自立生活運動のはじまりです。

　障害者の自立について，疑問を抱かれる方がいるかもしれません。一般的に，自立は身体的自立（自分のことを自分で行うこと）や経済的自立（自分の生活費を自分で稼ぐこと）と同等のものとして捉えられています。障害者の中には身体的自立や経済的自立ができない人がいます。それでは，障害者には自立は難しいのでしょうか。しかし，自立生活運動において，「自立」は自己決定能力があるという意味で捉えられています。身体的なケアは介助者に任せ，経済的な支援は行政に任せるということができます。そして，自分の生活を主体的に決めていくことこそが，自立生活運動における自立なのです。

　ここでふたたび，自己決定ができない人がいるのではないかという疑問が湧き上がるかもしれません。近年，知的障害者を対象とした，「支援された」意思決定という考え方が現れています。支援者が障害者の意思決定を支援していくという考え方です。支援された意思決定のあり方については，まだ模索中の部分も大きいですが，これまで自己決定が難しいとされてきた人に対しても，主体性を尊重した支援を行うことが求められるようになっています。

　自分の生活を自分自身で決めるという考え方は，現在，障害者団体が用いている「私たちのことを私たち抜きで決めないで！(Nothing About Us Without Us!)」というスローガンの中に表れています。日本では「当事者主権」という言葉が生まれました（中西・上野 2003）。いずれも，ニーズを抱えている者が主体的に自らにかかわる決定をしていくことを示した言葉であり，現在では障害者運動だけではなく，さまざまな領域で理念として受け入れ

られるようになっています。

障害の社会モデルの成果

「障害の社会モデル」は，いまや国際社会のなかでもその意義を認められています。2006 年には，「**障害者権利条約**（障害者の権利に関する条約, Convention on the Rights of Persons with Disabilities)」が国連総会にて採択されました。長い間，国連においても，障害は個人の問題であるという考え方が根強く，障害者は完全な権利主体ではないと考えられていました。本条約の成立は，障害者を権利主体として認めた画期的な条約です。障害の問題を社会に転換する「障害の社会モデル」の考え方がなければ，障害者の権利条約の成立はなかったともいえるでしょう。

2014 年に，日本も「障害者権利条約」を批准しました。つまり，日本は条約に従うことを同意したのです。条約は日本の法律（国会制定法）より上位に位置づけられているため，障害者権利条約の規定に沿って，国内法の整備がなされました。

この条約の第 4 条第 1 項で，締約国は「障害に基づくいかなる差別もなしに，全ての障害者のあらゆる人権及び基本的自由を完全に実現することを確保し，及び促進することを約束する」と規定され，(a) にて，締約国は「この条約において認められる権利の実現のため，全ての適当な立法措置，行政措置その他の措置をとること」を約束するとされています。条約を批准するための一つの措置として，日本は 2013 年に「障害を理由とする差別の解消の推進に関する法律」（以下，障害者差別解消法と略記）を制定しました。障害者差別解消法の障害者の定義は，「身体障害，知的障害，精神障害（発達障害を含む。）その他の心身の機能の障害（以下「障害」と総称する。）がある者であって，障害及び社会的障壁により継続的に日常生活又は社会生活に相当な制限を受ける状

態にあるもの」となっており，ここに「社会的障壁」という言葉を見つけることができます。社会によってつくられた障壁である社会的障壁との関係の中で，障害が困難な状態を引き起こすという考え方が明確に示されています。このように，条約や法律のなかには，障害者を取り巻く社会環境に目を向け，改善していくという「障害の社会モデル」の発想を見ることができます。

2　生きづらさを解消する障害者差別禁止法

<u>障害者差別禁止法の歴史</u>

次に，障害者差別禁止法の歴史，対象，成果について一緒に見ていきましょう。ここでは，「障害者差別禁止法」という言葉を概念として用いています。法律の名前は国ごとに異なります。また，差別禁止をどのような法分野（刑法，民法など）に位置づけるかも，国によって異なります。ここでは，「障害者差別禁止法」という用語を用いて，障害者差別を法律で禁止する試みを総称することとします。

世界に大きな影響を与えた障害者差別禁止法は 1990 年にアメリカで成立しました（イギリスでも同時期には障害者差別禁止に関する法案が議会に上程されていたのですが，政府の反対により，1995 年まで法律が制定されませんでした）。「障害を持つアメリカ人法」においては，雇用，公共サービス，公共施設，テレコミュニケーションの領域における障害者差別が禁止されています。

この法律の源流をたどっていくと，1964 年公民権法にまでさかのぼることができます。1964 年公民権法は，1950〜60 年代にさかんであった公民権運動の成果として成立した，人種，宗教，

性別などに基づく差別を禁止した法律です。その範囲は，教育，雇用，公共施設などに及んでいます。当時，アフリカ系アメリカ人たちは，レストランに入店を拒否されたり，白人用のバスの座席に座ってはいけないとされたりするなど，差別を受けていました。1964年公民権法はこうした差別を禁止する画期的な法律です。

アメリカの障害者運動は，公民権法を参照しながら，障害者差別禁止法の制定を求めました。つまり，障害者運動のメンバーたちは，公民権が保証する平等を障害者にも拡大するよう求めたのです。公民権運動にかかわった人びとも，障害者運動に協力しました。そして，1990年に「障害を持つアメリカ人法」が成立しました。1964年公民権法による差別を解消する取り組みが，障害者差別禁止法制定への扉を開いたのです。

日本でも，2013年に障害者差別解消法が成立し，2016年から施行されました。障害者権利条約の理念に即し，2016年の障害者雇用促進法の改正で，雇用分野においても障害者に対する差別が禁止されることとなりました。アメリカの障害者差別禁止法成立から数えて23年後のことです。成立は遅かったのですが，後発性の利益を活かし，他国の成功事例や最新の研究成果を参考にしながら作られた法律となっています。

障害者差別解消法の内容

障害者差別解消法が障害者の生きづらさをどのように解消するのでしょうか。まずは，障害者差別解消法が禁止する差別の2つの形態について見ていきましょう。一つは，障害者に対して，障害があるがゆえに障害のない人と比べて，「不当な差別的取扱い」をすることです。大学を例にとれば，障害があるから入学させない，進学させない，授業に参加させないといったことが差別にあたり

ます。教員は「障害があるから，体育の授業に出なくてもいい
よ」などと善意のつもりでいうことがあります。これも，不当な
差別的取り扱いになります。障害があるがゆえに，障害者を他の
人たちとは異なるように取り扱っているからです。

　もう一つの差別の形態は，「合理的配慮の不提供」です。**合理
的配慮**とは，社会に存在する，障害者を排除するような障壁を取
り除く配慮のことをいいます。合理的配慮は，困っている障害者
の意思の表明をきっかけとして，個別に行われるものです。たと
えば，障害をもつ学生が，講義が行われる建物に入るためのスロー
プの設置を求めた場合に，スロープを設置することが合理的配
慮にあたります。特別扱いのように感じるかもしれません。しか
し，そうではありません。問題は，障害者がその建物に入ること
を想定していないこと，いいかえれば，障害者を建物から排除し
ている社会の側にあるのです。したがって，合理的配慮は「障害
の社会モデル」の考え方を法律に反映させたものと捉えることが
できるでしょう。障害者が直面する社会的障壁を取り除かないこ
とが，差別にあたるとされています。事例については，内閣府の
ウェブサイト（合理的配慮の提供等事例集）や土橋・渡辺編（2020）
などが参考になります。

───────────────
　障害者差別解消法の意義
───────────────
法律が施行されて，どのようなこと
が変わったのでしょうか。意義を3
つ挙げてみたいと思います。

　第1に，障害者に対する差別が少しずつではあっても解消され，
障害者の社会参加の機会が拡大したことです。国立大学を例に挙
げて見ていきましょう。法律により，「行政機関等」が障害のあ
る学生を差別することが禁止されました。行政機関等に含まれる
国立大学では不当な差別的取り扱い，合理的配慮の不提供が禁止

されました。現在，国立大学は段差の解消といった物理的環境の改善のみならず，視覚障害者に対しては紙媒体のレジュメの代わりに電子データを配布する，聴覚障害者に対しては音声を文字にする通訳者を配置すること，発達障害者に対しては試験時間を延長するなどの合理的配慮を行うようになってきています。大学に在籍する障害学生の数は年々増加しています。障害者差別解消法のもとで，障害者が安心して大学に進学し，卒業する道が大きく開かれたということができます。

　第 2 に，障害者差別解消法によって，障害者と大学の間で対話の場が設定されるようになったということです。合理的配慮という言葉のなかに「合理的」という言葉があります。すなわち，障害者に対する配慮は「合理的」でなければなりません。つまり，障害当事者と国立大学双方が，ある配慮に対して，合理的であると認めなければなりません。双方が，「うんうん，その配慮を提供されること／することは納得できる話だね」といわなければなりません。双方が納得するためには，過程のなかで障害当事者と大学側の意見をすり合わせる必要があるでしょう。実際のところ，何が「合理的」であるか否かを検討するための要素は，政府の「障害を理由とする差別の解消の推進に関する基本方針」（内閣府 2015）のなかに示されています。それに加え，この方針のなかでは，合理的配慮は個別の状況に合わせて検討すべきであると述べられています。やはり，合理的配慮を検討する際には，対話が求められているのです。合理的配慮はその配慮にかかわる障害当事者と配慮の提供側との間に対話の機会を開いたという効果をもっています。

　第 3 に，障害者差別解消法はある行為の本質的要件を明らかにするという効果をもたらしました。ある行為がどのような基準

をもって行われているのかを考えることにより，公正な社会が生み出される可能性があります（星加 2007）。障害者差別解消法において，合理的配慮とは，その行為の本質的要件を変更するものであってはならないと述べられています。たとえば，大学の授業において，授業の到達目標に達しているか否かを基準として，教員は学生を評価します。授業の到達目標に達することが，授業の本質的要件になります。到達目標を他の学生の基準より低くして，障害者に対して配慮することは，合理的配慮にあたりません。障害者が直面している社会的障壁が除去された環境で他の学生と同じ到達目標に達することが必要なのです。

　このことは，私たちにその行為の本質的要件とは何かを考える機会を与えてくれます。これまで，教育や雇用の場において，その行為の本質的要件を私たちはあまり考えてこなかったのではないでしょうか。あるいは，配慮提供側の主観的な判断に大きくゆだねられてきていたのではないでしょうか。そこには感情など，判断において本来であれば不適切な要素も入っていたかもしれません。本質的要件を考えることによって，この社会はよりよいものになっていくのではないでしょうか。

障害者差別禁止法の将来

ここまで，障害者差別禁止法の歴史，内容，意義について述べてきました。最後に，大切なことを付け加えておきましょう。アメリカにおいて，障害者差別禁止法は既存の法律をもとにつくられています。しかし，日本における差別禁止法の取り組みは，実は，障害者差別解消法がはじめてなのです。障害者差別解消法は，アメリカの1964 年公民権法が果たしたように，障害者以外のマイノリティに対する差別禁止法制定の扉を開く法律になるかもしれません。実際に，2016 年には部落差別解消法が成立しています。障害者

差別禁止法の意義は，障害者にとってだけではなく，ほかのマイノリティにとってもあるようです。また，本質的要件の問い直しは，マジョリティにとっても好ましいものです。障害者差別解消法の意義は，障害のあるなしをこえて，すべての人に及ぶといえそうです。

3 生きづらさの解消をめざして

―――――――――――
エイブリズム
―――――――――――
　これまで，障害者差別禁止法の話をしてきました。法律や制度をよりよいものにしていくことは大切です。しかし，同時に，法律や制度では対応できない領域があることについても，気に留めておく必要があるでしょう。

　障害者は地域コミュニティや家庭において，さまざまな生きづらさを感じることがあります。障害があることを劣位なものとみなす**エイブリズム**（ableism）は，いたるところに見られるのです。たとえば，道ですれ違った人に嫌な言葉を投げつけられたり，じろじろ見られたりする経験をした障害者は多くいます。障害者差別解消法の対象は，この法が対象としている行政や企業などの機関による行為であり，日常生活で人びとが取り交わすような言葉や振る舞いを禁じていません。他の法律や制度においても，多くの場合，こうした相互行為場面における生きづらさに対応することができません。つまり，私たちは法律や制度を整えるだけではなく，日常生活における差別についての解消方策を検討していかなければならないのです。ここでは，対話の実践とユニバーサルモデルの推進という2つの方策を提示したいと思います。この2

つは他者を知ることと自己を受け入れることを意味しています。

対話の実践

前節で，合理的配慮概念が関係者の間の対話を前提にしていることを指摘しました。対話は合理的配慮の提供にとってのみ効果的なのではありません。対話により，それぞれの状況や考え方を理解することができます。そして，差別や偏見を減じることができるようになるでしょう。

まず，筆者の経験について共有したいと思います。筆者はこれまで，さまざまな障害種別の方と出会う機会がありました。「あの人の言っていることはわからない」と周りの人たちから言われている人がいました。時間をかけて対話するなかで，はじめはまったくわからなかった相手の言葉と意味世界が，理解できるようになったことがあります。そのとき，見知らぬ世界が目の前に開けるような感覚を抱きました。相手の意味世界が理解できると，相手がなぜその行為をしたのか理解できるようになります。この経験は筆者に，相手を理解しようとし続けることの重要性を教えてくれました。

私たちはよくわからないものを避けてしまいがちです。調査によれば，相手のことがわからないために，コミュニケーションを避ける人びとがいることを確認できます。内閣府（2017）による「障害者に関する世論調査（平成29年8月調査）」では障害者に対する手助けの経験の有無を尋ねています。手助けをしたことがないと答えた者（38.2％）のうち，最大の理由は「困っている障害者を見かける機会がなかったから」（79.5％）ですが，その次に割合が高いのは「どのように接したらよいかわからなかったから」（12.0％）となっています。

相手が理解可能な他者であることがわかれば，私たちは相手と

の対話をはじめることができます。障害者差別解消法は，いままで対話がなかった人びとの間の対話を促進します。最初は限られた場面にすぎないかもしれません。しかし，この経験を通して人びとが障害者との対話の重要性を認識することができれば，それまで理解できないと思っていた他者との対話が導かれたり，道ですれ違うだけの人との対話が生じたりする可能性もでてくるのではないでしょうか。

ユニバーサルモデルの推進

最後に，もう一つの方策について述べていきましょう。私たちの障害に対する見方を変化させるモデルです。それは，「ユニバーサルモデル」という考え方です。ブライアン・ターナーは，障害の有無にかかわらず，あらゆる人間は，「傷つきやすさ（ヴァルネラビリティ）」を共通にもっている存在であると指摘します（Turner 2006）。アーヴィング・ゾラは，「一時的に健常者である」という言葉を使っています（Zola 1993）。たしかに，私たちはいま障害をもっていないかもしれませんが，いつか障害をもつかもしれません。考えてみれば，私たちが，身体自立や経済的自立ができるのは，人生の一時期にすぎないのです。長寿化している現在において，ゾラの主張はますます説得力をもつようになってきています。

ユニバーサルモデルの発想は，建築の領域では，すでにユニバーサルデザインとして導入されています。ユニバーサルデザインとは，すべての人が使いやすいデザインのことです。外に出れば，多目的トイレを見ることができるでしょう。多目的トイレは空間が広く，手すりや腹部などに排泄のための開口部をもつオストメイト用の汚物流しやシャワー付水洗金具などさまざまな機能が備わっています。家の中にもユニバーサルデザインの商品を見つけ

ることができます。たとえば，シャンプーボトルには手で触れてわかるギザギザがついています。これは触っただけでリンスとの違いを判別できるようにするためのものです。ギザギザの恩恵を受けるのは視覚障害者だけではありません。髪を洗うときに目をつぶる人にも便利に使えるようになっています。

　もちろん，ユニバーサルモデルに対する批判もあります。たとえば，対象が広すぎて，現在困っている障害者に対して対応が行き届かなくなるのではないかという批判です。多目的トイレを多くの人が使うようになった結果，障害者が使えなくなったという声も聞かれます。ユニバーサルモデルを導入する際には，起こりうる結果を慎重に検討しなければなりません。

　また，ユニバーサルモデルを受け入れたくない人もいるのではないかという指摘もあります。障害者になる可能性を目の前に提示されたときに，思わず後ずさってしまう人もいるでしょう。障害者になる可能性がいつでも存在するからこそ，その可能性を恐れ，思考をやめてしまうこともあるでしょう。障害学の研究者の中には，恐れにより，障害者の排除や隔離や抑圧がもたらされていると指摘する者もいます（Hughes 2012）。

　しかし，この批判こそ，ユニバーサルモデルが否定し，乗り越えようとする考え方なのです。ユニバーサルモデルは，誰しも障害者となる可能性があることを指摘することによって，障害について考えることを私たちに誘う革新的な考え方なのです。障害者を他者として見るのをやめ，自分の問題として考えていきませんか。障害の社会モデルの考え方に立てば，生きづらさを解消することは可能なのです。恐れに気づいたとき，私たちは生きづらさを解消する方法を考えることができるようになるでしょう。

　法律や制度によって規定されることのない日常生活場面とは，

生きづらさが生じる場であるとともに，生きづらさが解消する可能性をもたらす場なのです。自分の傷つきやすさに向き合うことは，私たちの「生きやすさ」にもつながっていくことでしょう。

障害者とともに生きる
社会を実現する

本章では，障害者が抱える生きづらさについて示すとともに，生きづらさを解消させる取り組みについて言及してきました。現在の到達点は，障害の社会モデルと障害の社会モデルに基づく障害者権利条約や障害者差別解消法の成立です。さらには，障害者差別解消法が他者との対話をもたらすことになっていることや障害を普遍化することで障害者の他者化を拒絶する「ユニバーサルモデル」の考え方も提示してきました。障害者差別禁止法は私たちの行き先を教えてくれています。職場や学校で障害者に会う機会が増えれば，私たち一人ひとりが障害者と対話する機会も増えます。そのことによって，私たちは障害者とともに生きる社会を実現できるのです。

キーワード解説

障害の社会モデル：障害が生じる要因が社会にあるとする観点・考え方。反対の概念として，障害の医学モデルがある。障害の社会モデルは，障害にかかわる学問において圧倒的な影響力を持っていた医学的な観点を批判するなかで成立した。障害の社会モデルが提示されたことにより，法律や規則，慣習，慣行を変容させていこうとする動きが促進されるようになった。障害者権利条約，障害者差別解消法が基盤としているモデルである。

障害学（Disability Studies）：1980年代に成立した，「障害の社会モデル」の視点から社会のあり方を考察することで，これまでの知を問い直し，新たな知を創造していくことを目的とした学際的な学問領域である。背景には，これまでの学問が，障害者を排除して成立してき

たことへの問題意識が存在する。私たちの身近な問題（介助やケアを
めぐる問題など）から制度・政策まで，幅広く分析の対象とする。

障害者権利条約：2006年に，障害者分野の人権保障を定める「障害
者権利条約」が第61回国連総会で採択され，日本は2013年に本条
約を批准した。本条約は法律より上位に位置づけられる。障害者権利
条約作成の過程において障害当事者が積極的に参加したこと，障害の
社会モデルに基づいていること，締結国に法律の実施状況の報告を求
め実効性の確保をしていることなどの性質をもっている。

合理的配慮：障害者権利条約において，「障害者が他の者との平等を
基礎として全ての人権及び基本的自由を享有し，又は行使することを
確保するための必要かつ適当な変更及び調整であって，特定の場合に
おいて必要とされるものであり，かつ，均衡を失した又は過度の負担
を課さないもの」と定義されている。障害者が直面する社会的障壁を，
過度な負担がない範囲で除去していこうとする，個々のニーズに合わ
せた取り組みのことである。

エイブリズム（Ableism）：能力に基づく差別のことである。とくに，
障害者に対する差別について用いられる概念である。類似の概念とし
て，人種差別主義（Racism），性差別主義（Sexism）がある。障害者
自身もエイブリズムをもつことがあることを考えれば，エイブリズム
を障害者と健常者の対立構図のなかで捉えることはできない。むしろ，
社会のなかにある能力主義が障害者と健常者に影響を及ぼし，ある人
にとってはエイブリズムとして現れると考えることができるだろう。

ヴァルネラビリティ：傷つきやすさ，脆弱性などと訳される。社会
福祉の領域では，社会的弱者（児童・高齢者・障害者など）を指して，
ヴァルネラビリティを持つ人たちと呼ぶことがある。一方，社会学者
のターナーは，ヴァルネラビリティを人間の共通の特性として捉える。
人間にとって，死は不可避である。また，病気や痛みも多くの人が経
験する。私たちは，苦痛を共有する存在として，他者に共感すること
ができる。そうした前提から，ターナーは彼の社会学の議論を出発さ
せ，ヴァルネラビリティを基盤とした人権概念を提示した。

障害社会学：日本で，はじめて書名に「障害社会学」という言葉が

使われたのは，2019 年『障害社会学という視座』においてであり，新しい動きである。それまで，社会学者は「障害学」や「障害の社会学」という学問領域のなかで活動を行ってきた。「障害社会学」を提唱する榊原賢二郎は，「社会構造や常識に対する反省」がこの学問領域の核であると述べている（榊原編 2019: iii）。ここには，障害の社会モデルを教条化し，反省の対象としない既存の障害学への批判が込められている。

ブックガイド

■マイケル・オリバー『障害の政治──イギリス障害学の原点』三島亜紀子・山岸倫子・山森亮・横須賀俊司訳，明石書店，2006 年

　「障害の社会モデル」を提示した社会学者マイケル・オリバーによる著書で，原題は『無力化の政治（*The Politics of Disablement*）』（1990 年）である。オリバーは，資本主義社会の到来によって，障害者が無力化されていったと説明する。こうした分析に基づき，障害当事者運動が現状を変えていく原動力になりうることが示される。オリバーが取り上げるイギリスの事例には，日本との共通性を見ることができる。本書によって，現在の障害者が置かれている現状を深く理解することができるだろう。

■中西正司・上野千鶴子『当事者主権』岩波書店，2003 年

　ニーズをもつ人たち（当事者）に自己に関する決定権（主権）があることを高らかに宣言した本である。この宣言が意味をもつのは，長い間，マイノリティが，自分のニーズについて声を上げることを認められてこなかったからである。当事者運動の歴史とその成果，今後期待される方向性が記述されている。障害者，女性，性的マイノリティなどさまざまなマイノリティについて言及されており，すべての読者にお勧めできる一冊である。

　M．ヴェーバーは，行為および相互行為から出発する社会学，とくに社会を形成する行為者の主観的な意味の理解を柱とする理解社会学を打ち立てた。そして理解社会学では，人びとの行為を理解するために，社会的行為の諸類型も考えた。目的合理的行為，価値合理的行為，情動的行為，伝統的行為である。そしてこうした行為類型の考察から，支配の3類型もまた論じられた。合法的支配，伝統的支配，カリスマ的支配である。価値合理的行為や情動的行為が結びつくカリスマ的支配などとは対照的に，目的合理的な支配の形態である合法的支配は，法や手続きの正当性などの形式を重視して民主的な統治に結びつく。しかし，その統治を遂行するために官僚制が形成され，それに逆に支配されてしまうような状況も生じている。文書主義，前例主義などの画一的な形式主義が非民主的な逆機能を示すのである。ヴェーバーは，社会主義においても官僚制の負の側面が強く表れると指摘して，官僚制を批判的に論じていた。

(N)

■榊原賢二郎編『障害社会学という視座——社会モデルから社会学的
　反省へ』新曜社，2019 年

　障害を社会学的な視点から捉える「障害社会学」が提唱されている。「障害の社会モデル」の構想は障害者運動の影響を大きく受けている。結果として，障害学は規範，言い換えれば「こうあるべきだ」という考え方のもとにある。本書は，こうした規範を反省的に捉え直す必要性を説き，既存の障害学の限界をこえようとしている。各章では，発達障害や ALS，障害者スポーツなど幅広いテーマが取り扱われている。読者の関心のある章から読み進めてもよいだろう。

第3章 外国籍の子どもと向き合う

学校におけるマイノリティと地域

日本で学ぶ外国籍の子ども

（筆者撮影）

　日本社会の産業や人口の構造変化から，日本が抱える労働力不足を補うために日本へやって来る外国人とその子どもは年々増加しています。本章では，学校におけるマイノリティである外国籍の子どもの問題を考えます。

本章のキーワード
学校化社会　教育社会学　包摂　地域福祉　養護教諭・養護社会学

学校におけるマイノリティの子どもは，外国籍の子ども，日本国籍でも日本語を話せない子ども，セクシャル・マイノリティ，不登校，貧困，いじめ，発達障害，ひとり親家庭，身体や精神に障害をもつ子どもなど多様ですが，少なからず生きづらさを抱えています。とりわけ外国籍の子どもが，日本の学校のなかで日本人と共生するためにはさまざまな困難があります。まだまだ，外国籍の人びとと日本人との共生は幕を開けたばかりなのです。私たちは，外国人との共生問題とどのように向き合っていけばよいのでしょう。

日本国憲法第 26 条には「すべての国民は，法律の定めるところにより，その能力に応じて，等しく教育を受ける権利を有する」とあります。では，日本にいる日本国籍をもたない子ども，つまり「国民」ではない子どもは，どうなるのでしょうか。今日では，世界人権宣言，国際人権規約，子どもの権利条約などをふまえれば，そうした外国から来た子どもにも日本の子どもと同様に教育権が認められるべきだと考える方が自然でしょう。いまや 300 万人近くにまで増加している在留外国人がともに暮らす日本において，学校教育と子どもたちの問題は看過できない状況にあります。

1　外国籍の子どもをめぐる諸問題とその背景

外国籍の子どもが抱える
教育問題

いま日本は深刻な人手不足に苦悩しており，なかなか解決の糸口が見つかりません。そこに人口減少問題を加えて考えると，今後ますます労働力不足は加速していくでしょう。政府は，人手不足に対処するため 2018 年に外国人の在留資格「特定技能」（対象 80 職種のうち人手不足が深刻な 14 職種）が，入国管理法（出入国管理及び難民認定法）の改定で指定されました（2019 年 4 月から施行。第 5 章も参照）。資格申請が許可されると 5

年間の滞在が可能となります。日本はその時点から5年間で最大34万5000人の外国人就労者の増大を見込んでいます。

特定技能資格で働く外国人労働者の増加で，さらに労働環境の改善や地域社会での共生が大きな課題となります。そして，外国人を地域の生活者の一員として包摂する姿勢が，日本人の生活上避けられないこととなります。その一方で，外国人労働者が従事する仕事には「3K労働」（きつい，汚い，危険な労働）が多いという点，そして日本人の非正規雇用労働者の増加の点から見ると，自分たちの仕事が奪われる可能性を危惧する日本人労働者が存在する点も，忘れることはできないでしょう。

親の就労にともなって日本へやってくる外国籍の子どもたちは，生活習慣や文化はもとより，日本の学校という大きなシステム，つまりどこまでも学校的価値が優先される「**学校化社会**」に向き合うことになります（イリイチ1977）。そもそも学校は行かなくてはならない場所だ，という観念が希薄な国々も世界にはあります。学校教育を受けることが当たり前の権利であるということは，子どもに学校教育を受けさせることが親の義務とされていない国々の子どもにとって，非常に大きなカルチャーショックとなるでしょう。

2020年の文部科学省の調査で，日本には不就学の可能性がある外国籍の子どもが2万人弱いると発表されました。この人数は調査対象者の約16%にあたります。日本では，外国籍の子どもが公立小中学校への就学を希望すれば無償で受け入れていますが，他方で外国籍の子どもの親には，日本で自分の子どもを就学させる義務はありません。また各自治体は，外国籍の子どもの支援体制を構築する必要性に迫られているのですが，自治体間の支援の程度にはバラツキがあります。

また，国籍制度自体の問い直しもはじまっています。つまり従来の血統主義か出生地主義かという問題が浮上し，国籍法第11条1項を維持して「国籍唯一の原則」を重視する日本の意識の正当性が問われることとなるのです。世界では，複数国籍を容認する考え方が主流です。現在の日本では，人権意識の高まりや，国境を越えて労働者を受け入れなくては日本の産業が進展しないどころか衰退してしまうという危機感の高まりのなかで，若者たちは複数国籍に対して寛容であることも事実です。この点は，外国籍の子どもにとってプラスの材料になるのかもしれません。

教育社会学における
在日外国人研究

学校と子どもの教育問題は，教育学だけでなく，とくに**教育社会学**の研究領域とされています。しかし，本章で取り扱うマイノリティ問題から読み解く学校問題という研究スタンスは，歴史的にみると概して希薄でした。教育社会学は日本の多くの学問同様，輸入学問として発展してきましたが，これまでマイノリティ集団に対する注目度はあまり大きくありませんでした。しかし現代では，多種多様なマイノリティの集団や個人が多く存在するようになりました。すると，自国民中心主義に傾いた教育社会学研究は，教育学や教育行政も含めて，学校と子どもの，マジョリティとマイノリティ間の問題には十分に向き合えなくなってきました。

　これまで，在日外国人の教育社会学研究にはいくつかの方向性がみられました。まず第1の流れは，戦後まもなく取り組まれるようになった「オールドカマー」と呼ばれる在日韓国・朝鮮人を対象にした研究です。第2の流れは，1990年前後から取り組まれるようになった「ニューカマー」を対象にした研究です。これらをふまえ，以下では最新の動向をフォローし，具体例を挙げ

ながらマイノリティと学校と地域などの問題を考えていきたいと
思います。

2 学校における多様性の認容

ある公立小学校の
事例から

まず事例として取り上げる小学校は，
ある地方の団地内の小学校で，
1967年の開校以来50有余年を経過
した小学校です。国や地域の景気変動により，団地に住む人びと
が流動し，その影響を受けながら児童数の増減や外国籍児童の増
加などの数々の変遷を余儀なくされて今日にいたっています。

この小学校では，全教職員の共通理解として，多文化共生の校
風づくりとキャリア教育を基盤として，「生きる力」を支える
知・徳・体の調和のとれた人間形成をめざす教育が進められてき
ました。とくに，2008年のリーマン・ショックを境に，この小
学校がある地域では長期に滞在する外国人が増加しはじめ，現在
では全校生徒のうち7割が外国籍の児童です。つまり，数の上
ではマジョリティとマイノリティの逆転現象が起きたのです。主
な国籍はブラジル，フィリピン，ペルー，ベトナム，パラグアイ，
中国，ネパール，アルゼンチン，インド，ボリビア，パキスタン
などで，合計10カ国以上にも及んでいます。

より詳しく変化をみると，この小学校では1989年から徐々に
外国籍の児童が増加しはじめ，2003，04年頃には学級崩壊も起
こりました。学級崩壊にはさまざまな理由があると思われますが，
この場合最も考える必要があると思われるのは，学校という存在
に対する文化的認識の違いが大きいことです。

たとえば，日本人にとって学校は行くべき場所，教育を受ける権利を行使できる場所であるのに対し，そもそも外国籍の子どもにとっては，学校は行っても行かなくてもよい場所であり，そのために遅刻や欠席が非常に多く，お天気次第での欠席も常識だったようです。また学級のなかで喧嘩が起きても，教師は言葉の問題から，外国籍の子どもが何に対して怒っているのかわからず，ただ怒っているという事実しか理解ができない状態でした。そのために，教師による十分な指導にはいたらず，校内が荒れてしまったようです。

　その結果，2015 年から外国籍の子どもたちに校内での日本語使用を義務づけるようになりました。教職員もポルトガル語の習得に努め，行政の支援としては通訳の配備，外国籍の子どものために早期適応教室を設置し，日本語指導者を配置しました。早期適応教室は，当該の市が市内の小中学生を対象に 3 カ月間を上限に，日本の生活へ適応するための初期教育を行うものです。このような取り組みをみても，この市が外国籍の子どもの入学を前提として，当たり前のようにさまざまな支援のシステムを構築していることがわかります。また外国籍の子どものために，日本語能力別および学力別のクラス編成を実施したり，授業で使用する教科書をできるかぎり平易な日本語に置き換えるリライト教材を作成するなどの工夫もしています。

　したがって，この学校の取り組みは，排除でもなく極端な同化でもなく，共生することを地域社会の前提条件として受け入れている，公立学校を中心にした平等主義であるという点で（デューイ 1957），これからの日本のほかの学校や日本社会が抱えることになるであろう学校や地域の問題の解決に向けた取り組みであると考えられます。この小学校の実践やこの市の行政の取り組みは，

多様性の新しい認容という側面から，今後も注目される事例だと考えられます。

　さらにこの事例から，学校とマイノリティと地域の問題を考えてみたいと思います。現在，私たちが暮らしている後期近代社会は，多様性に対して寛容な社会と考えられる一方で，他者を排除する社会であると捉えることもできます。かつて「勝ち組」「負け組」という言い方がありましたが，いまの日本は顕著な格差社会や階層社会になりつつあるといえます。そうした社会のなかで自らを中程度の暮らし向きだと思っている中間層の人びとは，不安定層への転落を恐れて慎重にならざるをえなくなり，その結果，異質な他者，つまり自分の社会的価値を脅かす可能性のある他者に対して，寛容性を失っていく傾向をもちます。このような人びとの態度が，偏見や蔑視そして排除につながってしまう傾向があるのです。

　そして何よりも，子どもたちが学ぶ現代の学校にも，このような現象が押し寄せていると考えられます。ここで問われるべき社会学的な問題は，「排除と**包摂**」の問題であるともいえます（ヤング 2007）。とくに日本の学校に通う外国籍の子どもが特別支援学校へ行く数は，現在，日本の子どもの数の 2 倍にも及んでいるといわれています。そこでは，外国籍だという点と，特別支援を必要とするという点で，複合的な差別の対象となりやすいこともあります。そうした子どもたちを「排除」ではなく，「包摂」するにはどうしたらよいのでしょうか。

外国籍の子どもの 学力問題	コミュニケーション環境をハイコンテクスト文化・ローコンテクスト文化に分けて説明する概念があります。

コンテクストとは，コミュニケーションの構成要素となる言語，

共通知識，体験，価値観，嗜好性などを指す言葉です。日本の国民はそれらの多くを共有しており，ハイコンテクスト文化といえます。したがって伝える努力をしなくともお互いに相手の意図するものを察しやすい，とされるのです。一方，外国から来た人びとにとっては，日本人は明確な表現をしない曖昧な国民であると感じられ，なかなかコミュニケーションが成立しません。

　外国籍の人びとをハイコンテクスト文化に親しめるようにするのはたいへんですし，多文化共生社会の形成もスムーズにいきません。子どもの学力の問題も同様で，就学や進学の必要性を感じていない外国籍の子どもたちの親の意識をどのように変えるのかという点が，先の事例の小学校においても非常に大きな悩みとなっていました。前述したように，日本では外国籍の子どもの親には子どもを就学させる義務がありませんが，この問題を解決するために法律の整備を早急に行い，日本人と同じ法を適用し，市民権を保証する仕組みをつくることが求められます。

　また，外国籍の子どもと一緒に教育することで，日本人の子どもの学力を低下させてしまうことにはならないかという懸念もありました。しかし，学校へ通うことで子どもたちは多くの人やモノと出会い，家庭や地域を超えて多様性を体験します。その結果，外国籍児童の学力向上のための特別な配慮や指導形態が，日本人の子どもの学力への相乗効果をもたらすようです。

　その教育内容は国境を越え通用するものですから，世界とつながる可能性があります。外国籍の子どもはやがて出身国へ帰る，あるいは他国へ渡るなどのグローバルな移動が予想され，その結果，外国籍の子どもの教育は世界とつながっていきます（川田 2019）。

　このような点から，未来のグローバル人材の基礎教育を行うと

いう責務も十分に考えなくてはなりません。したがって，外国籍の子どもを受け入れて，グローバルな人材育成に資するという視点からも日本の教育のあり方が問われるところでしょう。人びとの移動可能性を視野に入れ，トランスナショナルな生き方を肯定し，外国人に開かれた日本であろうとするのであれば，多文化共生を実現することができる具体的な学校教育制度やカリキュラムの構築は当然です。だとすれば，教育社会学研究の第3の潮流の主題は，「世界につながる子ども」ということになるでしょう。

「学校内社会」から「地域のなかの学校」へ

先の事例でみた小学校に外国籍の子どもが増えはじめた1990年頃，外国籍児童は，日本人児童からいじめを受けたこともありました。しかし，数の上でのマジョリティとマイノリティの逆転現象が進むにつれて，そして学校が「学校内社会」から「地域のなかの学校」へと地域の人びとを巻き込んでいくなかで，偏見，蔑視，学校内集団のなかでのいじめは次第に少なくなっていきます。運動会などの教育文化活動への参加や教員の手助け，また保護者による学校の現状把握や意見交換を目的とした学校の見回りなど（この学校には「おやじの会」と呼ばれる参加も退会も自由な強制のない緩いグループがつくられています）を通じて，いまやこの「学校内社会」では国境も偏見も蔑視もいじめも消えてきています。かつて，いじめを受けたときの悔しさから，積極的に多文化共生の活動を行っている外国人もいます。

　現在にも残る大きな問題は，ほかの近接地域から注がれる偏見や蔑視との闘いです。理由は複合的であり明確にはなっていませんが，ほかの地域においては多様性の認容がいまだ十分に熟しておらず，こうした地域間の少なからぬ温度差が地域社会間の一種の「歪み」を形成し，社会学上の「排除と包摂」の問題につなが

ると考えられます。このような社会の「歪み」ともいえる社会学的問題を，地域の現実から目をそらすことなく考えていく必要があるでしょう。

　ちなみに，この「歪み」に関連していえば，当該の小学校が位置する地区の土地の評価額の低下も問題となっています。偏見からか，住人の多くがこの小学校地区から道路一本隔てているだけの隣接地区（別の学校区）へ引っ越したがっています。その結果，当該地区の土地は売れにくくなり，ほかの地区からは差別のまなざしが注がれていくのです。共生も包摂もこの学校内社会と当該地区内の当事者だけでなされており，ほかの地域社会においてはいまだ熟してはいないのです。つまり当事者は積極的に共生をめざしますが，非当事者はすぐ隣接した地区の住人であっても，自分から離れたほかの地区の話であるという認識のもとに傍観者化し，より遠ざかりたがるような，静かな（闇に包まれたような）いじめが潜んでいるといわざるをえません。これは混沌とした現代社会のいじめの構造，すなわち無関心，無視，ネグレクトなどと同じレベルといえるかもしれません（森田・清水 1994）。

3　学校と地域の連携

地域における共生
に向けて

現代社会における人びとの連帯は，同質だからとか同質になりたくてといった理由で連帯するのではなく，日常を生き抜くことの必死さから必要に迫られての連帯であるといっても大袈裟ではありません。

　たとえば，少子高齢社会がもたらす労働者人口の減少，団地の

過疎化問題から迫られる連帯があります。改定入管法（第5章参照）によって1990年代の日本社会は，好むと好まざるとにかかわらず外国人が当たり前のように隣にいる多言語多文化社会となりました。この変化により日本社会がかつてのように自国民主義で，ややもすると排他的であると批判の対象となってきた過去からの脱却を迫られることになったのです。

　つまりダイバーシティ（多様性），インクルージョン（包摂）を確立せねばならず，そのために日本人のみではなく外国人にも対等に参加してもらえる仕組みづくりが必要となったのです。ハイコンテクスト文化の日本ですから，なかなか簡単にはいきませんが，話さなくてもわかり合えてしまうような環境にいた日本人が，あえて外国人とのコミュニケーションの海原に漕ぎ出し，異文化を理解し受容する能力が問われているのです。この力を各個人が身につけなければならない時代となりました。日本の学校は異質な他者ともいえる外国籍の子どもとの共育，共生の課題をどのような方向で乗り越えていくのでしょうか。外国籍の子どもが増加している現代の学校教育には大きな改革が求められているのです。日本における外国人の増加によって，子どもの学校教育の問題だけではなく，その地域の住民の暮らしの変化も強いられました。たとえば，ごみの収集ルールが守られないといったような日常生活の問題から，日々の暮らしが困難になる場合があったからです。ごみの分別収集を徹底させることも長い間の努力が必要でした。

後期近代社会と日本の格差社会

後期近代社会は，同化と結合を基調とする包摂型社会から，分離と排除を基調とする排除型社会へと変貌しています。人びとが揺るぎない確信を抱くことができた社会から，不確かで混沌とした不安な社会へと変化し，排除型社会となりま

した（ヤング 2007）。では，現代の日本社会はどうでしょうか。

　日本社会はいま，格差社会といわれます。同じ日本国民のなかに階層化が進みつつあるといわれているのです。貧困に喘ぐ子どもたちの教育問題を考えてみますと，進学自体を諦める子どもたちも増加していますし（大内 2015），仮に奨学金を得て進学しても奨学金貸与後の返還不可能問題もあります。あるいは，ごく一般家庭の子どもにとって進学のための塾に通うことは今日普通のことですが，貧困家庭の子どもにとっては困難な場合もあります。学歴の面でも分断社会が成立し，国民の分断化現象が起きているのです。そのようななかで，中間層は自分もいつ不安定層になるかと恐れを抱きながら，必死に抵抗して生きているとみることもできます。そのような意味において，現代の日本は「包摂しつつ排除する社会」といえるのです。

B 市 C 地区における外国人と高齢者

おそらく日本の地域社会の未来像であり，まだ途上であるとはいえ，かなり共生に成功しているのではないかと考えられる地域の多文化共生推進活動の現状を見ることにしましょう。ここでは，仮に A 県 B 市 C 地区と呼びます。

　2016 年時点で，B 市は A 県のなかで最も高い外国人集住率となっており，およそ 4300 人の外国人が暮らしています。その中でも C 地区の外国人集住率は約 57% と突出しています。そのため「多文化共生社会づくりの推進」が課題となっている地区です。C 地区の外国人の国籍は人数の多い順に，ブラジル，フィリピン，中国，ペルー，ベトナム，韓国，朝鮮となっています。ブラジル人は 2008 年の 3100 人強をピークに減少し続け，2016 年には 2300 人弱となって約 30 ポイントの減少となっていますが，依然として外国人市民全体の半数以上を占めています。この地区で重

視していることは，外国人との共生問題だけではなく，いわば地域力そのものを高める試みでもあります。その結果，**地域福祉**を基盤に住民同士や行政がつながっていきます。

　総務省は，2006年に地域における『多文化共生推進プラン』を策定しました。これを受けてB市は，まず2012年3月に「B市多文化共生推進プラン（2012-2017）」を策定しました。2017年3月の同プラン終了時には，それまでの取り組みの成果，課題の検証を行い，今日おかれる環境や状況に即した多文化共生社会を実現するために「B市多文化共生推進プラン（2017-2021）」を策定し，本格的に地域福祉の実践に取り組みました。

　基本理念は「互いの国籍や文化を理解し，幅広い視野と人間味あふれる地域社会づくり」です。そして，その基本目標を掲げました。目標1：多文化共生の意識づくり，目標2：参加できる地域づくり，目標3：暮らしやすいまちづくり，の3点です。

　プラン作成時に参考にした市民の意識調査があります。とくに注目すべき結果を紹介しますが，その前にこの調査のなかでは，地域社会の構成員である市民を「日本人市民」と「外国人市民」と呼んでいる点に注目しておきたいと思います。C市だけが用いている表現ではありませんが，この表現から地域社会構成員として日本人と対等に外国人を位置づけていこうとする意向や，ともに地域社会を盛り上げていこうとの意欲が感じ取れるのではないでしょうか。

　さて，注目される調査結果ですが，基本的には「外国人にいなくなってほしい」と思う日本人市民と，「日本人市民と交流したい」と思う外国人市民とで，対立がみられました。一方で「外国人は日本文化や習慣への理解が不足し，法律遵守の精神に欠けるから交流できない」と考える日本人市民がいます。他方で，「日

本語がわからないためコミュニケーションできず希望しても交流がうまくできない」と考える外国人市民がいます。このように，お互いの認識がずれていることがわかりました。

当該地区は，50年前の土地開発時に住んだ住人が多く，高齢化した場所で，いまでは高齢化率は43%にもなっています。日本全体における高齢者の割合は28%程度（2019年）であることと比較するとかなりの高齢化率といえます。つまり外国人との共生問題は人口減少問題，高齢化問題と密接に関連しているのです。その意味で，この地区が抱えるさまざまな問題は，この地区に限られた特殊な問題ではなく，将来の日本のどの地域にも見られるような問題になっていきます。

とすると，この地区からは，外国人との共生の問題や超高齢社会を乗り越えるヒントが得られるのではないでしょうか。多文化共生社会と超高齢社会をダブルで迎えている当該地区の取り組みから得られる，いまを生きるヒントを簡潔に述べておきたいと思います。

その特徴は，官の政策を待ちながらも，民の力で文化・教養，あるいは食（母国の料理を教えてもらいながら一緒に食する）や農（一緒に農園をつくり農作業を楽しむ），さらには音楽（多国籍バンドを結成する）やスポーツ（母国でさかんなスポーツを指導してもらう）などを通じて，この地区の人びとが高齢者を含む日本人と外国籍の人びととの交流を，積極的に深めているという点です。いま「深めている」と表現しましたが，当事者間では「遊んでいる」感じだということです。顔の見える関係が，遊びの「場」から生まれているのです。このあたりに，未来に向けていまを生きるヒントがあるように思われます。

分断社会と
社会的共通資本

「包摂しつつ排除する社会」と先に述べましたが，外国籍の人びとを受け入れつつ（「包摂」しつつ）「排除」すれば，私たちは安全に暮らせるのでしょうか。あるいは私たちに都合よく外国人を日本に完全に同化させるようにして，見せかけの包摂社会にすれば安心できるのでしょうか。分断社会について理解するために，ここでアメリカの分断社会に目を向けてみましょう。

　平均年収 1000 万円以上の医師や弁護士，会社経営者などが多く住む高級住宅地であるアメリカのジョージア州サンディ・スプリングス市は，富裕層の人びとが納める税金は自分たちのためだけに使いたいと考え，富裕層の独立地区として成立しています。すると，富裕層のこうした自治体設立が格差の拡大に拍車をかけ，とくに周辺部の貧困層は切り捨て状態となってしまいました。数の上でのマイノリティが，貧困層などのマジョリティを切り捨てていく構造です。その分断の構造の結果，サンディ・スプリングス市の豊かさは，犯罪発生の危険性の高さと隣り合わせの豊かさであると思われています（ベック 2014）。したがって，富裕層は豊かで豪華な暮らしを守るために，高いフェンスを張りめぐらし，厳重な警備をしなければならなくなったのです。また富裕層でも，お金がなくなったらその地区には住めなくなります。

　このようなかたちで，貧困層と富裕層との間に，ある種の安定が得られることになります。これがアメリカで増加している分断社会の一つの例です。前述の「学校における多様性」の事例として取り上げている地区の問題も，分断社会だと割り切ってしまえば簡単かもしれませんが，限られた資源や土地をできるかぎり長く維持し，次世代へと受け渡していくという人類共通の義務から

地域社会・日本社会 日本人 ――――― 外国人	地域社会・日本社会 日本人・外国人
図 3-1　包摂しつつ排除する 不安定な非共生社会	図 3-2　社会的共通資本を基盤とする 持続可能な共生社会

考えると，自分には関係のない地区の話だと知らん顔してはいられないのではないでしょうか。

　ここで，異質な他者との共生を構築する一つの手がかりとして，「社会的共通資本」の概念を紹介しましょう。社会的共通資本とは，豊かな経済生活を営み，優れた文化を展開し，人間的に魅力ある社会を安定的に維持する，こうしたことを可能にする社会的装置だとみなすことができます。社会的共通資本として分類されるようなものには，基礎教育，医療，基礎交通，道路，上下水道などの生活環境関連の社会資本を挙げることができ，さらに大気・河川・海洋・森林などの自然環境もまた社会的共通資本として分類されます（宇沢 1994, 2000）。すべての人びとの幸福の実現に資する社会的共通資本の増強が，包摂しつつ排除する不安定な非共生社会（図 3-1）から，安全安心で持続可能な，外部に開かれた多文化共生社会（図 3-2）への移行を実現するために，特別な富裕層や大企業ばかりに有利に働く新自由主義的発想ではなく，万人の幸福のために求められていると思われます（図 3-2 の外枠には通路があり，外部への開放性を示しています）。

―――――――――――――
　　「養護」という行為
―――――――――――――

　最後に，学校内社会のことを補足しておきます。日本の学校には，子ど

もの生きづらさに寄り添う，世界に類を見ない「養護」という教育活動があります。読者のみなさんも，子どもの頃，学校でからだや心の不調を感じたとき，保健室へ行き養護教諭のケアを受けた経験があるでしょうか。養護という行為は主に**養護教諭**が行う活動だと考えられていますが，一般教諭の教育活動の根底にも「養護」という要素は含まれています。なぜなら，養護という行為は，抑圧されたマイノリティ（保健室へやって来る子どもは，不登校，いじめ，発達障害，ひとり親家庭，貧困家庭，LGBTQ など多様な理由がありますが，いずれも生きづらさを抱えています）に寄り添うことであり，マジョリティとの共生の可能性を模索する基礎教育を担う社会的共通資本だといえるからです。

さらに補足すれば，子どもを集団として捉える前に，一人ひとりの差異に着目し，集団との同化や異化を乗り越えた新しい関係性のパラダイムを創生することが，養護という行為に期待される働きです。養護という行為は，特殊な「場」を創生します（物理的空間は保健室ですが，臨床的空間は状況によりその都度変化します）。ケアする養護教諭がケアされる子どもに，同じ人間としてマイノリティとマジョリティは対等な存在であることを感じとる経験をさせることを通じて，共生へと覚醒させるのです。このことは養護教諭の教育実践記録から見ることができます（秋山 2016）。

養護という行為を歴史的に振り返ると，学校教育現場では数々の誤解や偏見（たとえば特別支援学校の保健室は子どものケアの重要度が高いので，おおよそ理解されているのですが，一般的な学校の保健室は生徒のわがままを許す甘やかしの場であるというような誤解や偏見を持たれやすい）を生んできたことがわかります。その意味において，養護という行為は，現行の学校制度を問い直すという一面も持っているといえましょう。

養護という行為は，学校社会や一般社会からはなかなか見えにくいものですが，社会学的な視点でとらえ，教育作用とは異なる側面に光を当てることが，これから求められます。この分野を名づければ「**養護社会学**」という分野になります（安林 2006, 2009）。学校におけるマイノリティの子どもが抱える生きづらさに寄り添う養護という行為の可能性を，今後も問い続けていかなければなりません。

　本章では，学校におけるマイノリティとして外国籍の子どもに注目しましたが，学校には本章冒頭で挙げたような，まだ多くのマイノリティが存在します。みなさんもそれぞれの経験をふまえて，学校で起きているマイノリティ問題について社会学してみましょう。

キーワード解説
学校化社会：イヴァン・イリイチ（イリッチ）は，学校制度を通じて人びとが教師などの専門家からサービスとして教育を受けることが当然となり，自律性を失うことを学校化と呼び批判した。また，あらゆる場面で制度や専門家によるサービスを受け入れ，価値をも委ねるようになり，自律的に考えることを放棄するようになる社会が学校化社会であり，学歴社会もまた学校化社会の産物であると述べた。ここからイリイチは，学校化社会を乗り越える意味の「脱学校論」という概念を展開した。

教育社会学：教育事象を社会的事実の一つとして，教育理念や教育哲学ではなく，量的調査や質的調査などの社会学的手法を用いて，教育と社会制度および教育制度などとの関係を分析する社会科学が教育社会学である。社会学の理論を教育現象に適用する応用社会学と，教育現象を社会学的に説明しようとする特殊社会学との2つの立場がある。近年，問題視される「いじめ」「ひきこもり」「不登校」などは，教育社会学の重要な研究対象である。

包摂：研究者や分野ごとに定義され，確定されにくい概念だが，排除に対抗するキーワードとして用いられる。排除と包摂には重なり合うような状況もあり，単純な二項対立では説明できない。また包摂には，自覚なくして包摂側の論理に従わせてしまう危うさがあり，注意を要する。現代社会は理念として包摂を要請するものの，排除の問題に向き合うかたちで取り組まれる現実がある。

地域福祉：地域に暮らす一人ひとりの住民が，身近な地域で市民や福祉に関わる専門家団体，ボランティアなどの協力のもとに，地域の問題解決のための福祉コミュニティをつくる取り組みの総体が地域福祉である。推進主体としては，社会福祉協議会，民生委員，地縁団体などがある。高齢者や障害者，ひとり親とその子ども，外国人とその子どもなどマイノリティといわれる人びとをはじめ，社会的支援を必要とする人びとの暮らしを支える力となっている。

養護教諭・養護社会学（yogo teacher/yogo sociology）：養護教諭は学校教育法で設置が定められた教育職員である。学校の保健室を運営し，子どもの健康を心身両面からサポートする1校1名以上の専任制をとる。対するアメリカの類似職は，学区に1名の看護師（スクール・ナース）であり数校巡回制である（安林 2010a，b）。日本独自の養護という行為は，学校内で見えにくい。「養護」という行為の意味や，保健室という場について研究し，社会学的に明らかにするのも養護社会学の1分野である。

ブックガイド

■ジョック・ヤング『排除型社会』青木秀男・伊藤泰郎・岸政彦・村澤真保呂訳，洛北出版，2007年

　「排除型社会」について犯罪論と文化論の2つの点から論じ，排除型社会は人間に経済的不安と存在論的不安をもたらすと述べる。ではどのようにしたら克服できるのか。構造的不正義の問題として完全雇用に基づく富の公正な分配，認識価値観の問題として差異を包摂し寛容を中心とした社会の形成が望まれ，それらの問題を国家と市民がお

　G. ジンメル（1858〜1918）は，「生の哲学」という思潮の代表的な哲学者であるが，専門科学としての社会学の確立にも尽力した。彼は社会を，人びとの相互作用によって生成・変化する不断の過程，すなわち「社会化」として捉え直した。そして相互作用による関係形成のあり方（「社会化の形式」と呼ぶ）を探究する学問として，形式社会学を提唱した。ただし，ジンメルが「心的相互作用」とも表記しているように，相互作用が意識や感情を伴うという点が重要である。たとえば上下関係や闘争・競争，秘密や信頼といった社会化の形式を取り上げ，それらの中で人びとが自己や他者をどのように認識し，どのような感情を持つかを洞察している。

　また，社会が人びとの相互作用から成るとはいえ，相互作用から生まれた関係は，しばしば諸個人の手を離れて自立化し，逆に諸個人の生を規定するようになる。このような個人と社会との葛藤を，ジンメルは絶えず問題としていた。

（S）

互いの共通認識のもとに協力し合う社会の誕生が重要であると主張される。ヤングは，単純に包摂型社会を取り戻そうと主張するのではなく，新たな形態のコミュニティ，市場経済の激動に作用されない雇用，搾取なき報酬配分の実現を主張する。マイノリティについて考える契機となる書である。

■宇沢弘文『社会的共通資本』岩波新書，2000 年

　宇沢が提唱した社会的共通資本は，すべての人間が豊かに暮らせるための基盤を指す概念で，自然資本・社会的インフラストラクチャー・制度資本の 3 つに分けている。これらは市場原理主義にのせるものではなく，専門家集団によって適切に管理されるべきものだと宇沢は述べる。「社会的共通資本」の概念をより深く理解するために，本書以外に同著者の『日本の教育を考える』『自動車の社会的費用』なども参考にされたい。

第 II 部

もうひとつのマイノリティ問題

国際化する日本社会と
エスニック・マイノリティへの視線

第4章 異民族を売り物にする

エスニック・マイノリティの観光商品化

タイ北部の「首長族」ツアー
(出所) Tourism Concern。

　観光による人びとの交流は，異質な他者への理解を促し，社会的弱者に対する差別や不平等を是正する力となりうるのでしょうか。本章では，エスニック・マイノリティの観光商品化とその問題点について考えます。

本章のキーワード
持続可能な観光　　ホスト−ゲスト関係　　エスニック・ツーリズム（民族観光）　　観光（客）のまなざし　　演出された真正性

ここ数年間で日本が経験した大きな社会変化の一つに，外国人観光客の急増があります。日本政府が外国人の訪日旅行，いわゆる「インバウンド観光」の推進を国策として掲げたのは2003年，小泉純一郎内閣のときでした（「観光立国」宣言）。当時の訪日外国人旅行者は年間500万人ほどで，これを2010年までに1000万人に倍増させることが国の目標でした。こうして国土交通省主導のもと，「Visit Japan」キャンペーンと呼ばれる訪日プロモーション事業が開始され，10年後の2013年に外国人旅行者数は目標の1000万人に到達します。また，2013年は富士山の世界遺産登録や2020オリンピック・パラリンピックの東京開催決定など，日本の観光業界にとって追い風となるニュースが相次ぎ，国は訪日旅行のさらなる促進をめざして，2020年までに外国人旅行者数を年間2000万人に拡大する方針を打ち出しました。驚くべきことに，この目標はわずか2年後の2015年にほぼ達成され，2019年時点では，日本を訪れる外国人旅行者数は年間3000万人台に突入しました。Visit Japanキャンペーンがはじまった2003年と比べると約6倍の増加であり，とくに2013年以降の伸び率が著しいことがわかります（図4-1）。

1　観光の世紀

　かつてなく大量の観光客が押し寄せるなかで，観光に対する日本社会の認識も大きく変わりました。まず，人口減少に悩む多くの地方都市では，地域外からの来訪者を増やし消費を促すことが，地域活性化につながる重要な戦略として位置づけられました。また，日本人消費者に代わる有望なマーケットとして，外国人旅行者の買い物消費に活路を見出そうとする企業も増えています。いまや観光客のニーズや消費動向に注目しているのは，旅行会社やホテル・土産物屋などの狭義の観光事業者だけではありません。街なかの家電量販店やデパート，ドラッグストアや100円均一

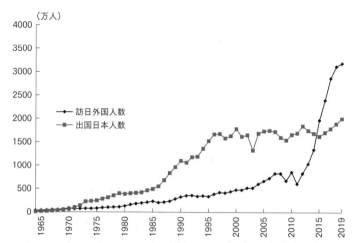

（出所） 日本政府観光局（JNTO），「年別訪日外客数，出国日本人数の推移」
（https://www.jnto.go.jp/jpn/statistics/marketingdata_outbound.pdf）より筆者
作成。

図4-1　訪日外国人数と出国日本人数の推移（1964〜2019年）

ショップなどでも，外国人旅行者は日増しに存在感を高めていま
す。さらにレストランなどでの多言語表記やキャッシュレス化の
進展，無料 Wi-Fi スポットの整備といった，私たちの身近に起こ
っている暮らしの変化もまた，観光客が買い物する際の情報検索
から商品の選択・購入，そして SNS による情報発信までのプロ
セスをいかに快適なものにするかという観点から政策が進められ
ているのです。

――――――――――――――
観光学の進展
――――――――――――――
観光の重要性が広く認識されるにつ
れ，「観光」に関する教育・研究も
活発になってきました。現在，観光系の学部・学科をもつ大学は
日本全国に 50 校弱ありますが（2019年時点，47大学47学部50学

科)，そのほとんどは小泉内閣の「観光立国」宣言を受けて，2000年代以降に設立されたものです。それ以前は，立教大学（1967年に日本初の4年制の観光学科，1998年に日本初の観光学部を設置）をはじめ，横浜商科大学（1974年に貿易・観光学科設置）や流通経済大学（1993年に国際観光学科設置）など，ごく一部の大学でしか「観光学」を学ぶことはできませんでした（髙橋 2019）。

　一方，今日の大学では，体験型授業の一つとして観光地の魅力や課題を発見するフィールドワークを実施したり，産学官連携の取り組みとして特産品開発や旅行商品企画を手がけたりする例も珍しくありません（ちなみに筆者は現在の勤務校で「観光学」「観光とホスピタリティ」「観光デザイン論」「観光産業論」という観光系の授業科目を担当していますが，これらはすべて2011年に新設されたものです）。

　「観光」をテーマとした社会学的研究も，日本では1990年代頃まで進展しませんでした。その理由はいろいろと考えられますが，筆者は，観光開発や観光客の来訪が地域社会にもたらす文化的・社会的インパクトが過小評価されてきたこと，つまりは観光がもっぱら経済現象とのみ捉えられてきたことが大きな理由だと考えています。

　この発想が変わるのは，世界的にみれば1970年代後半〜1980年代のことです。この頃から，戦後アジア・アフリカの新興国が外貨獲得・経済成長をめざし進めてきた大規模なリゾート開発に対して，リゾート地建設にともなう自然破壊，伝統文化の観光商品化（見世物化），外資系企業による観光収益の独占，観光客の大量流入がもたらす生活環境の悪化（交通混雑，騒音，ごみ問題）などの負の影響が指摘され，「観光公害」と非難されるようになりました。また，世界最大の観光に関する国際機関である国連世界

観光機関（UNWTO）が，経済利益を優先し大量の観光客（mass tourist）を追い求めてきた従来の観光開発に代えて，環境保全に配慮した節度ある開発として，「**持続可能な観光**（sustainable tourism）」を提唱したのもこの頃です。

　こうした時代背景のもと，上述した観光地化による弊害や，観光客（ゲスト）と地域住民（ホスト）との間の緊張をはらんだ相互作用を描いた論文集『ホスト・アンド・ゲスト』（原書の初版 1977 年，改訂第 2 版 1989 年）が刊行されました（スミス編 2018）。同書には「観光人類学」の副題がついていますが，人類学にとどまらず社会学の観光研究にも多大な影響を与え，1990 年代にはジョン・アーリによる『観光のまなざし』（初版 1990 年，第 2 版 2002 年，第 3 版 2011 年はヨーナス・ラースンとの共著）など，のちに観光社会学の古典となるような業績も現れました（アーリ・ラースン 2014）。

ホスト–ゲスト関係

　　　　　　　　　　　　　異なる国や地域を旅して，その土地ならではの文化や暮らしに触れたり，地元の人たちと交流したりするのは，たしかに刺激に満ちた体験です。しかし今日では，観光客一人ひとりの行動が地域にどのような影響を与えるかについても，無知・無自覚のままでは済まされません。とくに近年では旅行者のニーズの面でも，観光スポットをたんに見てまわるのではなく，そこに住む地元の人たちと交流しその地域の歴史を学んだり，独自の生活文化を体験したりするような旅が人気です（農家民泊や観光まち歩きなど）。これは言い換えれば，観光客が地域住民の生活空間にこれまで以上に深く入り込んでくることを意味しています。

　では，そうした**ホスト–ゲスト**間の直接的な相互作用のなかから両者の間にどのような関係が生まれてくるのでしょうか。これ

は，いまや年間3000万人を超える外国人観光客を受け入れている私たち一人ひとりが，この先，ホストとして直面する不可避の問題なのです。

　観光による人びとの交流や触れ合いは，異なる社会・文化への相互理解を育む機会となりえるのでしょうか。本章では，この問題を，アジア地域の「民族観光（ethnic tourism）」の事例をもとに考えていきたいと思います。

2　マイノリティの観光商品化

エスニック・ツーリズムとは何か

　エスニック・ツーリズム（民族観光）とは，「ある地域に住む民族の独自の生活文化を対象とした観光」を指します（宮本 2011）。これと似た概念に「文化観光（cultural tourism）」がありますが，前者の場合は，観光客（ゲスト）と地域住民（ホスト）の「民族性（ethnicity）」が異なるところに力点があります。一般には先住民や移民のコミュニティなど，ある国のなかで主流の価値観・文化に同一化することなく独特な文化（言語，宗教，食習慣など）を保持してきた人びとのもとを訪ね，その「異国情緒あふれる（exotic）」建物や食事を楽しんだり，工芸品を購入したりする旅行のことです。

　たとえば筆者が世界文化遺産の岐阜県白川郷を訪れ，合掌造り集落の景観を楽しむのは「文化観光」ですが，北海道阿寒湖畔の「アイヌ村（コタン）」を訪れ，アイヌ民族の古式舞踏を鑑賞するのはまさに「民族観光」といえます。また，「チャイナタウン」「コリアンタウン」と呼ばれる，移民たちが経営するレストラン，

食料品店，雑貨店などが集積する商業エリアで町歩きやショッピングを楽しむのも，多くの日本人にとっては「エスニック・ツーリズム（民族観光)」の一種といえるでしょう。

　では，異なる民族の生活文化はなぜ観光客の視線を引きつけるのでしょうか。アーリによれば，**観光客のまなざし**は，その人が普段暮らしている日常生活とは対照的な「非日常的な」対象に向けられると指摘します（アーリ・ラースン 2014）。この指摘をふまえると，多数派の民族集団が少数民族の暮らしに関心をもつのは，自分たちが近代化・都市化のなかで失った「素朴」「古風」「原始的」な暮らしへのノスタルジーや，自分たちの「ノーマルな」社会とは異なる「風変りな」慣習への好奇心が深く関わっているのかもしれません。

　さらにアーリの議論で注目したいのは，観光客が対象にいかなる性質の「まなざし」を向けるかは，個人の趣味嗜好で決まるのではなく，旅行会社やメディアが発信するメッセージによって社会的に構築される，と指摘していることです。つまり，「先祖伝来の古風な暮らしを守り続ける先住民」のようなステレオタイプ化されたイメージが観光パンフレットや雑誌・テレビなどで発信されると，観光客は現地でもそのイメージを追い求めるようになり（別の現実を見ないようになり），さらにはホスト地域の住民も観光客の期待に応えようとして，メディアで描かれたイメージに合わせて現実社会を作り変えていくという倒錯した事態が起こりうるのです。

　この点を，エスニック・ツーリズムの代表例とされるタイの「山地民観光」を事例に見ていきます。タイ北部の山間部には，国内の多数派民族集団であるタイ系民族とは異なる言語・文化をもつ「山地民」と呼ばれる少数民族が数多く暮らしています。

「山地民観光」とはこれらの少数民族を訪ねるツアーを指し，なかでも有名なのは，カヤン（Kayan）族が実際に生活しながら観光客に土産物などを販売する村（カヤン観光村）を訪れるものです。カヤン族の女性は慣習的に真鍮のリングを首につけ，首が長く見えることから，通称「首長族」ツアーとも呼ばれています。このカヤン族観光は，タイとミャンマー（旧ビルマ）の国境付近で1980年代頃からはじまりました（久保2014）。

　本章冒頭の写真では，欧米のツアー客がカヤン族を取り囲み撮影しています。相手との距離感を考えずレンズを近づける観光客と，表情を変えずただやり過ごしている少女の姿が印象的です。モノや動物を撮るならともかく，私たちは普段，初対面の人間に対してこうした撮影方法をあまりしないのではないでしょうか。ここには「まなざし」を向ける側と向けられる側との権力関係が如実に表れています。すなわち，西洋／東洋（非西洋），先進国／後進国，男性／女性，大人／子どもといった，歴史的に支配され差別されてきた社会的弱者への偏見が複合的に絡み合っているのです。以下では，このツアーの問題点をより深く掘り下げていきましょう。

エスニック・ツアーの
問題点

第1に，このツアーではカヤン族の「未開性」が過度に強調され，人工的に演出されています。

　たとえばツアー広告では，村への訪問が，現代人が失った古風な暮らしや伝統的（前近代的）な文化に出会える貴重な体験であることや，ほかの大衆化されたツアーとは異なる「本物の（authentic）」旅であることが強調されます。あたかもそこで見られるカヤン族の暮らしが自然なありのままの日常であるかのような書き方です。

しかし，実際の村での暮らしは，観光客のまなざしを意識しつつ，さまざまな仕方でコントロールされています。タイ北西部の3つの観光村を調査した久保（2014）によれば，村の住居はほとんどが高床式で，葉でしつらえた屋根と竹材を編んだ壁でつくられていますが，これは「未開な」集落をイメージしてやって来る観光客の期待に応えるために設計されたものです。また，ある村では通常夜間は電灯をつけていますが，観光客が村内に宿泊する際はあえてロウソクを用い，「未開な村」を演出しています。ほかにも，観光客が村を訪れる時間帯（午前8時から午後5時）には民族衣装を着用すること，この時間帯には屋外で買い食いをしないこと，買い物などで村外に出かけるときは必ず許可をとること，などの行動規則を定めている村もあります。

　ディーン・マキァーネルは，日常生活を演劇論的な視点から分析した社会学者 E. ゴフマンの理論を観光研究にも応用し，観光客にとって観光地の「舞台裏」に潜むリアルな世界（「本物の authentic」世界）のように映るものも，実はその多くは観光事業者やホスト地域の住民があたかも「舞台裏」であるかのように演出した「表舞台」にすぎないのだと主張しています。そしてこの現象を「演出された真正性（staged authenticity）」と名付けました（マキァーネル 2012）。

　マキァーネルはその一例として，企業が子ども向けに開催する「職場の舞台裏見学」を挙げています。カヤン民族の「日常」を売りにする上記のツアーも「演出された真正性」の実例といえるでしょう。実際，観光客の前ではつねに伝統衣装を着用しているカヤン族の女性（観光客相手に土産物を売るのは主に女性です）も，客がいなくなる夕方になると好きな洋服に着替え，流行りの TV ドラマや音楽を鑑賞したり，広場では男性や子どもたちがバレー

ボールやサッカーを楽しむ光景がみられます（久保 2014）。

　第 2 に指摘したいのは，「首長族」ツアーを主導し取り仕切っているのが，カヤン族ではなく，多数派民族集団に属するタイ人の観光業者であることです。カヤン族の生活文化の紹介は，観光客の言葉（英語や日本語など）が話せるタイ人ガイドが担っていますが，山地民の言葉を理解できる者は少なく，結局はタイ社会一般に流通している「山地民」情報に頼った紋切り型のガイドになりがちです。

　言い換えれば，タイ人の観光業者が「カヤン族」に関する語りを独占し，それに対してカヤン族が自らの生活文化について語る機会は非常に限られているのです。そもそもツアー客の村での滞在時間は短く，カヤン族と一切言葉を交わさずに写真撮影するだけの人も多いため，その触れ合いのなかから両者の間に相互理解と呼べるようなものが生まれる可能性はきわめて低いといえます（須藤 2007）。さらに経済面でも，観光収益の大半は仲介業者であるタイ人ガイドや旅行会社の手に渡り，ホスト役のカヤン族には十分に配分されていないのが現実です（山地民の取り分はツアー代金の 1.5% にすぎないとの研究もあります）。

　では，なぜカヤン族の人びとは，以上のような文化的・経済的に不利な立場に置かれながらも観光村に住み続けるのでしょうか。

　ここで最後に指摘すべきは，観光村で暮らすカヤン族の多くは，実は 1980 年代に内戦が続くミャンマーから逃れてきた政治難民であることです。当初カヤン族は国境沿いの難民キャンプに住んでいましたが，カヤン族女性の独特な風習が「観光商品」になると考えたタイ政府の命令により，ほかの難民から区別され，人工的に作られた観光村へ移り住むことになりました。このような背景をもつカヤン族のタイ国内での政治的立場はきわめて脆弱です。

そのなかにはミャンマー国籍もタイ国籍ももたない無国籍者や，国内での移動や就業の自由が制限された居住許可証しか与えられていない者も多いといわれています。また，すでに難民キャンプを離れてしまっているため，たとえ他国から難民受け入れの申し出があってもその対象となることはできません。

　つまり，ミャンマーまたはタイ「国民」としての権利をもたず，「難民」としての国際的な保護の対象にもならない狭間に生きる存在こそがカヤン族であり，タイ国内での社会的・経済的な地位上昇の機会が制限されている彼らは，不利益があっても「山地民観光」ビジネスの最底辺で働かざるをえないのです（石井 2010）。

日本のエスニック・ツーリズム

タイの「首長族」ツアーの事例は極端なケースのように思われるかもしれません。しかし，多数派の民族集団（マジョリティ）が少数民族（マイノリティ）やその生活文化を「観光商品」として見世物にし，娯楽として消費する現象は，いまにはじまったことではありません。

　たとえば戦前の日本では，博覧会での出品物の一つとして，日本の機械製品や農産物とともに，日本が統治していた台湾，朝鮮，南洋群島の諸民族，さらにアイヌ民族や琉球民族を集めて，彼らが実際に生活している様子を展示することが当たり前のように行われていました（写真参照）。しかもこの「原住民展示」の会場設計には，日本最初の人類学系の学会である東京人類学会（現・日本人類学会）の研究者たちが深く関わり，この展示が各民族の生活を忠実に再現した「本物」であるというお墨付き（科学的権威づけ）まで与えていたのです（阿部 2014）。

　さらに日本人によるマイノリティの観光商品化という点では，日本の高度経済成長を背景にした日本人男性による「買春観光

（出所）　東京大学総合研究資料館特別展示実行委員会編（1991）。
　　撮影者は人類学者・鳥居龍蔵。
東京拓殖博覧会（1912年）での原住民展示

（sex tourism）」の問題も看過できません。松井（1993）によれば，
その歴史は1960年代後半に台湾を拠点にはじまり，その後，日
中国交正常化（1972年）に伴い日台航空路線が一時断絶すると，
1970年前半からは韓国に拠点を移して「キーセン（妓生）観光」
として社会問題化しました。つづいて1970年代後半には先進国
の観光客を狙ってリゾート開発を進めていたフィリピン，タイな
どの東南アジア諸国へと範囲が拡大し，「〔日本人男性の〕買春観
光地図はかつての大東亜共栄圏地図と重なるように，東南アジア
一帯に拡がった」（松井 1993：72）のです。
　実際，1970年代半ばから1980年代前半に上記の4地域を訪れ
た外国人旅行者の男女比率は，タイやフィリピンでは7：3，韓
国や台湾では8：2または9：1の割合で，圧倒的に男性中心の

観光地だったことがわかります。とくに日本人旅行者は、アメリカやヨーロッパの旅行者と比べても男性の割合が高かったといわれています（安福 1996）。

　その後、フィリピンでは買春観光の反対運動が高まって日本人客が減少しますが、これにより顧客を失ったフィリピン人女性が今度は日本に出稼ぎにくるという逆方向の国際移動が生まれてきます。これはエスニック・マイノリティの（性の）商品化が、たんなる消費者の意識改革だけでなく、マイノリティの社会的・経済的地位の向上なくしては根本的に解決されないことを示しています。

3 「責任ある観光」に向けて
──世界観光倫理憲章を手がかりに

　日本は明治期以降、欧米の先進国と肩を並べるために、戦前は「植民地帝国」として、敗戦後は「経済大国」として、その勢力を海外へ広げてきました。それにより国際社会における日本の政治的・経済的地位は高まりましたが、その過程は同時に、隣邦アジアの諸民族に対する優越感や差別意識と表裏一体のものでした。アジアの諸民族を対象とした「原住民展示」や「買春観光」の歴史はその最たる例といえるでしょう。

「まなざし」の経験から
「責任ある観光」へ

しかし私たちはいま、自分たちの生活文化が観光商品として見世物化されることの問題点に、当事者として気づきはじめているのかもしれません。

　その契機は、冒頭でみた年間 3000 万人を超える外国人観光客の大波です。日本の国際観光は 1970 年以来ずっとインバウンド

観光（外国人の訪日旅行）よりもアウトバウンド観光（日本人の海外旅行）の方が数的に上回っており，この関係が逆転するのはようやく 2015 年のことです（図4-1）。つまり，観光を通じた異民族との接触・交流という視点でみると，日本人は自国の経済成長や円高などを背景にして，海外の国々へ「ゲスト」として訪れ，そこでの生活文化に「まなざし」を向ける経験はあっても，外国人を「ホスト」として受け入れ，自分たちの生活文化に「まなざし」を向けられる経験はきわめて乏しかったといえます。それが大きく変わりはじめたのがまさにいまなのです。

コロナ禍に見舞われる直前まで，日本のさまざまなメディアでは，観光地における外国人旅行者のマナーの悪さや住民生活の悪化などが煽情的に伝えられ，「オーバーツーリズム」の弊害として議論されていました。しかし，これを一方的な被害者意識で終わらせてしまうのではなく，過去には自分たちもまた海外の観光地で似たような問題を引き起こし，今後も似たような問題を引き起こしうる存在であることを認めることが大切です。そのうえで，現在のホスト‐ゲスト関係をより対等な，お互いを尊重した人間関係へと変えるためには何をなすべきかを考えていく必要があります。

世界観光倫理憲章

ここでみなさんにも改善策を考えてもらうために，国連の世界観光機関（UNWTO）が提唱している「世界観光倫理憲章（The Global Code of Ethics for Tourism）」の内容を最後にご紹介します。この憲章は，1999 年に UNWTO 第 13 回総会（開催国チリ）で決議採択されたもので，観光が自然・文化・社会に与える悪影響を最小限に抑えつつ観光の発展を最大限に引き出すために，国や行政，観光事業者，地域社会，観光客が自発的に取り組むべき事項を全 10 カ条

にまとめたものです。

ここでは本章のテーマであるエスニック・ツーリズムに関わる条項を取り上げます。まず憲章前文では，観光は，異なる文化や生活習慣の人びとが直接的・自発的に出会い，世界の人びとの間に友好関係や平和を生み出す可能性があると指摘しています。さらに第2条では，観光は，民族・文化の違いやその多様性を学ぶ機会になるとし（第2条第1項），「宗教，健康，教育，文化または言語を学ぶための交流を目的とする観光は，特に観光の有益な形態であり，奨励されるべきである」（第2条第4項）と主張しています。以上のように UNWTO は，観光を通じて異民族を理解するというエスニック・ツーリズムの根本の目的を高く評価しています。また，異なる他者への理解・寛容が重要であるという認識から，観光分野における社会的弱者（子ども，高齢者，障害者，少数民族，先住民族など）への搾取や不平等は徹底的に処罰し，基本的人権の保護に努めるべきだと注意しています（第2条第2項，第3項）。

ただし，この憲章は法的拘束力をもたないため，上記の規範を実現するためには，各自が主体的に自分は何をすべきかを考え，責任をもって取り組んでいくしかありません。その手がかりとして，UNWTO が憲章をもとに作成した観光客向けのリーフレットが図4-2です。詳細は省きますが，観光客の行動一つひとつが旅先の自然・文化・社会・経済にいかなる影響を与えるかを想像し，地域住民との間により対等な人間関係を築いていくことが基調になっています。まずは撮影する前に一言声をかけるだけでもいいのです。あなたの側から主体的に動き出す，その一歩が観光地の現状を大きく変える可能性があります。

〈旅先に住む人々に敬意を払い，私たちの共有遺産を大切にしよう〉

・旅立つ前に旅先の慣習，伝統，社会様式を調べておこう。それはその地域を理解するうえで有効であり，旅の体験を生き生きとしたものにしてくれるはず。
・現地の言葉を二言三言でも話せるようにしよう。これは，あなたと地域の人々とのつながりを後押しし，より意味のあるものにしてくれるだろう。
・世界中の旅先を多様で個性的なものにしている歴史や建築，宗教，服装，コミュニケーションの方法から音楽，芸術，料理に至るまでを体験し，その全てを尊重しよう。
・他人を撮影する時は，事前に必ず許可を得よう。あなたと同様にプライバシーがあるのだから。

〈私たちの地球を守ろう〉

・自然資源，とりわけ森や湿地を保護し，環境への影響を軽減しよう。
・野生動植物とそれらの生息地を尊重しよう。
・絶滅危惧種の動植物で作られていないものを購入しよう。
・保護地域では，許可された場所にしか立ち入らないようにしよう。
・水やエネルギーの消費をできる限り削減しよう。
・旅先にはよい印象以外，できるだけ何も残さないようにしよう。

〈地域経済をサポートしよう〉

・地元で作られた工芸品や製品を購入しよう。
・適正な価格を支払うことで地域の販売者や職人の生活を尊重しよう。
・偽造品や，国や国際規制によって禁じられた製品を買うのはやめよう。
・その土地について深い知識を持っている地域のガイドを雇って案内してもらおう。

〈旅先の情報に通じた旅人になろう〉

・旅行前と旅行中は健康と安全に気を付けよう。
・緊急事態に備えて，病院や大使館の連絡先を知っておこう。
・ボランティアツーリズムに参加する際には，十分に事前調査をしよう。
・その土地の環境政策と地域でのプロジェクトをしっかり考えている観光事業者を選ぼう。

〈尊敬される旅人になろう〉

・その国の法律と規制を守ろう。
・人権を尊重し，子どもを搾取から守ろう。子どもの虐待は犯罪である。
・物乞いをする子どもにお金を与えるのはやめて，代わりに地域のプロジェクトを支援しよう。
・旅の記念には，保護された文化的工芸品を持ち出す代わりに写真を撮ろう。
・旅から戻ったら，正直な旅の評価を発信し，ポジティブな経験についてはそれを広めよう。

（出所）国連世界観光機関（UNWTO）駐日事務所，「責任ある旅行者になるためのヒント」（https://unwto-ap.org/wp-content/uploads/2017/05/Tip-for-Travellers_web.pdf）より筆者作成。

図 4-2　責任ある旅行者になるためのヒント

キーワード解説

持続可能な観光（sustainable tourism）：国連の「環境と開発に関する世界委員会」が1987年の報告書で提唱した「持続可能な開発（sustainable development）」の概念を下敷きにした新しい観光形態。無計画な観光開発は，地域の自然環境や文化の破壊，行きすぎた商業化，地域住民の不満を引き起こし，長期的には観光地としての存立を危うくする。そのような反省に立ち，持続可能な観光では，観光を通じた経済成長と環境保全の両立がめざされる。ただしそのためには，観光客の量および質の適正な管理や，観光収益の一部を環境保全対策にあてるなどの仕組みづくりが重要な課題となる。

ホスト-ゲスト関係：観光客にとって観光地は「非日常」を楽しむ娯楽の場であるのに対し，観光地の住民にとっては労働もしくは生活の場である。このように観光地には観光客（ゲスト）と地域住民（ホスト），さらに両者を媒介するガイドや旅行会社（「ブローカー」と呼ばれる）など，異なる利害関心をもつ行為者が存在し，多様な関係を取り結んでいる。ホスト-ゲスト間の相互作用の分析は，文化人類学者の V. スミスを筆頭に 1970 年代にはじまり，観光客の数，観光地の収容力（許容量），観光客と地域住民との経済格差や人種的・文化的差異の大きさなどが，ホスト-ゲスト間の関係性に影響を与える要因として注目されてきた。

エスニック・ツーリズム（ethnic tourism, 民族観光）：異民族の生活文化を鑑賞・体験することを目的とする観光。ある民族集団の宗教儀礼や伝統芸能が観光客向けに商品化される事態を，文化の「形骸化」や「破壊」として批難する声は多い。しかし一方で，観光客に向けてパフォーマンスを行い，賞賛をうけるなかで，自らの文化の価値を再認識し，民族的アイデンティティが強化される場合もある。また，ハワイアン・ミュージックやインドネシア・バリ島の民族舞踏「ケチャ」のように，もともとは欧米の観光客向けにアレンジされ創作されたエンターテイメントが，いまや地域の伝統として民族文化の重要な要素になっている場合も少なくない。

観光（客）のまなざし（tourist gaze）：M. フーコーが『臨床医学の

誕生』(1969年) で議論した「医学的まなざし」の概念をふまえ，
J. アーリは観光客が地域の町並みや景色などに向けるまなざしも歴史
的に変遷し，職業専門家（旅行会社やマスコミ業界など）が生産する
言説・イメージを通じて社会的に構築されると論じた。アーリのまな
ざし論に対しては，観光における視覚以外の感覚を軽視している，観
光客や地域住民を過度に受身の存在として描いているとの批判もある
が，それらの批判と修正を通して観光社会学が発展していったという
点で，その理論的貢献は大きい。

演出された真正性（staged authenticity）：観光の文脈における「真
正性」とは，観光客が見たり体験したりするものが，観光客用に演
出・創作されたものではなく，本来その場所に存在する「本物」であ
ることを意味する。しかし，D. マキァーネルによれば，現代の観光
地では，地域の「ありのままの暮らし」や「手つかずの自然・文化」
のように見えるものも，実際はそうした体験を追い求める観光客を満
足させるために巧妙に「演出された真正性」である場合が少なくない。
このような視点に立つことで，本物か／偽物か，という出口のない二
分法から離れ，観光客に何を見せるか／見せないかという地域の戦略
や，観光客の体験に「本物らしさ」を付与する舞台装置の問題へと分
析の焦点が向かうことになる。

ブックガイド

■ジョン・アーリ，ヨーナス・ラースン『観光のまなざし〔増補改訂
　　版〕』加太宏邦訳，法政大学出版局，2014年

　1990年の初版刊行以来，観光社会学の古典として読み継がれてき
た一冊。第3版となる本書では，最新の研究動向をふまえたデータ
の更新に加えて，デジタルカメラや携帯電話，SNS の普及といった
テクノロジーの進化に伴う旅行スタイルの変化や，急成長する国際観
光が世界規模で引き起こすさまざまな「リスク」（エネルギー資源の
枯渇，気候変動，テロリズム等）について論じた数章が追加されてい

る。アーリの分析の独自性は，旅行者の知覚や行動パターンの変化を，写真機や情報通信技術，ガイドブックや時刻表といった「モノ」の領域と連関させて把握するところにある。その理論的な意義をより深く知るには，アーリの『モビリティーズ——移動の社会学』（2015 年，作品社）も併せて読まれたい。

■江口信清・藤巻正己編『貧困の超克とツーリズム』明石書店，
　2010 年

発展途上国での観光開発が国内の社会的マイノリティ（少数民族，零細農民，スラム地区の極貧層など）の暮らしにどのようなインパクトを与えたかに焦点を当てた論文集。事例は台湾，フィリピン，タイ，マレーシアなどのアジア各国からカナダ，エクアドルの先住民コミュニティまで多岐にわたるが，いずれも現地調査に基づく綿密なケーススタディである。マイノリティの生活文化を鑑賞・体験するようなツアープログラムが，彼らの貧困状態を改善し，政治的・文化的に周辺化された立場からの自立を促す機会となりうるかは，「体験・交流」といった耳障りのいい言葉に惑わされることなく，個別事例をもとに冷静に判断するほかない。

■阿部純一郎『〈移動〉と〈比較〉の日本帝国史——統治技術として
　の観光・博覧会・フィールドワーク』新曜社，2014 年

本書は，戦前日本の観光・博覧会政策と人類学調査に焦点を当て，観光・博覧会・フィールドワークという 3 つの異文化理解の実践が，逆説的にも，アジアの諸民族に対する差別・序列意識を強化し，日本の植民地支配を心理的に支えたことを明らかにしている。おもな事例は，本章でも言及した原住民展示のほか，植民地住民に日本文化の優越性や技術力を誇示すべく実施された訪日観光ツアーなどであり，これらの娯楽・イベントを通して植民地住民への差別・序列意識が大衆心理に刷り込まれていく様子が描かれている。ただし，こうした学問および娯楽・文化の政治性は，過去に限定される問題ではない。日本政府の政策動向とリンクしつつ発展してきた観光学のような研究分野では，とくにその自覚が必要だろう。

社会学史コラム⑤　デュルケムと自殺論

　社会とは，たんなる多数の個人の寄せ集めではなく，諸個人を超えた一つの実在であり，独自の性質をもったものである——そのように考えた É. デュルケム（1858〜1917）は，諸個人の外部に存在し，諸個人を拘束する「社会的事実」（規則や制度，道徳，社会の潮流など）を「モノのように」客観的に観察する社会学を提唱した。

　代表作の一つである『自殺論』は，自殺を一種の社会的事実として論じたものである。すなわち，個人の行為として自殺を見るのではなく，それぞれの社会に固有の自殺率があることに着目し，どのような社会の状態が自殺を促進させるのかを検討した。その結果，社会的要因によって4つの自殺の類型が導き出された。それらのうち，とくに近代社会の傾向と結びつきやすい類型として，欲望の無規制状態（アノミー）に陥ることによって増加する「アノミー的自殺」と，社会的な結びつきが緩んだことによって増加する「自己本位的自殺」が挙げられる。その他は「集団本位的自殺」と「宿命的自殺」である。

　また彼は，ドレフュス事件に際して，E. ゾラと同様に人権擁護の立場から，軍部や反ユダヤ的な保守派を批判したことでも知られている。

（S）

第5章　日系ブラジル人の30年を考える

家族と居住地

群馬県大泉町にあるブラジル系スーパーの一つ（筆者撮影）

　　私たちは誰でも1年ごとに年齢を重ねていきます。時間の経過の受け止め方は，年齢や立場によりさまざまです。この章では，年齢を重ねることの意味合いを，とくに日本で働くブラジル人に即して考えてみたいと思います。

本章のキーワード
バブル景気　　移民　　在留資格　　入管法　　政府の失敗・市場の失敗

この本を読んでいる方は，20歳前後の若い方が少なくないでしょう。15歳の誕生日を迎えた日といまとでは，誕生日の感じ方が違うのではないでしょうか。この後，30歳，40歳と年齢を重ねていくと，仕事や自分の家庭がもつ意味合いが増してくる場合があるでしょう。人によっては，他人へのケアをする立場になる人も出てきます。さらにいえば，年齢を重ねるということの意味合いは，ついている仕事やジェンダー（第1章を参照）などによっても違うものといえます。

　これらの人それぞれの立場によって，出来事に対する感じ方がどのように異なるかを詳しく調べる，という研究スタイルが社会学にはあります。感じ方が異なれば，出来事への対処の仕方が違ってくる場合もあるでしょう。年齢を重ねるという同じ自然現象についての感じ方の違い，また対処法の違いが，それぞれの人の立場の違いによっているとしたらどうでしょう。人間は一人ひとり背負うものが違い，そのためおのずと立場の違いが生じる，という見方をとることは，他人の発言や実際に行うことを理解するときにおおむねプラスに働くでしょう。

　30年以上前から，日系南米人が日本に移り住むようになりました。日本に移り住んできた人にとって，長い人で30年という年月は，どういう意味合いを帯びるでしょうか。この視点から移住者や移民といった人びとのことを考えてみましょう。

1　移住者の暮らしを考える

移住すること

　それでは，立場の違いにはどういうものがあるでしょうか。先ほど年齢のほか，仕事やジェンダーについて触れました。そのほか，収入などの経済力，家庭環境，住まいとそれを取り巻く地域環境，友人関係や職場・居住地域でのつながり，学校歴など，思いつくままに挙げてもいくつもありそうです。

住み慣れた場所を離れてほかの場所に移り住む経験も，一つの立場になりえます。たとえば高校までに転校を経験した人は，転校生という立場ならではの発見や感じ方がありうることを知っているのではないでしょうか。大学生になって出身地を離れ，知り合いのいない町に越してきた人のなかには，新しく住むことになった町を新住民の立場でおもしろく眺める人もいるに違いありません。立場を逆にしてみれば，新住民の視点が，もともと住んでいる人たちには新奇で興味深いものに捉えられることもあると思います。

　移住というのは，何も日本国内での移住に限るものではありません。東京や大阪など大都市を歩いていると，観光客のほかに日本で働いている外国の人びとをたくさん見かけるようになりました。外国から移り住んできた人たちです。大都市以外にも，地方の工業都市や農山漁村など，いろいろな場所で日本人と外国人の仕事と生活が営まれています。

　「在留外国人統計（法務省，2019 年 12 月）」によれば，日本全国の外国人人口は 293 万 3137 名です。200 万人を超え，300 万人に近い規模，日本の総人口のおよそ 2% 強です。いまから 30 年ほど前の 1990 年には，107 万 5317 名でした（法務省「登録外国人統計」による）。これは現在の半数より少なく，総人口のおよそ 1% 弱でした。現在では，人数の多い順に，①中国，②韓国・朝鮮，③ベトナム，④フィリピン，⑤ブラジルといった籍をもつ人びとが日本に住んでいます。この点に関するいきさつだけでも，本当はかなりの解説を行わなければいけないのですが，ここでは割愛します。そのほかに増加している国籍・地域はどこかなど，最近はインターネットで簡単に調べられるようになっています。課題に取り組む際など，ぜひ調べてみてください。

なお，これ以降は在留外国人統計ではなく，国勢調査の結果を用いて話を進めていきます。在留外国人統計とは数字にやや開きがありますが，国勢調査のほうが結果の考察をより多面的に行えるためです。日本の外国人の状況についてよく調べるには，集計が多岐にわたり充実した国勢調査の結果はたいへん有用です。

1990 年のこと

　1990 年は元号でいうと平成 2 年です。この本の出版は令和 3 年（2021年）ですから，約 30 年前のことです。平成も令和もどちらもはじまったばかりの時期でした。先ほど外国から移り住んできた人の話題を挙げましたが，この年に外国人（とくに日系人）に関する大きな制度の変更がありました。当時はバブル景気の盛りのころで，多くの働き手が求められていました。日本政府は自動車産業などの働き手を求める声に呼応して，かつて日本から外国に移民した人びとの子孫に「定住者」という在留資格を与えられるようにしました（宮島 2014：218-225）。「出入国管理及び難民認定法」という法律の改定がそれです。冗長なので，専門家はたんに「入管法」ということもあります。これにならい改定後の「出入国管理及び難民認定法」を，これより後は，「改定入管法」と呼んでいきましょう。

　改定入管法施行が日本への外国人来住にもたらしたインパクトは大きなものでした。改定入管法施行後，とくにブラジル，ペルーといったラテンアメリカの国々から日本に移住してくる人びとが多くなりました。これらの国々には，かつて日本から移住した人たちの子孫が住んでいます。その人びと（＝日系人たち）が日本で「定住者」の在留資格を得ることができるようになったのです。日本から世界各地に移住した人びとの歩みについては，横浜市（みなとみらいの近く）にある JICA 横浜海外移住資料館で詳し

く学ぶことができます。大変興味深い施設で，日本から海外への移民の歴史に関心のある方は足を運んでみることをおすすめします。

　さて，これら日系の人びとは，改定入管法の施行後はかなりの人が上記の「定住者」の在留資格で日本に住むことになりました。定住者の在留資格には期限はありますが（資格の更新は可能），日本で労働することに制限はありません。そのため，多くの場合は，仕事を求めて定住者の資格で日系人たちが日本にやってきました。当時，日系人が働くことになったのは，自動車や電機などの製造業関係の工場が主でした。日系人にはペルーやフィリピンの人びともいますが，次節からは，そのなかでも人数の多かった日系ブラジル人について見ていきます。

2　日本で働く日系ブラジル人

仕事の様子

　この時期の日系ブラジル人の状況を捉えた研究では，日系ブラジル人が製造業の現場で働く様子，そして日系ブラジル人がおかれた労働市場での位置が述べられています。まとめると，働くにあたっての条件がたいへん不安定であること，製造業の現場に日系ブラジル人と日本人という線引き（エスニック・ライン）があり，実際の仕事の進め方もその線引きによって異なっていることが述べられています（大久保 2005：235-243）。

　自動車や電機関係等の製造業では，製品の売れ行きによって仕事の量が大きく変化します。その影響で，景気が良くなっているときには従業者数が増え，景気が悪くなると従業者数が落ち込み

ます。企業の視点からは，製品をつくっても売れなければその分は在庫となり，倉庫などに関わる費用がかさみます。そのため，製品の売れ行きがかんばしくないときには製品をつくらないようにし，製造に携わる人の数を抑えようとします。

　景気の良し悪しによって従業者を増減させることを，俗に「景気の調整弁」ということがあります。景気が良いときには「弁」を「緩め」（従業者を増やし），景気が悪くなったら「締める」（従業者を減らす）ことを表す表現です。人間をモノのように表現するのは本来望ましくありません。またこの表現によって経済に関わること以外の人間の暮らしが見えにくくなるなど，弊害があります。なお，「景気の調整弁」とされる現象は雇用以外にもあります。ただ，ここではひとまず雇用に焦点を合わせてみていきましょう。

　このような景気に合わせた従業員の増減はどのように行われているのでしょうか。日本では，企業は社員を景気に合わせてみだりに解雇することはできません。景気に合わせた人員の調整は，業務請負や人材派遣といった働き方をする人びとに対して行われることがしばしばです。日系ブラジル人は，こうした仕事場で働くケースが少なくなく，「景気の調整弁」とされてきた経緯があります（大久保 2005：228-229）。実際にも 2008 年の世界金融危機の影響を受け，仕事を失った日系ブラジル人のなかに帰国という選択をとらざるをえなくなった人がたくさん出ました（松宮 2019：180）。このとき行われた「帰国支援事業」がどのようなものだったのか，調べてその意味を考えてみましょう。

　この状況を世界金融危機の前段階で鋭く捉えたのが梶田孝道らの「顔の見えない定住化」論（梶田ほか 2005）でした。梶田らによれば，日系ブラジル人集住地では日本の旧住民との文化対立や

地域摩擦がしばしば話題になりますが，いっけん文化対立や地域摩擦とされがちなことも，調整にともなって労働力を柔軟に配置することにつながる移住過程の産物であり，「**政府の失敗**」や「**市場の失敗**」の実例として捉えることができるとされます（梶田ほか 2005：297）。つまり梶田らは，日本の労働市場では，ブラジル人はフレキシブルな（生産の短期的変動に合わせた）労働力とされているとし，短期的な移動を前提とし，それに合わせてふるまったにすぎない（梶田ほか 2005：290-291）という見方をとっているのです。現在でもこの構造は見られるといってよいでしょう。また新たな形の制度変更も行われつつあります（樋口 2019：25-28）。

　短期的な移動が原因でもたらされたのが，先に挙げたいっけんしたところ文化対立や地域摩擦とされる問題や，移動が頻繁なことからくる子どもの教育の問題でした（梶田ほか 2005：296-301）。渡日第 1 世代の親とともに来日した第 2 世代の子ども（子どものころに来日したケースでも，ここでは第 2 世代とします）は親の仕事のあり方から強い影響を受けたのです。

頻繁な転居

　ブラジル人のフレキシブルな労働力としての扱いの実例として，住まいに注目してみましょう。それは必ずしも安定しているとはいえません。**図 5-1** のグラフを見てください。国勢調査によれば，日本全体で，改定入管法施行から 25 年の，2015 年 10 月の時点で 5 年前に同じ住所に住んでいた人は 71.3% でした。ブラジル人では 43.2% です。2010 年から 2015 年までの 5 年間のうちに転居した割合が，日本の一般的傾向よりも，かなり高いことがわかります。このデータからは，転居した人びとがその間に何度転居したのかまではわかりません。とはいえ，5 年間同じ場所に住み続

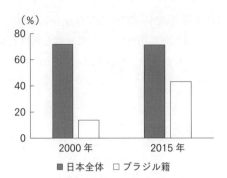

（％）

（出所）　各年の国勢調査（総務省統計局）により筆者作成。

図5-1　５年前に同じ住所に住んでいた人の割合

けた人の割合の違いから，全国の一般的傾向と比べたとき，ブラジル人の転居の度合いの高さを見出すことが可能でしょう。これは先ほどの梶田らの見方を裏打ちするものです。

　さらに，いまから約20年前の2000年国勢調査によると，日本に住むブラジル人（5歳以下を除く）のうち，調査の5年前である1995年と同じ住所に住んでいたのは13.7％でした。改定入管法施行から10年の時点では，近年と比較してもさらに頻繁に転居していたことがうかがえます。同時期の日本全国では，5年前に同じ住所に居住していた人の割合は71.9％でしたから，全国の状況は2000年から2015年にかけてそれほど大きく変化したわけではありません。そのため，ブラジル人の引っ越し傾向の高さが際立ちます。ブラジル人の場合は国内移動とともに外国（出身地であるブラジルなど）への転居もみられることもあり，よりこのような傾向となっているものでしょう。

　以上のように，ブラジルから来た人びとには，頻繁に引っ越しをする人がかなりの数いることがわかります。リーマンショック

と東日本大震災の影響で日本に住むブラジル人は減っているのですが，近年では，2000年頃と比べ，引っ越しの度合いが少なくなりつつあることもわかります。同じところに5年以上住んでいる人も，人数のうえで増えているのです。この理由を考えてみましょう。

<hr>

日本に住み続ける理由

これまでブラジル人が日本に住み続ける理由について，さまざまな研究が行われてきました。研究成果をまとめると，第2世代にあたる就学年齢の子どもがいる層は日本居住を選択する傾向が強いとされます（松宮2017：352）。子どもが日本で教育を受け，日本の生活に慣れつつあることが一つの要因とみてよいでしょう。改定入管法施行後30年が経過して，子どもを日本で養育する層はかなりの数に上るとみられるため，近年では引っ越しの度合いが少なくなっている面があるようです。もちろん，日本に住み続けるという選択は，実際にはさまざまな要因が複合的に働いて人生の重要な選択としてなされています（宮島2014：251-252）。近年では，日系人の労働市場の硬直化も指摘されています（上林2015：33-36）。

　筆者自身も，子どもの教育への配慮と子どもの日本の学校への慣れが，親世代が日本に住み続けることを促す要因ではないかと考えます。それに加えて，一つの可能性にすぎませんが，高齢にさしかかりつつある親への成人した子世代からの配慮が一部にあるのではないかとも考えています（山口2014：70-71）。後述しますが，ブラジル人は日本人と比べて平均年齢が低く，親と，成人しある程度の年齢に達した子どもの関係には，これまであまり着目されてきませんでした。

　しかし人間は誰でも歳をとります。年齢を重ねるごとに身体に

も変化が生じます。筆者自身を例にとると，特徴的なコマーシャルで話題になったメガネ型の拡大鏡を，細かい工作をする場合は必要に感じるようになりました。社会的にも，加齢にともなって家族や職場，地域での役割は次第に変化していきます。自分の加齢により，仕事や地域で求められる事柄の幅が広がっていくとともに，親世代の加齢が，普段特別に何かをするにはいたらなかったとしてもどことなく気がかりになることはあるものです。日本では家族がケアを担うケースが少なくありません。そのため，実際にケアにあたることになれば，その懸念は現実のものとして感じられます。当然ながらブラジル人でもこれは同じです。

3 日系ブラジル人と家族の問題

<u>高齢化と家族</u>　ともあれ，若くフレキシブルな労働力として来日した日系ブラジル人ですが，人口全体として見たとき，高齢化のトレンド（高畑 2017：58）は明らかです。図 5-2 のグラフを見てください。グラフでは薄い灰色の縦棒が 2015 年の日本全国の年齢別人口割合を表しています。白い縦棒は 2000 年時点でのブラジル人の年齢別人口割合です。濃い灰色の縦棒は 2015 年時点でのブラジル人の年齢別人口割合を表します。グラフからすぐにわかることは，次の 3 点でしょう。

①2015 年について見てみると，日本全国では 40 歳以上の人びとの割合が高いこと（60.3%）。

②同じように 2015 年について見てみると，日本全国の状況と比較し，ブラジル人では若い人の割合が高いこと（40 歳以上

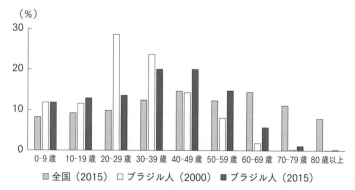

（注） ブラジル人の85歳以上の高齢者についてはひとつのカテゴリーしかないため，全国データを再集計している。

（出所） 国勢調査（総務省統計局）より筆者作成。

図5-2　年齢分布・日本全国（2015年）およびブラジル人（2000年，2015年）

の割合は41.7%）。

③ブラジル人でも人口の平均年齢は上昇傾向であること（2000年には40歳以上の割合は24.3%でした）。

①については日本社会の少子・高齢化の特徴として，ご存知の方も多いのではないでしょうか。②については，これまで見てきたように日本にいるブラジル人は働きに来た人が少なくなかったわけですから，比較的若い年齢層の人が多いことは理解しやすいものと思います。③については，ブラジルの人びとは机上の労働力ではなく，日々暮らしを営み年齢を重ねる人間であることを示す統計上の事実であるといえるでしょう。

図5-2をさらに詳しく見てみましょう。2015年時点での30代のブラジル人の親世代を（およそ30歳以上の年齢差があるとして）

60 代以上とすると，ブラジル人人口の 6.9% がその年代にあたります。2000 年にはこの層（60 歳以上）のブラジル人は全体の2.1% でしたから，3 倍以上になりました。全体からするとブラジル人の年配層はまだまだ割合としては低いため，この点に注目が集まっているとはいえません。しかし，私たち一人ひとりが毎日暮らしを営み，年齢を重ねていくことをもう一度思い起こしましょう。2015 年に 50 代のブラジル籍の人びと（ブラジル人人口の14.8%）は，その 25 年前の改定入管法が施行された 1990 年には20 代後半〜30 代前半の若者でした。これらの人びとも 2025 年には全員が 60 代になります。

　ここで，グラフに表されているすべてのブラジルの人びとが日本に住み続けるかというと，そうはいえないと思う人もいるかもしれません。また，退職年齢に達したときにどこに居住するかについても，さまざまな選択があると思います。ブラジル出身の人は，歳を重ねたら出身国に戻るのではないか，という考えを持つ人もみなさんの中にはいるかもしれません。年齢による退職を機に，出身国に戻るという選択をする人がいる可能性はあります。しかし住み慣れた地域に住み続けるという選択肢もやはりあります。相応の期間にわたり日本に暮らした日系ブラジル人の高齢層（渡日第 1 世代）には，成人した子（渡日第 2 世代）がいれば子どもの近くに住むことを望むケースもありえるでしょう。

　高齢を迎えたブラジル籍の人びとがどこに住むか，どのように暮らしを送っていくか，そして実際にはどういう選択をとるのか。これらはまだはっきりしたことがわかっていません。そのため，この本を読んでいるみなさんには，移住ブラジル人の高齢化と暮らしについて，社会学の方法に従って，実情やさまざまな選択の社会的背景を捉えるという研究上の課題が感じられるものと思い

ます。そしてここまで見てきたフレキシブルな労働力としての扱いに，暮らしを営む人間はどのように向き合うのか考えてみましょう。

家族と居住地

これまで渡日第1世代のブラジル人の高齢化について話を進めてきました。それでは渡日第2世代以降の日本で生まれ育ったブラジル人はどのように考えるでしょうか。ある本ではブラジル人高校生の事例について「彼にとってブラジルはもはや帰るべき場所ではないとはいえ，日本が自明のホームランドでもない。帰るべき場所は『家族がいる場所』であり文字通り『ホーム』であるようだ」（拝野 2011：275）と述べられています。家族のつながりにより，渡日第2世代以降の選択が影響を受けるケースです。この事例に挙がった高校生もいまでは成人しています。成人した子世代は，仕事に携わるほか，人によってはまだ年少の子世代（渡日第3世代）のケアを行ないつつ，老年期にさしかかった親のことを気にかける人も現れてくるでしょう。

もちろん，年配の親とその子が同居するケースばかりではありません。近くに住む場合や日本国内でも離れて住むケース，そして遠く海を隔てて家族が別々に暮らすというケースもしばしばあるでしょう。渡日第1世代にはそういう人が多かったはずです。日本に移住した人びとについて，距離を隔てた親子の関係，とくに国境を超えた家族的ケアに関わることについては，まだまだ研究はこれからです。海外ではそうした研究も行われつつあります（Baldassar ほか 2007 など）。国境を超えた移動を経験した人たちは，出身地ではない場所で歳をとり，新しい家族を育み，ときには家族と離れて暮らしながら，家族との関係の変化について何を思うでしょうか。ブラジルの人びとの生活に深く触れ，実態を把握し

たうえで，ケアの必要性のある人びとをしっかりとサポートする
ための仕組みづくりが必要になってくるでしょう。

今後の課題

それでは最後にここで触れたことに
ついてまとめておきましょう。まず，
年齢を重ねることの意味合いが，属性や立場によりさまざまであ
ることを見ました。そのうえで日系ブラジル人が若くフレキシブ
ルな労働力として来日した経緯と，それをめぐる諸問題について
ごく簡単に触れました。家族のことを考えるうえでも，この社会
構造があることを忘れてはいけません。そのうえで，将来の見通
しとして渡日第1世代の高齢化とその子世代（第2世代）以降の
暮らしについて今後明らかにする必要があるポイントを提示しま
した。

これらを深く突きつめていくと，外国からの移住者とジェンダ
ー（稲葉ほか 2019），第二世代への教育（本章末のブックガイド2冊
目参照）およびしっかりした日本語教育と職業訓練の大切さ（樋
口 2019），外国人と地域社会（徳田 2019）など，現在さかんに問
われている諸問題とも深い結びつきがあることがわかってくると
思います。また社会保障制度による包摂がなお進んでいないこと
から（松宮 2019：187），日本の福祉制度の特徴が年配の外国人の
暮らしにどのような影響を及ぼすかなども，今後明らかにする必
要があるでしょう。高齢者が人間らしい暮らしを送れるかどうか
と直結するからです。これらはみなさんの前にも社会学的，そし
て現実的な検討課題としてあります。

この諸問題について，すでに私たちが直面している日本社会の
高齢化への対応と合わせ，どのように状況を改善していくことが
可能でしょうか。立場の違う人それぞれの個別の事情を捉えるこ
との意義と，総合的に考えることの意義が問われることになるで

しょう。

キーワード解説

バブル景気：バブル景気とは，1986年の末から1991年にかけての好景気を指す言葉である（それ以前は「円高不況」）。バブル景気が終わって以降，経済的には振るわない時期が続いた（「失われた10年」）。2000年代中頃にはいくぶん景気拡大が見られたものの，2008年には世界金融危機が起こり，日本経済も大きな影響を受けた。景気は循環するが，本章で見たように，日系ブラジル人は景気悪化にともなう影響を受けやすい層と重なっている。

移民：移民にはさまざまなカテゴリーがある。またどういった人を指して移民と呼ぶのかについても，国によりさまざまである。また，国籍の取得について，出生地主義をとる国（例：フランス）では，原則として親が外国生まれであってもフランスで出生した人はフランス国籍である。一方日本は血統主義をとるので，移民や外国人と見なすカテゴリーには国により違いがあるわけだ。また，移民には入移民と出移民がある。これは出身地と移住地のどちらから移民を捉えるかという視点の違いでもある。

在留資格：在留資格は，現在29種類ある。在留資格は，日本で行う「活動」に基づくものと，「身分または地位」に基づくものに大別できる。前者の例としては在留資格「外交」「報道」「興行」などがある。この章で挙げた日系ブラジル人は多く「定住者」「日本人の配偶者等」「永住者」「永住者の配偶者等」といった在留資格を有する。これらは血統的なつながりを重視した在留資格であるといえる。また2018年入管法改定により，「特定技能」の在留資格が加わった。

入管法：入管法（出入国管理及び難民認定法）は，1951年の政令（出入国管理令）がもとになっており，いわゆるポツダム政令に源流がある。日本の難民条約加盟の後1982年に現在の名称となった。入管法はしばしば改定されている（法律上は改正とされるが，社会学系の研究では議論があり，改定と表現されることも多い）。本文でも触

れたように 1990 年には在留資格の大きな再編が行われた。2009 年の改定では外国人登録制度が廃止され，新たな在留管理制度の導入が行われた。2018 年改定でも在留資格再編が行われた（「在留資格」参照）。

政府の失敗・市場の失敗：政府の失敗とは，政府が経済のシステムに介入を試みた際，介入が所期のねらいを達成できず，経済活動が非効率化することをいう。市場の失敗とは，経済に関わる諸主体がそれぞれの利益の最大化を意図して行為した結果，望ましくない帰結がもたらされることをいう。たとえばある主体（個人や組織）が行う経済的な行為は，程度の差はあるが，その行為の主体以外に影響を及ぼす（外部性）。マイナスの外部性が累積することで，社会的に望ましくない結果がもたらされる。

ブックガイド

■移民政策学会設立 10 周年記念論集刊行委員会編『移民政策のフロンティア——日本の歩みと課題を問い直す』明石書店，2018 年

　政策を軸に移民に関して論じた書籍である。理論面および政策，制度，歴史などの観点から日本の現状と今後の展望，また外国の事例との対比を行い，多面的に移民のことを学ぶことができる。取り扱う政策も人口，出入国，難民，社会統合・多文化共生（教育，自治体の施策，差別禁止法など）など多岐にわたっている。現場の知見と研究の営みをつなげるためのヒントが満載の本である。

■アレハンドロ・ポルテス，ルベン・ルンバウト『現代アメリカ移民第二世代の研究——移民排斥と同化主義に代わる「第三の道」』村井忠政訳者代表，明石書店，2014 年

　この本の第 1 章で取り上げられるさまざまな事例をまずは読んでみてほしい。この背景にあるものは何であろうか。長期にわたる調査から，とくに米国における教育の面から移民第 2 世代の人生の展開の多様さとその背景を明らかにしたのが本書である（特にこの本の第

　T. パーソンズ（1902-1979）は，ヴェーバー研究で博士号を取得したのち，ハーバード大学で社会学を教え，米国社会学の牽引者となった。1937 年に『社会的行為の構造』を刊行し，行為に基づく社会学を構想する。とくに，社会秩序はいかにして可能かというホッブス問題に対しては，行為者による共通価値の内面化によると考えた。1950 年代には，システム論を取り入れて社会システム論を展開した。システムは，①システム内部の諸要素の相互依存と，②システム外部との境界維持からなると捉えられる。家族や国家のシステムを考えると分かりやすい。さらに彼は，システムの維持存続に必要な機能要件を考え，適応（adaptation），目標達成（Goal-attainment），統合（Integration），潜在性（Latency）の 4 機能がその要件だとした。それらは，各機能の頭文字をとって AGIL 図式と呼ばれた。なお，潜在性とは動機や意識のような内面的事象を指す。国家を例にとれば，AGIL の各機能は，経済，政治，社会，文化が担うことになる。以後，パーソンズはこの AGIL 図式を使ってあらゆる社会現象を説明しようとしたので，シュッツやエスノメソドロジーなどの意味学派と呼ばれる思潮からは，その誇大理論的傾向や人間なき社会学理論といった批判が生じた。他方，システム論はルーマンなどに受け継がれている。
（N）

　3 章で扱う「分節化された同化」）。ひとくちに移民といってもその内部は相当に多様で，けっして一枚岩ではないことがわかる。本章では日系ブラジル人の高齢化について多くを割いたが，子ども（移民第 2 世代）の教育はこのテーマについて考えるときに欠かせないトピックである。また，グローバル化に関わる分野は状況の変化が大きい分野である。書籍を精読することによって基本となる考え方を吸収し，そのうえで知識を常に更新するよう努めてほしい。

第6章 在日コリアン・差別・ヘイトスピーチ

歴史から問いなおす

外国人排除を訴えるデモ隊（奥）にプラカードを掲げる人たち（朝日新聞社提供）

　本章では，日本による朝鮮半島の植民地化を背景に日本で暮らすようになったコリアンに焦点を当て，その歴史的変遷と現状を紹介します。そのうえで，最終的には，彼ら／彼女らを含めた外国人と共生していくために何が必要なのか考えてみようと思います。

本章のキーワード
ヘイトスピーチ解消法　　特別永住資格　　国際人権規約
同化政策　　指紋押捺問題　　民族自決

表 6-1　韓国籍と朝鮮籍の人数

	韓国朝鮮籍者数			
	総　　　数		特別永住	
		前年比減少数		前年比減少数
2007	593,489	—	426,207	—
2008	589,239	4,250	416,309	9,898
2009	578,495	10,744	405,571	10,738
2010	565,989	12,506	395,234	10,337
2011	545,401	20,588	385,232	10,002
2012	530,048	15,353	377,351	7,881
2013	519,740	10,308	369,249	8,102
2014	501,230	18,510	354,503	14,746
2015	491,711	9,519	344,744	9,759
2016	485,557	6,154	335,163	9,581
2017	481,522	4,035	326,069	9,094
2018	479,193	2,329	317,698	8,371
2019	474,460	4,733	308,809	8,889

（出所）　各年版法務省「在留外国人統計（旧登録外国人統計）統計
　　表」より筆者作成。

　法務省の統計によると，2019 年末時点で日本にはおよそ 293 万人の
外国籍者が暮らしています。そのうち韓国・朝鮮籍者はおよそ 47 万人
です。この人口は中国の 81 万人についで，第 2 位の規模であるとはい
え，外国籍者全体に占める割合は 2 割に及びません。それ以前，登録
外国人の総数が 100 万人を超えた 1990 年において韓国・朝鮮籍者は
69 万人程度で，およそ全体の 7 割を占めていました。また，この頃か
ら登録外国人の総数は大幅に増加しますが，韓国・朝鮮籍者の人口は逆
に減少し続けています。ここ 10 年についていえば，多い年で 2 万人程
度が減少しています（表 6-1 参照）。これらの統計からは，近年，ます
ます「目立たない外国人」になりつつあるコリアンの状況が浮かびあが
ってきます。
　その一方で，近年，日本在住のコリアン（以下では，朝鮮籍，韓国籍
にかかわらず朝鮮半島出身の人，またはその子孫を総称して，「コリア
ン」とします）を標的にした人種差別的言動が増加しています。とくに
東日本大震災のあった 2011 年以降，排外主義団体は路上で公然と「朝
鮮人を殺す」などと叫ぶようになりました。2016 年には「本邦外出身

者に対する不当な差別的言動の解消に向けた取組の推進に関する法律」、いわゆる「ヘイトスピーチ解消法」が成立するにいたりますが、その後も神奈川県・川崎市などコリアンの多く暮らす地域でヘイトスピーチを行う団体があとを絶ちません。さきに確認したように、韓国朝鮮籍者は実数を見ても、すべての外国籍者のなかでの割合を見ても、年々減少しており、その意味で「目立たない存在」となりつつあります。そうしたなかでそのコリアンを標的にした差別的言動が公然となされるようになっているという、いっけん奇妙な現実があります。

1 植民地支配とコリアン

「異文化理解」の欠如が、外国人への偏見や差別を生む、したがって「多文化共生」のためには異文化理解を促進すべきだという考え方があります。他方、現在の日本在住のコリアンはかつてほどではないにせよ、その大部分が戦前の日本による植民地支配に起源をもつところの人びととその子孫（後述）であるため、生活実態としては日本に同化している人びとによって占められています（なお、そうした人たちに与えられている在留資格が**特別永住資格**であり、その数は近年、ほぼ1万人ずつ減少しています。図6-1参照）。また、そもそも日本と朝鮮の文化の間の差異は、ほかの地域間のそれと比して大きいわけではありません。したがって、近年のコリアンに対する差別的言動に関しては、文化的差異、あるいは差異に対する理解の不足が、そのもとにあるとする考え方はあまり説得力をもちません。では、いま起こっている「奇妙な現実」はどのように説明できるでしょうか。

構造的暴力　　　　　　　　日本では1990年に改定「出入国管理及び難民認定法」が施行されて以

（人）

図 6-1　韓国朝鮮籍者の人口推移

降，日系ブラジル人など「外国人」が大幅に増えるようになりましたが（第5章参照），上述したようにそれ以前から，すでに日本にはコリアンが70万人近くいました。なぜでしょう。また，その人たちはどのような社会環境のなかにいたのでしょう。まずはこの点に関して，その歴史的経緯を確認しておきます。

　明治以降の日本は西洋列強の帝国主義的膨張に対抗しつつ，それを忠実に模倣するかたちで朝鮮の主権を段階的に奪い，1910年に朝鮮を「併合」するにいたりました。日本の植民地統治機構（朝鮮総督府）は朝鮮の土地所有制度を近代化していくという名目（「土地調査事業」1910〜18年）で，朝鮮の伝統的な土地所有者であった貴族（両班）の土地所有権を確固としたものにする一方で，こうした制度やその利用のための手続きに不慣れな農民から，土地を奪っていきます。これがコリアン——この時代を論じる文脈では「朝鮮人」とするのが適切でしょう——が自らの居住地から離散していく一つの契機となります。その一部は朝鮮半島内の都市へ，またその一部は満州や沿海州，そして日本に向かうこととなります。さらに 1920 年に，日本国内で深刻化していた食糧問題の解決のため，朝鮮米の日本への移入を増加させる政策（産米増殖計画）を実施した結果，増産のための諸経費を担わされた朝

鮮の農民の負債が増大し，土地を手放さざるをえなくなったことが，移動に拍車をかけました。これら経済的な要因による移動は，当事者にとっては「生計を得るため」という「自発的」なものであったとしても，そこには宗主国日本による植民地資源の収奪のための社会／経済構造の変形という「構造的暴力」が背景にあったという点に注意が必要です。

　植民者として朝鮮半島にやってきた日本人（最終的には70万人ほどにいたります）による威圧的な支配体制は，朝鮮人が自分たちの土地で「二流市民」として生きることを余儀なくさせました。そうした体制そのものが多くの朝鮮人を半島の外へ向かわせました。とくに，1919年に朝鮮半島全土において広がった独立運動（3.1独立運動——後述）が植民地政府によって武力で弾圧され，多数の死傷者が出ると，その支配から逃れ，あるいは独立闘争をするため，現在の中国東北部，「満洲」への移民が増加します。

　移動先として日本を選んだ朝鮮人は，日本国内の工業化の進展にともない低賃金労働者の需要が高まるなか，炭鉱，紡績工場，土木工事現場など底辺の労働市場に組み入れられることとなります。

戦時動員

日本政府は日中戦争から太平洋戦争へと戦争を拡大するにつれ，朝鮮人を含む帝国内の「臣民」を国家のための人的資源として動員する体制を徹底していきます。これ以前の構造的暴力を背景にした「主観的には自発的な移動」とは異なり，戦時動員のはじまる1930年代末以降の国家権力による動員の過程では，朝鮮人は国家が命ずるままに移動することを余儀なくされます。その多くは鉱山労働など最も過酷な労働に従事させられています。

　近年，徴用工問題の名で議論されているのは，このとき，国家

権力によって労働に従事させられた人たちが、その非人道的扱い
に対して救済を求めて賠償金を請求したこと、そして韓国の司法
がそれを認めたことから生じた問題です。ちなみに、この問題に
ついて日本政府は、1965年の日韓請求権協定で解決済みである
と主張しています。ただし、①日本政府自身、従来、日韓請求権
協定でいうところの「完全かつ最終的に解決」とは、外交保護権
の放棄を意味するにすぎず、個人請求権については消滅していな
いとの見解を示しており、また2018年11月には外務大臣もそ
う明言しています。②1976年に発効、1979年に日本が批准した
「国際人権規約」には、強制労働に服することを要求されない権
利が明記されており（B規約第8条3項a）、またそれが侵害され
た場合、「効果的な救済措置を受けることを確保すること」と明
記されています（B規約第2条3項a）。これらの点からすると、
解決済みとの日本政府の見解は妥当性に疑問が残ります。

　さて、戦時動員期、朝鮮人は軍人・軍属として東南アジアなど
各地に動員されてもいます。また多くの朝鮮人の女性が、「従軍
慰安婦」として戦地で兵士たちとの性行為を強制させられていま
す。

外国人化されたコリアン

植民地支配の結果、敗戦時、日本に
は200万人程度のコリアンが残さ
れることになりました。そのなかには、日本列島内で生まれたコ
リアンも30万人ほどいます。日本の敗戦＝朝鮮の解放を機に、
コリアンの多くが故国に帰ることになりますが、とくに戦時動員
期以前に日本に渡航してきた人たちを中心に60万人程度が日本
に残ることになりました。背景には米ソ対立にともなう朝鮮半島
の政情不安（南北の分断国家の成立に帰結します）と、戦時動員期以
前に日本に渡航してきた人たちの場合、どれほど脆弱なものであ

ってもすでに生活基盤が日本にしかなかったこと，つまりそれを故郷に見いだせなかったことなどがあります。

　日本に残ったコリアンに対する日本政府の扱いは，大日本帝国の時代のそれと「逆向き」の扱いです。帝国時代，朝鮮人は法的に日本人とされただけではありません。起源において日本人と共通しているとする「日鮮同祖論」がもてはやされ，朝鮮人は日本人と「同じ」または「似ている」ことがしばしば強調されました。政策的にも，「日本語教育」や「創氏改名」，天皇への忠誠心の「育成」など日本人への同化が強固に推進されました。それらが同化政策です。言い換えれば，朝鮮固有の文化やアイデンティティを捨てるように強いられたわけです。しかし，1952年のサンフランシスコ講和条約の発効により独立を回復した日本政府は，法務府民事局長の通達により，一方的に朝鮮人から日本国籍を喪失させます。

　日本在留のコリアンは，その後，この国籍を理由に，参政権を奪われ（帝国時代においては男性にかぎり認められていました），また多くの社会保障制度から排除されるなど種々の権利が制限されることになります。一方的な方針転換の無責任さは，第二次世界大戦中の軍人・軍属や，その遺族に対する補償を定めた「戦傷病者戦没者遺族等援護法」の補償対象からコリアンを含む旧植民地出身者を除外したことに典型的に現れています。

　戦前，多くの朝鮮人は日本の最下層の労働現場で働いていましたが，戦後の高度成長期においては，ホワイトカラーの職業からほぼ排除されます。また，この間，現に数十万人のコリアンがいるにもかかわらず，日本では「単一民族国家」幻想が広がっていきます。加えて「アジアのリーダーとしての日本人」という自画像，およびそれに適合的な「日本をめざしているアジア諸国」と

いう他者像が強化されていきます。アジアのリーダーとしての単一民族国家＝日本という表象が支配的な社会の内部に生きているかぎり，コリアンが自らの来歴を公にして生きていくことには差別を受けるリスクがともないます。帝国日本は朝鮮人に日本名を押しつけました（創氏改名）が，日本に残ったコリアンの多くが戦後も日本名（通名）を使用してきた背景にはこうした事情があります。

2　コリアン差別をめぐる過去と現在

差別的状況の改善　　戦後，法による支配領域や労働市場，支配的表象が上記のとおりだったとしても，地域社会や「親密圏」における日本人とコリアンの関係までもが閉ざされたものだったわけではありません。1993 年実施の「第 4 次在日韓国人青年」を対象にした意識調査では，自分が生まれ育った地域に愛着を感じると答えている割合は 83% に及んでいるし，気楽に話し合える日本人の友人を複数もっていると答えている割合は 96% を超えています（在日本大韓民国青年会ウェブサイト）。また国際的な人権意識の高まりや社会的な啓発活動の結果，目に見えるような差別が改善されてきたことも事実です。もちろんそうした改善は自動的になされたのではなく，反差別運動によってもたらされたものです。

　コリアン当事者による運動としては，日本定住が進んだことを背景に，1970 年代半ば以降は生活上の権利獲得，すなわち児童手当の給付や公営住宅入居等々を目的とする運動が展開されるようになります。1980 年代には外国籍者が外国人登録証に指紋の

押捺を義務づけられていることを差別として異議を唱える「指紋押捺拒否運動」が起きます。いわゆる**指紋押捺問題**です。また1990年代には公務員職を，公権力の行使および公の意思形成に携わる公務員とそれ以外の公務員に区分したうえで，前者に関しては外国籍者がその任につくことが認められないのを「当然の法理」とする従来の論理に異議を唱える「国籍条項撤廃運動」がさかんになります。こうした運動はいずれも一定の成果をもたらしています。

さらに1990年代以降は「日本国籍取得論」がさかんになります。実際にも，すでに論じたとおり，ここ10年の間，「特別永住」者の数は毎年，1万人程度，減少しており，そのほとんどは日本国籍に変更していると見られます。この趨勢は世代交代と日本定住が進むなかで，多くの在日コリアンにとって，朝鮮半島の「祖国」がむしろ異質感を覚えさせるものとなっていったこと，つまり国籍上の祖国の，祖国としてのリアリティが失われていったことが背景にあります。

ここまでの内容をまとめれば，こうなります。

①大日本帝国による植民地支配が，最終的には200万人に及ぶ日本への移住を引き起こした。
②敗戦後の日本は，日本に残ったコリアンを一方的に「外国人」という法的なよそ者にすることによって，植民地支配がコリアンの生活や生命そのもの，アイデンティティ，故郷とのつながりなどに与えた諸々の深刻な，ときに致命的な影響に対して責任をとることを放棄し，諸権利を制限した。
③1990年頃までこうしたコリアンが日本在住の外国人の主流であったが，単一民族国家幻想が大手を振るなか，その人た

ちは不可視化されるか，差別のリスクにさらされてきた。

④一方で定住化と世代交代，生活実態の同質化が進むなか，曲
　がりなりにも目に見える差別は減少し，日本国籍への変更が
　増えてきた。

　総じて，一方には，コリアンに対して不条理のうえに不条理を
押しつけるような歴史があり，他方でその不条理な状況が改善さ
れてきた歴史があります。そして，いまそのコリアンの数自体が
急激に減りつつあります。だとすれば，やはり昨今のコリアンを
対象としたヘイトスピーチは異常といわざるをえないでしょう。

3.1 独立運動をめぐって　　　　　2019 年 2 月，日本の外務省は「海
外安全ホームページ」に「『3.1 独
立運動 100 周年』に際するデモ等に関する注意喚起」を掲載し
ています。いわく，3.1 独立運動 100 周年に際し，韓国の各都市
で市民団体などによるデモが行われる可能性があるので，韓国へ
の渡航を予定している方や滞在中の方は，無用のトラブルに巻き
込まれることのないようご注意ください——。実際にはその日，
どのようなトラブルも確認されていません。また「デモ」を何ら
かの抗議の意志を示す集合的行為と見なすかぎりでは，そもそも
韓国のどの都市でもデモ自体が行われてはいません。現在の韓国
国内で 3.1 独立運動を記念して何かに抗議する理由など何もな
いからです。韓国で行われたのは，あくまで「記念行事」です。

　3.1 独立運動とはなんだったのでしょうか。戊辰戦争を経て創
設された日本の近代国家は，その後，沖縄，台湾，朝鮮，中国へ
と自らの法の支配領域を拡大し続けますが，そのプロセスには常
に軍事力の行使という暴力か，その威嚇がともなっています。朝
鮮半島に関していえば，明治維新から 10 年と経たない 1875 年，
軍艦雲揚号を釜山に派遣し，朝鮮半島東海岸一帯を測定し，艦砲

による武力示威を行い，さらに江華島（首都漢城〔現在のソウル〕の表玄関にあたります）に接近し，武力衝突を引き起こしています（このあと日本は 1876 年，日朝修好条規を朝鮮との間で結び，以降，日清戦争，日露戦争を経て，1910 年，「日韓併合条約」を結ぶにいたります）。1895 年には朝鮮公使・三浦梧楼の計画のもと，王妃（閔妃）を殺害さえしています。とくにこの殺害事件以降，朝鮮半島では義兵闘争など多様なかたちで抵抗運動が起きますが，「併合」から 9 年後，憲兵が秩序維持を担う，いわゆる「武断政治」が行われるなかで，1919 年に全国規模で起きた抵抗運動が，3.1 独立運動です。

　運動に際してパゴダ公園で読み上げられた「宣言書」は，いくつかの点で注目に値します。そこには，1876 年以降の条約に明記された，日本が「朝鮮を自主独立の国にするという約束」を守ってこなかったことに触れつつも，「そのことをいま非難しようとは思わない」と明確に述べています（「ほかの人のことをあれこれ恨む暇はない」とも述べています）。また「手柄を立てようとした日本の政治家のために犠牲になった」と植民地支配への批判の矛先を日本の権力（者）に限定したうえで，日本人と朝鮮人の「新しい友好の関係」をつくり，また「武力をもって人びとを押さえつける時代」を終わらせることを求めていること，そのための朝鮮の独立であることを述べています。この「宣言書」から見えてくるのは，権力の抑圧から解放された未来を見据えて行動する朝鮮人の〈行動主義的な知性〉です。しかし，ひるがえって，このとき，日本は国家権力による法的暴力をむき出しにします。運動への参加者に対してときに拷問を加え，ときに虐殺をしています。殺された朝鮮人の数は数千人に上るとされています。

　ちょうど同じ頃，ヴァルター・ベンヤミンは『暴力批判論』を

書いています（ベンヤミン 1969〔原著 1921 年〕）。そこでベンヤミンは，法を措定し，その法を維持する国家権力の暴力（＝神話的暴力）を批判し，また，国家権力の暴力が完全に廃棄された社会を生む力（＝神的暴力）について考察をめぐらしています。それにならえば，3.1 独立運動は，武力を背景に朝鮮を自らの法の支配下に収め，その法の力で「武断政治」を行っていた帝国日本の「神話的暴力」に対する，「神的暴力」と考えられるかもしれません。現在の韓国は，そうした運動の直後に上海でつくられた「大韓民国臨時政府」を継承するものとして憲法に明記されていますが，その 3.1 独立運動を記念する行事を「デモ」と呼んでいるのが，現在の日本の外務省です。

───────────────
歴史の忘却
───────────────

外務省が「注意喚起」を行った数カ月後，当時の安倍晋三首相は国会の所信表明演説で，第一次世界大戦後のパリ講和会議で日本が一つの提案をしたことに言及しています。

> 「一千万人もの戦死者を出した悲惨な戦争を経て，どういう世界を創っていくのか。新しい時代に向けた理想，未来を見据えた新しい原則として，日本は『人種平等』を掲げました。世界中に欧米の植民地が広がっていた当時，日本の提案は，各国の強い反対にさらされました。しかし，決して怯むことはなかった。……日本が掲げた大いなる理想は，世紀を超えて，今，国際人権規約をはじめ国際社会の基本原則となっています〔傍点は引用者〕」。

引用文中，「人種平等」を掲げました，とあるのは，1919 年 4 月 11 日に開催された国際連盟最終委員会で，牧野伸顕が国際連盟規約の前文に「各国の平等及びその国民に対する公正待遇の原則を是認し」との文言を盛り込むよう提案したことを指していま

す。

　さて，「世界中に欧米の植民地が広がっていた当時」「日本が掲げた大いなる理想」という表現は，いくつかのことを忘却していることを前提とします（同時に忘却するように促します）。すなわち，①このとき日本はヨーロッパが主戦場となった第一次世界大戦の間隙を縫って，ドイツ権益圏の中国の山東地域に上陸し，ドイツの植民地だった南洋諸島を占領し，中国に「21箇条の要求」を突きつけています。つまりこのとき日本は帝国主義的膨張競争に邁進している最中だったわけです。また，②牧野の提案に先立って1917年にはウラジーミル・レーニンが「平和に関する布告」で，翌1918年にはアメリカの大統領ウッドロウ・ウィルソンが「十四カ条の原則」で「**民族自決**」を発表しています。上に引用した演説の表現は少なくともこれら2点を忘却しているかぎりでしか，成り立ちません。

　当時の時代状況に即せば，牧野による「人種平等」案の提起は，一つには日本人移民問題（この頃は，アメリカにおいて日本人移民を標的とした「排斥」の動きがありました）への対応として，もう一つは国際連盟の成立により，後発帝国としての日本の拡張が抑制されることへの警戒から（レーニン，ウィルソンに次ぐ「三番煎じ」として）提出されたと見なすべきでしょう。提案の目的については議論の余地があるにしても，植民地を保有し，かつ帝国主義的な方針を持続していた以上，「人種平等」案を提起することが矛盾していることは明らかです（この頃，中国在住のイギリス人で，元外交官の中国研究者であるエドワード・T. C. ワーナーがこの点について，日本にはそういう提案をする資格がないと北京の新聞に長文の投書で批判をしており，またそのことを在中国全権公使が外務大臣に知らせてもいます。〔外務省 1971〕）。牧野がその案を国際連盟に提起していた

のは1919年の2月から4月ですが，まさにこの期間中に3.1独立運動が起こり，帝国日本の植民地政府はそれを暴力的に鎮圧したのです。

3 ともに未来をつくっていく関係の条件

〈選民的自尊心〉 　　　　1919年当時の新聞では，「人種平等」案と同じ程度に3.1独立運動が頻繁に取り上げられています。1919年4月13日の『朝日新聞』は牧野の提案について「論理的なるは毫も疑うところなく」と論じており，同じ面のすぐ下に，3.1独立運動について「この騒擾勃発の主たる原因は一知半解の急激思想の感染に帰せざるべからず」と語った山縣有朋（朝鮮総督府政務総監）の言葉を紹介しています。「急激思想」といわれているのは，もちろん民族自決主義です。独立運動を「なまかじり」（一知半解）の急激思想の結果と捉える言説は，当時，一般的なものだったようです。たとえば日本の東北地方の有力紙，『河北新報』は同年3月13日にこう書いています。「……近来，朝鮮における騒擾のごときは欧州に唱えられし民族自決主義ということを聞きかじりて，誤解したる結果，見当はずれの妄動をおこしたるにて……。無知な支那人や蒙昧な朝鮮人の一部は暇さえあればすぐ日本に対して反噬〔動物が恩を忘れて，飼い主にかみつくこと：引用者注〕の態度を示したがるのは事実に徹して明白だろう」。

　朝鮮人の〈行動主義的な知性〉をなまかじりの民族自決主義として語るとき，あるいは「反噬」などとして語るとき，それこそがなまかじりの，その語りには，〈選民的自尊心〉が露呈してい

ます。当時，日本が「人種平等」を提起することの矛盾に気づかせなくさせていたのも，この〈選民的自尊心〉にほかならないでしょう。天皇を中心に組み立てられた神話に彩られた大日本帝国の〈選民的自尊心〉の肥大化がその後，何をもたらしたかは，1945 年の 8 月にその破綻を経験している現在では明らかです。にもかかわらず，外務省の注意喚起情報や首相の所信演説を見るかぎり，消滅しているべき〈選民的自尊心〉が現在の政治空間に持続し，亡霊のように「再来」していることを示しています。

コロニアリズム再考

以上のことを「コロニアリズム（植民地主義）」および「ポストコロニアリズム」という概念を通して整理してみましょう。本国を離れて，本国に従属する関係に置かれた地域に集団的に移住し，定着することを「植民」といい，またその土地を「植民地」といいます。植民活動そのものは，古代においても見られる現象ですが，一般に「コロニアリズム」という言葉を批判的な意味で使う場合には，15 世紀以降のヨーロッパ諸国によるアフリカ，アジア，アメリカ新大陸の植民地化以降の植民地主義を指します。コロニアリズムというのは，差しあたって，この時期以降の植民地政策，つまり，ある地域を植民地として支配し，収奪・搾取する政策を指す言葉です。

19 世紀の終わり頃から，資本主義が独占資本主義の段階に入ると，列強諸国は，資源の供給地や商品市場としてばかりではなく，余剰資本の投下先として植民地獲得とその支配を強化していきます。こうした帝国主義的膨張主義がのちに第一次世界大戦へと帰結します。そして，第二次世界大戦後，植民地化された地域では次々に国家が独立を果たしていきます。

では，21 世紀の現在においてなおもコロニアリズムが問題と

なるのは，なぜでしょう。それは次のような事情があるためです。つまり，旧植民地が法的な意味で新生国家として独立したからといって，即座に旧宗主国あるいは旧列強諸国全般との，とくに経済的な関係において，かつての従属的もしくは周辺的ポジションから解放されるわけではないという事情です。帝国は，その支配期に，旧植民地から諸資源を収奪したというだけではなく，資本蓄積や科学技術発展の機会の阻害，経済のモノカルチャー化など，短期的に克服することが困難なさまざまな社会的なダメージを与えました（ポストコロニアル状況）。独立後の従属的なポジションが過去の旧宗主国の植民地支配にあるとすれば，旧帝国には相応の責任があるはずですが，その責任を旧帝国は十分に果たしてきたといえるでしょうか。

　ここにはさらに，かつて植民地を獲得し，維持する際に，ある種の言説が大量に流布したことに関わる問題があります。コロニアリズムの時代には，植民化された地域の文化，社会，人を野蛮であり未開であるとする言説，逆に宗主国側のそれらについては文明的であり合理的であるとする言説，すなわち二項対立的な言説または表象が新聞報道，文学や絵画などの芸術，学問などさまざまな領域で生産され，相互に参照されていました。そして，結果的に多くの人にそれらが自明視されていました。こうした表象は，帝国による強圧的な同化政策を「未開の人びとへの慈悲深い教育」に変換し，植民地における帝国への抵抗を「蒙昧な人びとによる反抗」に変換し，ときに帝国の軍隊による虐殺を「正義の執行」にさえ変換します。すでに紹介した3.1独立運動をめぐる当時の新聞記事がその典型的な事例です。こうした表象は植民地支配を正当化する効果を果たしてきたのです。

　コロニアリズムという語は，このような，植民地支配の正当化

機能を果たす「イデオロギー」をも指します。問題はこの意味でのコロニアリズムが諸国家の法的な意味での独立後に変わったのかということ、言い換えれば、旧宗主国は植民地の独立後、イデオロギーとしてのコロニアリズムを放棄したか、ということです。ポストコロニアリズム研究といわれる領域で問い続けているのは、このことです。

歴史修正主義と
ヘイトスピーチ

過去に国家がなした非人道的行為やその負の歴史をなきものとしようとするような言説は、しばしば「歴史修正主義」と呼ばれますが、外務省の注意喚起や首相の所信演説からは、現在の日本の政治空間では歴史修正主義が支配的な認識枠組みになっていることが見て取れます。少し長くなりますが、歴史修正主義についてもここで説明しておきます。

歴史、あるいはより正確には歴史叙述は、新しい史料が発見されたり、出来事の間の関係についての既存の見方が再解釈されたりすることを通して、常に「修正」されます。とはいえ、そうした蓄積を無視して、たとえば、国家の栄光のストーリーに適合しないような過去を矮小化したり、なきものとしたりする歴史叙述はおよそその名に値しません。第二次世界大戦中、ナチス・ドイツは「ガス室」などでユダヤ人に対する大量虐殺を行っています。このことは多くの証拠や証言に基づいて、明らかにされており、明白な歴史的事実です。にもかかわらず、その事実を否定する、いわゆるホロコースト否定論者がいます。

今日、「歴史修正主義」という言葉でいわれるのは、通常、このホロコースト否定論者に典型的に現れている見方、すなわち、多くの場合、自分が帰属意識をもっている民族や国家が過去に起こした非人道的行為など、自分たちにとって都合の悪い「負の側

面」を矮小化したり，無化したりするような見方です。日本では，この意味での歴史修正主義が1990年代後半から台頭してきました。すなわち南京大虐殺や従軍慰安婦問題に関して否認もしくは矮小化する見方です。

こうした日本の趨勢に対する世界の反応はどうでしょうか。従軍慰安婦問題については，1990年代後半から，外国の議会（米下院，オランダ下院，EU議会，台湾立法院など）や地方議会が日本政府にその責任を受け入れることを求める決議を行っています。日本政府は，国連からも勧告を受けています。2016年には，女性差別撤廃委員会で日本政府側の代表が，「日本政府が発見した資料のなかには軍や官憲によるいわゆる強制連行というものを確認できるものはありませんでした」などと発言していることに対して，委員は「矛盾している」「たいへん失望している」と述べています（アクティブ・ミュージアム　女たちの戦争と平和資料館〔wam〕ウェブサイト）。こうしたことからは，日本における歴史修正主義が政府公認のものとなっていること（もちろん日本政府は「歴史修正主義」といわれること自体，否定するでしょうが），また少なくとも国際的な良識のスタンダードから相当程度，逸脱していることが見て取れます。

さていま，なぜヘイトスピーチなのでしょう。いまも，日本と韓国の間では，竹島問題，慰安婦問題，徴用工問題などさまざまな軋轢が生じていますが，問題は，そうした軋轢が，そうすることで解決される見込みなどないにもかかわらず，なぜ日本で暮らしているコリアン住民を口汚く罵るようなヘイトスピーチへと水路づけられてしまうかということです。

この問いをめぐっては，国内の格差の拡大等を背景に広がった不満や不安が「はけ口」を求めて噴出したものであるとする社会

心理学的説明がある一方で，政治家をはじめとする，社会に影響力をもつ人たちによる，いわば上からの影響を強調する考え方があります。けれども，いずれにせよ歴史修正主義が大手を振る状態が放置されているかぎり，またその歴史修正主義が時代錯誤的な〈選民的自尊心〉を核としているかぎりは，コリアンに対するヘイトスピーチが根絶されることはないように思われます。

マジョリティが
よそ者になること

社会学では「よそ者」をめぐってさまざまな考察がなされてきました。たとえばゲオルク・ジンメルは，ある集団や社会に新しく参入したよそ者がそこに新しい何かをもたらす契機を論じています（ジンメル 2016）。ジンメルにおいては商人や金融家がよそ者の範例とされているため，植民地支配期に日本に移住してきたコリアンとは状況が異なりますが，彼の論点は，日本にキムチや焼き肉などの文化をもたらし，定着させたコリアンの一側面について考える導きの一つとなるかもしれません。

またアルフレッド・シュッツは，よそ者が新しい文化の型を自らのものとし，「いままでどおりの考え」の限界を知る過程で「苦々しい慧眼」を得ることになる点や，よそ者がしばしば集団への忠誠心を疑われる点を論じています（シュッツ 1991）。そうした論点は，日本文化とすでに同化しているオールドカマーのコリアンやその子孫について，別種の苦々しい慧眼がありうるのか，そうした人たちが所属する集団（日本）への忠誠心を疑われるとしたら，それはなぜか，またそのとき何が起こるのかなどと問う導きの一つとなるかもしれません（郭 2006）。

社会学では，地域的な移動や階層的な移動，文化的な混交により，異なる社会集団の境界領域に立つ人たち，したがって以前の集団の十全な一員ではなく，（いまだ）新しい集団の十全な一員で

3　ともに未来をつくっていく関係の条件　135

はないという状況にいる人のことを「マージナル・マン」という概念で表現することがあります。

　マージナル・マン（たとえば移民や「ダブル」〔「混血」〕）は，自分が何者かというアイデンティティの不安を覚えることがあるでしょうし，2つの集団が対立的な関係になったときには，どちらに与すべきかという葛藤を覚えることにもなるでしょう。その一方で，接近しようとする集団において，さらにはあとにしてきた集団において自明視されている文化や世界観を「客観的」に捉えたり，2つの集団になかった新しい何かを創造する可能性も秘めています。先ほど焼き肉文化について触れましたが，在日コリアンが牽引した日本の焼き肉文化は韓国のそれとは大きく異なっています。

　国境を越えた移動が増加するグローバル化は，マージナル・マンを大量に生み出しています。その意味では境界線内部の十全なメンバー（マジョリティ）に問われているのは，「外国人」とどう付き合っていくかということよりも，マージナル・マンとどう付き合っていくかということかもしれません。

　しかし，マジョリティという自分のポジションを保ったまま，よそ者／マージナル・マンについて，たんに頭で理解するという関係を超えて，その人たちと対等な立場でともに未来をつくっていく関係が生じるとしたら，どんな条件のもとにおいてでしょうか。どんなよそ者／マージナル・マンも，つねにすでになんらかの境界線を前提としています。境界線がなければ，よそ者はいません。また境界線は，どんなものであれ，社会的な構成の歴史をもっています。マジョリティの側が境界線を自明視し，その内部で安住することをやめ，むしろその構成の歴史，そこにある権力作用を批判的に自問するとき，その人はある意味ですでに当該社

会におけるよそ者であり，マージナル・マンです。マジョリティに属する人がこの意味でのよそ者／マージナル・マンになったときにはじめて，ともに未来をつくる関係が現れてくるのかもしれません。

キーワード解説

ヘイトスピーチ解消法：2014年，日本政府は国連人種差別撤廃委員会でヘイトスピーチに対処するよう勧告されている。そうしたこともあって，2016年，ヘイトスピーチ解消法が成立，6月から公布・施行された。ヘイトスピーチの解消に向け，国・地方公共団体が相談体制の整備や教育，啓発活動の充実に取り組む責務があると定められている。ただ，罰則規定はなく，実効性が乏しいとする批判もある。

特別永住資格：日本の植民地支配によって日本国民とされた朝鮮人は，敗戦後の1952年のサンフランシスコ講和条約で日本国籍を喪失させられた。特別永住資格は，その後も日本にとどまった朝鮮人とその子孫に対して，「日本国との平和条約に基づき日本の国籍を離脱した者等の出入国管理に関する特例法（入管特例法）」（1991年施行）に基づき，与えられた永住資格のこと。旧植民地出身者およびその子孫に対して，その特殊な渡日の歴史的背景に即して，一律に付与されたもの。

国際人権規約：戦後間もない1948年に採択された世界人権宣言を基礎として，それに法的拘束力をもたせるために，条約化した規約。1966年，国連総会で採択，1976年，発効。日本は1979年に批准。規約は，社会権規約（A規約）と自由権規約（B規約）の2つの部分から成っている。日本政府はこの規約のほかにも人種差別撤廃条約や女性差別撤廃条約など複数の人権条約を批准している。

同化政策：国家または帝国内部において支配的な民族が従属的な民族や集団に対して自らの文化を受け入れるよう強いる政策のこと。通常は，当の従属的な民族の民族意識を消滅させることによって，支配を容易にしようとする「意図」がある。ただし，一般に，従属的民族

が同化をしたとしても，支配的民族と同等の立場が与えられるわけではない。この矛盾がしばしば抵抗運動を引き起こす要因ともなる。

指紋押捺問題：1952年に施行された外国人登録法は外国人（そのほとんどが旧植民地出身者の朝鮮人）に対して指紋押捺の義務を課した。朝鮮人の治安管理という性格が濃く，とくに1980年以降，指紋押捺を拒否する運動がさかんになった。結果，2000年に外国人登録法による指紋押捺制度は廃止となった。ただし，2007年からは，「テロ対策」を目的に，入国審査時に特別永住者以外の外国人から再び指紋を採取するようになっている。

民族自決：文化的共同体としての民族は自分たちの運命を他の民族に干渉されることなく，自ら決定する権利を持つとする考え方。この考え方が，一つの民族は自らの国家をもつべきであるという理念，すなわち一民族一国家という理念を生むことになる。戦後の植民地の独立，冷戦後のソビエト連邦からの新しい国家の誕生，朝鮮半島における統一運動などナショナリズムの運動の基礎にあるといえる。

ブックガイド

■**水野直樹・文京洙『在日朝鮮人──歴史と現在』岩波新書，2015年**

　オールドカマー・コリアンとしての在日朝鮮人の歴史を通史的に描いた著書。植民地期の在日朝鮮人世界の形成と戦時期の試練，朝鮮解放以降の在日朝鮮人の世代交代や多様化，グローバル化時代の在日朝鮮人の可能性などについて，知ることができる。最新の研究成果も盛り込んであるが，予備知識がなくても読める。

■**樋口直人『日本型排外主義──在特会・外国人参政権・東アジア地政学』名古屋大学出版会，2014年**

　海外の極右や移民に関する研究や社会運動論の研究など，関連する先行研究をふまえ，さらに排外主義団体への調査に基づき，日本型排外主義がどのように生まれ，またなぜ在日コリアンを標的にするのか

社会学史コラム⑦　シュッツと他者論

　A. シュッツは生前の著作『社会的世界の意味構成』や没後の『著作集』などで，他者は一般に「〜のような人」として類型的・固定的に捉えられるとする。ただし，時空を共有する対面的な直接的他者は，相互行為のやり取りによって，固定的な類型化を変容させる可能性があることからとくに重要だとしていた。だが，目の前にいない同時代の他者や過去の先行者と未来の後続者は類型的な他者像の変更が難しい。

　なお，対面的な自己と他者は，言葉以前の，あるいは言葉以外の，共振・共感といった感性レベルで他者理解を進める側面がある。現代では，コミュニケーションの一部はインターネット系のメディアを経ることが少なくないが，そうした疑似対面状況でも，言葉だけで意思疎通するわけではない。いずれにせよ，自己と他者の相互行為・コミュニケーションは社会形成にとって重要であるということができる。　　　　　　　　(N)

を論じた著書。ヘイトスピーチを引き起こしている要因や構造をより深く，また「学問的」に理解したいと望む人におすすめ。

第7章　越境するチャイニーズとともに生きる

支援物資に中国で感謝の声　鑑真に贈った漢詩の引用も話題に
「山川異域 風月同天」2020 年 2 月 6 日（読売新聞社提供）

　日本社会において，中国にルーツをもつ在住者は約 100
万人で，留学生数，訪日観光客数とも最多であり，最大の
エスニック・マイノリティ集団です。チャイニーズ系マイ
ノリティを理解することは，差別をこえる多様性のある社
会の実現のためにも最も重要なことの一つだと思われます。

本章のキーワード
老華僑／新華僑　　エスニック・ビジネス　　オーバー・ツー
リズム（観光公害）　連鎖移民　ソジョナー　頭脳還流

漢字，干支，仏教，暦から餃子，ラーメン，タピオカまで，私たちの身の回りに存在する多くのもののルーツは中国にあります。しかし私たちはそのことをほぼ意識することなく，日常生活をすごしています。これらは1000年以上，脈々と続く東アジアの文化的交流の歴史の賜物であり，中国を中心とする東アジア文化の影響は私たちの社会の隅々にまで浸透して，日本社会や文化の基層を成しています。中国，韓国，日本と，東アジアの街にはお互いに「どこか懐かしい」ものがいたるところにあふれ，多くの観光客はそれらを楽しみに来日しています。

　他方，近代になると一部の日本人からは，近代化の遅れた中国の人びとは「シナ人」などと呼ばれ，差別の対象にもなってきました。こうした事態にも少しずつ変化がみられるようになってきたものの，経済成長が著しい今日，中国の人びとは「拝金主義者」「ルールを守れない人たち」「なんでも真似してパクる人たち」などと蔑視の対象になることもあります。日本と中国，そして日中関係の状況に関するきちんとした理解は，まずは最も必要なことの一つだろうと思われます。

1　日中交流の歴史と現在

日中関係の今昔

　近年のSNSの普及はますます世界をボーダーレスにしました。2017年秋，奈良国立博物館で開催された正倉院展では，「1300年前（唐代），玄宗皇帝と楊貴妃が日本の天皇に贈った琵琶が日本に現存している！」というニュースが中国のネットをかけめぐって騒然としたことで，日を追うごとに正倉院展を訪れる中国人観光客が急増するという現象が起こりました。近年は格安の費用で渡航できるLCC（格安航空会社）の就航や日本への渡航ビザの取得の要件が緩和されたことが追い風となって，人びとの行き来が活発になり，経済大国となった中国の影響力は増大しています。

一方で，日中間ではしばしば政治的な緊張が発生します。中国と日本は「一衣帯水」の隣国であるにもかかわらず，歴史認識の相違と日中戦争の禍根から生じる問題がいまだに繰り返し提起されています。なぜこれほどまでに認識が異なり，論争が巻き起こるのでしょうか。また近年，私たちの周囲ではどうしてこれほど多くの中国の人びとを見かけるのでしょうか。まずは近代の日中の歴史を振り返ることから考えてみましょう。

　いにしえより日本では，儒教などの中国思想や，杜甫や李白などの『文選』に収録されているような中国の有名な詩文は，ある程度以上の階層の人びとにとっては必須の教養でした。「新元号の『令和』がはじめて日本独自の典拠である万葉集から引用された」と発表された際には，「万葉集は日本『独自』のものか」との異論が巻き起こりました。というのも「令和」の典拠となった8世紀の日本で詠まれた大伴旅人作とされる歌には，後漢時代（1世紀）の張衡の「帰田賦」や，東晋（4世紀）の王羲之の「蘭亭集序」が背景にあり，それらは万葉集が編まれた時代の日本の高貴な人びとにとっては当然とされた教養だったからです（品田 2019, 2020）。「令和」の議論は，このような教養の背景が忘れ去られていたことで起きた現象です。少なくとも明治時代までの日本の教養人の間には，文明の先進国であった中国の思想や文化への敬意や憧憬というものが常に存在していました。

　　　戦争の歴史と認識　　　ところが 1895 年，日本が日清戦争に勝利した後から状況が変わりはじめました。日本は清国から台湾を得て，植民地として台湾の統治を開始し，本格的に帝国主義への道を進み，近隣諸国を侵略する側へとなっていきました。

　その後，日露戦争，そして山東半島の利権をめぐってドイツと

戦った第一次世界大戦，さらに満州事変からの日中間の十五年戦争とアジア各地に侵攻，米・ロシア等連合国軍と戦った第二次世界大戦，そして 1945 年，日本は敗戦します。このあたりの歴史については，しばしば韓国を含めた東アジアの国家では歴史認識の相違が指摘されており，日本の侵略を正当化するような「歴史修正主義」が批判されています（第 6 章参照）。日清戦争以降，主な戦争においては常に中国大陸のどこかが戦場となっており，日本軍から攻撃や略奪を受けました。日本軍から直接に戦争被害を受けた中国の人びとには，これらの戦禍は以下のように記憶されています。

　1931 年 9 月，日本軍は瀋陽の柳条湖付近で南満州鉄道を自作自演で爆破し〔9・18 事変／柳条湖事件〕これを口実として中国軍を奇襲して中国大陸への侵略がはじまりました。日本軍は 5 ヶ月足らずで中国東北全体を占領し，満州国を建国，傀儡国家として統治しました。多くの日本人が満州国へやってきて，人びとの田畑や土地を奪い入植しはじめました。1937 年には盧溝橋事件を引き起こし，華北を占領，上海，杭州を爆撃し，南京も占領しました。南京侵攻時には日本軍により一般の多くの人びとまでが殺害や強姦されました〔南京大虐殺〕。15 年間の戦争で中国人の死者は約 1000 万人，日本人死者 300 万人をはるかに超え，第二次世界大戦の最大の被害国です（歩・劉・李 2008）。

　日中間では常にさまざまな歴史認識の違いが取りざたされます。論争が注目されるようになった発端は，1982 年にそれまで「日本軍が華北に『侵略』した」と書かれていた日本の歴史の教科書が，「進出」という表現に書き改めさせられたと新聞報道されたことにあります（歴史教科書問題）。実際に自分たちの土地を奪わ

れて命の危険にさらされ，銃をもった異国の人びとから強圧的な統治を受けた側の立場に立ってみると，「侵略」か「進出」かは自明ではないでしょうか。

　満州国をめぐって，もう一つ忘れてはいけない歴史があります。終戦間近の 1945 年 8 月 8 日にロシア（ソビエト連邦）が対日宣戦布告し，翌日，約 150 万人のロシア軍が国境を越えて満州に進撃してきました。中国東北部に入植していた多くの日本人は，日本軍から置き去りにされてロシアとの国境付近に取り残されました。多くの家族が離散し，数多くの人びとが命を落とします。そうした混乱のなかで，やむなく現地の中国人に託された子どもや，中国人の妻になった人が多くいました。命からがら逃げた人びとも日本には戻れず，現地で日本人難民として収容され，厳寒の地で越冬する状況におかれました。1946 年の春以降にようやく日本への帰国が可能になったのですが，それまでの過酷な生活のなかで凍死したり，病気や栄養失調などで亡くなったりする人が続出しました。

　第二次世界大戦後の 1949 年には中華人民共和国が建国され，中国は毛沢東を国家主席とした社会主義国家の道を歩みはじめました。一方で，蔣介石率いる国民党は台湾に渡って中華民国を維持，現在にいたるまで中国大陸と台湾で分裂が続いています。

日中国交のあゆみと
「改革開放」

1972 年 9 月，日中共同声明が発表されて，日本と中華人民共和国との国交が正常化しました。それにともない「一つの中国」原則のもと中華民国（台湾）との国交が断絶され，日本国内に居住する台湾にルーツをもつ人びとは中華人民共和国籍となるか，もしくは日本に帰化するかという国籍選択の苦境に立たされます。こうして日本国籍を選択しなかった場合，

日本の国内法上は「無国籍」とならざるをえない一群の人びとが出現しました（陳 2011）。

国交回復後、中国から友好の証としてパンダの康康と蘭蘭が上野動物園に贈られました。絶滅危惧種に指定されている愛らしい希少動物に、日本中が夢中になりました。内閣府が実施している「外交に対する世論調査」の対中好感度では、1980 年は 78.6％の人びとが中国に親近感を感じており、現在にいたるまでの最高値を記録しています（内閣府政府広報室 1980）。

国交回復にともない、戦後長い間中国に取り残された中国残留日本人の消息を求める動きが活発になりました。1981 年には、第 1 回の残留孤児訪日調査団が来日しました。まだ多くの人びとに戦争の記憶が深く刻まれており、連日のテレビで報道される「引揚者」の悲惨な状況と中国に残された中国残留日本人たちの過酷な生活、家族との再会に多くの人びとが感動し、涙を流しました。

他方で、長期間の中国生活により多くの中国残留日本人たちは日本語を学ぶ機会を逸していました。帰国しても日本社会に適応するためにさまざまな障壁があり、中国帰国者たちは 2 つの「祖国」の間で葛藤を強いられました（南 2016）。正確なデータはありませんが、現在の日本では、10 万人以上の中国帰国者が生活しているといわれています。

さて、1976 年 9 月、毛沢東が逝去し、それまで中国を大混乱におとしいれていた文化大革命は終結します。1978 年 12 月、それまでの計画経済から社会主義市場経済へと変更することが発表され、「改革開放」がはじまりました。この後実際に中国経済が飛躍的に発展しはじめたのは 1990 年代、とくに 1992 年の鄧小平の南巡講和以降です。安価で無尽蔵な労働力と格安の資源を目

当てに外資系企業がこぞって中国に投資を開始し，1990年代末には「世界の工場」と呼ばれるようになりました。そして2008年の北京オリンピック開催を契機に中国は急激な経済成長を遂げ，バブル崩壊後から経済の低迷が続いていた日本を追い抜いて，2010年にはGDP世界第2位となります。2019年には中国のGDPは日本の3倍近くまで発展し，アメリカに対抗しうる経済大国に成長しています。

現在，日本にとって中国は最大の貿易相手国であり，貿易全体の2割以上を中国に依存して，経済面では緊密な関係を築いています。一方で歴史認識や，かつて中国を侵略したA級戦犯を合祀した靖国神社への公式参拝，尖閣諸島（中国名：釣魚島）の領有権などをめぐり，政治面では緊張関係があります。このような日中関係は「政冷経熱」とも呼ばれています。

中国理解の難しさは，変化のスピードの速さと社会の規模の大きさと多様性に，その要因の一端があります。中国大陸では日本の約25倍の広大な国土に約14億人，56民族（内，漢民族は人口の92%）が居住しています。一方で，居住地域によって都市／農村戸籍に分けられ，移動や就学が厳しく制限されてきた歴史的経緯があり（現在では条件付きで緩和されている），地域格差は歴然として存在しています。つまり中国国内には，上海や北京などの世界の最先端をいく大都会と，急速に開発が進む大都市周辺地域，そしてまだまだ開発の手が届かず貧困である農村部が混在しており，一国内では他に類を見ないほどの経済格差が大きく広がっています。

ここまで日中間の歴史を簡単に振り返りましたが，現在，日本で見かけるチャイニーズ系の人びと（現在の国籍・民族にかかわらず中国にルーツをもつ人びと）はいったいどのような経緯で来日し

たのでしょうか。次節では日本の近代，開国の歴史から振り返って概観していきましょう。

2 なぜいま，日本で多くのチャイニーズを見かけるのか

老華僑と新華僑　江戸時代，日本は海外との交易が厳しく制限されており，清朝との直接の交易は長崎でのみ許可されていました。幕末の開国により開港した都市に外国人居留地が造成され，欧米人の貿易商人などに随伴して中国人も来日，居留地の近隣地区に集住しはじめて，横浜・神戸・長崎に中華街が形成されていきました。

ところで「華僑」「華人」の用語ですが，中華人民共和国の定義では，中国籍を保持している人を「華僑」，保持していない人を「華人」と呼称しています。しかし歴史的な国際移動現象とその主体，対象を表現する用語であるため，ときには同じ意味で使われる場面もあり，決定的な定義はありません。

また一般的に中国系では1978年の改革開放決定を境として，老華僑／新華僑を区別することがあります。それまでに来日していた人びとを「老華僑／オールドカマー」，それ以降に来日した人びとに対して「新華僑／ニューカマー」と呼び区別しています。後述しますが，現在では日本の学校で学ぶ留学生や，卒業後に日本で就労したり，エスニック・ビジネスをはじめたりする人びとが増加しています。

現在，日本国籍の取得者も含めて日本に居住する華僑華人は約100万人と見積もられており（『人民日報』報道），永住権取得者は26万人，2019年に日本に居住する外国人の293万人のうち，28

％が中国人で第1位です（法務省2020）。そしてその大部分は改革開放後に来日した新華僑です。

技能実習生と
日中国際結婚

日本で働く中国人は年々，増加しています。その働き方は，大学教授やシンクタンクなどで働く知的労働者から，飲食業や民泊などの自営業者，技能実習生とありとあらゆる業界に及んでいます。

日本で働く中国人が注目されはじめた契機に，1993年の外国人研修生制度の開始があります。当時は中国と日本の経済格差が大きかったために，中国から多くの労働者が出稼ぎのために来日し，いわゆる3K産業（きつい・汚い・危険）に従事しました。密航による不法就労もしばしば問題視されました。また1990年代半ばから中国人女性と日本人男性の婚姻件数が急速に上昇し，嫁不足の日本の農村などに嫁いできました。日中間の国際結婚は2000年に1万件を突破，日本の国際結婚の総数の約3分の1を占めていました。

さらに，1990年代後半に新たに技能実習を含む研修生制度がはじまり，2010年には技能実習生制度へと引き継がれました（入管法改定。第5章参照）。ところが2010年代中頃からは，日本よりも経済発展した中国からの技能実習生の来日者数は急速に減少しはじめました。2012年末，来日する技能実習生のうち中国人が占める割合は74％でしたが，2015年には53％，2019年には22％まで減少しています。中国国内にもよい仕事があるため，わざわざ日本にまでやってくるメリットが減少したためです。

中国人留学生

来日するもう一つの契機として，留学があります。中国では1960年代半ばから約10年間に及ぶ長い文化大革命の混乱で教育機関がほ

ぼ機能しておらず，1980年代には改革開放を担う人材が極端に不足していました。そのため改革開放後，海外で最新の知識や技術を学ぶために留学が可能になりました。当初は選ばれた国費留学生のみが渡航を許可されていたのですが，1984年以降には私費留学も認められるようになり，出国ブームが起こりました。

同時期に日本では政府が「留学生10万人計画」を発表し，日本の大学で学ぶ留学生が増えはじめます。しかし当時は，中国と日本の間に大幅な経済格差があり，来日した中国人留学生たちは苦学生として働きながらの学業生活を余儀なくされていました。改革開放後の1990年代半ば頃からは，来日する中国人留学生がより増加するようになります。

そして2008年に日本政府が「留学生30万人計画」を発表して以降，大学院生も含めて中国人留学生が急増します。日本社会の少子化が進み，グローバル化の推進が奨励されはじめた日本の高等教育機関では，積極的に留学生を受け入れるようになりました。2019年の国別留学生数の1位が中国人の12.4万人で，来日した留学生全体の約40％を占めています。

2000年代頃からは，経済成長して豊かになった中国を市場として戦略に位置づけた日本企業では，新卒の中国人留学生の採用が増加しはじめました。現在では，金融や商社などの大企業で働くホワイトカラーから，研究員，エンジニアなどさまざまな職業に就労しています。企業側は中国ビジネスとの架け橋となってもらえることを期待していたのですが，頻繁な転職を当然とする中国人の働き方に対して企業側はうまく対応できず，職場において衝突が生じたり，有能な人材が日本企業の数倍の高賃金を提示されて外資系企業に流出したりするケースが続出しています（中村2019）。

ここまで論じてきたように，日本社会における中国人の存在感はますます増大しているにもかかわらず，解決すべき差別問題も残ります。2019年末，若手起業家である東京大学特任准教授（当時）がTwitterに「中国人のパフォーマンス低い」「中国人は採用しません」「そもそも中国人って時点で面接に呼びません。書類で落とします」という書き込みをしたことが発端となり，「炎上」しました。所属先であった東京大学からは国籍・民族を理由とする差別的な投稿などがあったとして懲戒解雇の処分が下され，大学側は謝罪をする対応をとりました。

　現在，東京大学の全学生・院生数の1割弱に相当する約2500人が中国からの留学生であり，多くの中国人研究者も働いています。東京大学が公表した謝罪文には「誰ひとり取り残すことのない，包摂的（インクルーシブ）でより良い社会をつくることに貢献するため，全学的に教育・研究に取り組んでまいりました。……国籍や民族をはじめとするあらゆる個人の属性によって差別されることなく活躍できる環境の整備を，今後も進めていく所存です」と明記されました（東京大学2020）。

中国人観光客の急増と
オーバー・ツーリズム

　近年日本で中国人観光客を多く見かけるようになっています。2003年，国土交通省から「ビジット・ジャパン・キャンペーン」が発表され，日本は観光立国へと舵を切りはじめました。LCCの就航も追い風となり，京都や北海道など人気の高い観光地は大勢の観光客で賑わうようになりました。2009年からは段階的に中国の都市富裕層に対する観光ビザ発給条件が緩和され，2010年代半ばにはマルチビザの発行も可能になったことを契機に，中国人観光客が急増しました。観光客が電化製品や薬，化粧品などを大量に買い込む姿が見られるようにな

り，2015 年年末の「ユーキャン新語・流行語大賞」には「爆買い」が選ばれました。

　この頃から，鎌倉や京都などで，観光客が大勢乗り込むために地域の住人が電車やバスに乗れず，普段の暮らしが営めなくなるといった**観光公害**，つまり**オーバー・ツーリズム**の問題が顕在化しはじめました。2019 年に訪日した 3188 万人の観光客のうち，中国 959 万人，台湾 489 万人，香港 229 万人とチャイニーズ系が約 50％，韓国を含めると北東アジアからの観光客が 4 分の 3 を占めています。外国人旅行客による国内消費額も急増し，2010 年には 1.3 兆円でしたが，2019 年には 4.8 兆円まで増えています。

　ただし「爆買い」は，2015 年をピークとしてやや減少傾向にあります。中国帰国時の税関で輸入品持ち込みの制限が厳しくなったことや，阿里巴巴（アリババ）など中国国内におけるネット通販市場が成熟してきたことが背景にあります。日本政府も観光を推進し，2030 年には 6000 万人の観光客誘致を目標としており，観光地では次々と宿泊施設が建設されています。

　しかし 2019 年 12 月，中国の湖北省武漢で新型肺炎（新型コロナウイルス）の感染者が最初に報告されて状況が変わっています。強烈な感染力をもつこのウイルスは，近年のグローバル化による人の移動にともなって，猛烈なスピードで世界中へと拡散しました。世界のいたるところで都市が封鎖され，2020 年の東京オリンピック開催は延期，世界中で人の移動がストップしました。観光地からは人が消え，閉店が相次ぎ，経済が急速に低迷して，経済のインバウンド観光依存の危うさが露呈しました。

移住者と新中華街

日本の地域社会を見渡すと，1980 年代後半頃より来日した中国人たち

が集住する地域が，各地で見られはじめました。東京の池袋駅北口では1991年に中華食品スーパーが開業したのを皮切りに，中国語書店，旅行社，中国料理店，不動産業など，新華僑が経営するエスニック・ビジネスの店舗が増え「池袋チャイナタウン」と呼ばれてメディアなどで取り上げられました。大阪では，2013年頃から西成区でシャッター街と化していたアーケード街に中国人経営のカラオケ居酒屋が急増し，関西空港からの交通の便がよいこともあって民泊などが相次いで開業しています。2019年には，現地中国人同業者組合から「大阪新中華街構想」として「商店街に4つの中華門を建てて中国各地の料理店など120店を2025年までに出店する」という計画が突然，発表されましたが，地元住民からは戸惑いの声が上がりました。しかし移住してきた新華僑たちが老朽化したシャッター街を活性化することで，町ににぎわいが戻り，新たな観光地も誕生するでしょう。そのために応援する人びとも現れ，駐大阪中国総領事も名誉顧問に就任して，この構想を後援するなどの動きが見られています。

　また埼玉県の西川口のように新華僑が集住している地域も見られます。チャイニーズ系移民の特徴として，一人が移民するとその家族や親族，同郷の友人知人などもその人を頼りに次々とやってくる連鎖移民があります。このような集住地域では，住民向けにチャイニーズ系食材やチャイニーズ・レストランなどの開業が見られるようになるのも特徴の一つです。しかしながらゴミ出しをめぐるルールを遵守しない，路上で大きな声で会話したり，電話をしたりするなど，各地でしばしば衝突が生じています。

エスニック・ビジネスと
中国人観の変容

豊かになった中国人のなかには集住地域を離れて，住まいを購入し転居する人びとも増加しています。来日

する中国人観光客を対象としてホテル経営や民泊，不動産投資など，中国人富裕層向けのビジネスも活発化しています。日本では，「失われた30年」といわれて経済の低迷が続き，うまくIT化の波についていけず，先進国のトップランナーに追いつけなくなって経営難に陥った中小企業だけではなく，三洋電機（白物家電事業）やシャープなどの日本を代表した大企業までもがチャイニーズ系の企業に買収されました。ある日，突然，勤めていた企業が外資系になったり，上司が中国人になったりするのも特別ではない状況なのです。

このように，中国の経済成長のスピードの速さへの理解に追いつけず，日本社会のなかでは，世代や地域，社会的地位などの属性によって中国認識は変わっています。高年齢層では，天安門事件や強権の共産党政権のマイナスイメージをもち，かつての貧困な下層労働者たちという中国人のイメージから抜け出せない人がいます。一方で低年齢層では，物心ついた頃から中国は急激な経済成長を遂げて，国際社会での存在感を増大している強国です。アルバイト先などでは商品を大量に購入する中国人観光客を日常的に見ており，「中国人はお金持ち」だと感じています。そして近年は，「中国への好感度」も低下し続けており，それが最も顕著に表れた2015年には83.2％が「中国に対して親近感を感じない」と答えています（内閣府2015）。これはメディアでよく報道される中国共産党の一党独裁の強権政治や，少数民族に対する人権抑圧の影響も一因であると考えられます。

現在，中国にルーツをもつ日本在住者，留学生，訪日観光客とも最多であり，中国人は日本社会における最大のエスニック・マイノリティとなっています。一方で，日本国籍を取得してまで永住しようとする，狭義の「移民」は減少し，永住権を得て日本で

仕事をしつつも「そのうち帰国すると思う」という漠然とした考えで定住している滞在者も増加しました。このような一群の人びととは，移民とは区別されて「ソジョナー（一時滞在者）」と呼ばれています。

　また仕事で日中双方に拠点を置いて頻繁に行き来するビジネスマンや，日本に投機目的を兼ねてセカンドハウスとしての不動産を購入したり，マルチビザを得て高額の人間ドックや医療，美容院，ショッピングなどを気軽に楽しみにやってきたりする富裕層も散見されます。しかし他方ではいまだ発展途上中の農村部から技能実習生として来日する農業や漁業への従事者や，アルバイトですべて留学費用を捻出している苦学生も少なからずおり，中国国内で開く経済格差は，日本においても可視化されています。

3　頭脳循環？
——世界中を流動する中国人たち

人材の移動と
マイノリティ

1990年代のグローバル化の急速な進展とは，ヒト・モノ・カネ・情報の流通だといわれていますが，これは中国の急速な経済発展と同時に進行しました。ここまで述べてきた中国人の集住，ニューチャイナタウン（新中華街），観光地のオーバー・ツーリズムのような現代日本で起こっている現象は，グローバルに社会を俯瞰（ふかん）すると，急速に豊かになり世界中を「移動」する中国人によって，世界各地で同時に発生している現象でもあります。歴史的に中国から世界の各地へと多くの人が移住しており，それぞれで華僑華人が集住する地域やニューチャイナタウンがいまも次々に出現しています。2018年に海外旅行をした

中国人数は延べ約 1.5 億人，前年比では 14.7% 増加しており，イタリアのベネチアやスペインのバルセロナなど，世界の有名な観光地では京都と同じようにオーバー・ツーリズムの問題に直面しています。

　近年は，国境を越えた高度人材争奪戦が世界的に顕著になっています。中国では 1980 年代の出国ブームに乗って留学し，そのまま現地で働いて帰国しなかった人も多く，以前は人材の流出（頭脳流出）に悩まされていました。しかし 1990 年代後半頃から経済成長をはじめた中国にチャンスを求めて，かつての留学生たちが帰国を開始しました。2000 年には海外留学人員の帰国促進政策が軌道に乗り，帰国した高度人材が中国国内で就労・起業することに対して優遇政策を採用したことが背景にあります。

　これらの人びとは，留学先と中国を回遊しながらビジネスをしています。一例を挙げると，海外に留学し，卒業後の数年は現地で働き，最新の知識や技術を得て業界のネットワークを築いてから中国に戻り，それまでに得たものを生かして母国で起業したり就職したりするのです。あるいは留学先で起業し，その後，中国に子会社をつくって，開発や販売を中国の拠点で行うようなケースもあります。そして留学先と中国を行き来しながら，自分自身のビジネスを継続するのです。いわゆる「頭脳還流」とも呼ばれる現象ですが，こうした人びとがグローバル・ビジネスの一端を担っているのです。一方でこれらは深刻な知的財産権の流出も招き，しばしば国際問題にまで発展しています。

　日本社会だけを見ると，中国人はマイノリティの集団です。しかしいったん，グローバル社会に踏み出したとき，世界各地にたくましく進出してトランスナショナルに活躍している中国人に出会ったとき，はたしてマイノリティとは誰なのかという問題に突

きあたるかもしれません。

――――――――――――
私たちはどうすれば
よいのか
――――――――――――

ここまでの多くのことが示すように，中国人は日本経済や社会を支える重要な構成員であり，かつ顧客であり消費者となっています。中国人への差別的なまなざしをやめ，日本社会の多様性を実現するためにも，中国人への理解の重要性がますます高まっているのです。

　武漢で最初に確認され，パンデミックを引き起こした新型コロナウィルス禍では，中国人に対する深刻な偏見や蔑視，そして差別が蔓延しました。一方で日中双方の各地で，漢詩や中国古典の一節を引用したメッセージを添えてマスクなどの支援物資を送る動きも相次ぎました。冒頭の写真の救援物資には，天武天皇の孫，長屋王が中国の鑑真に贈り，来日を決心させた漢詩「山川異域風月同天（山や川，国土は異なろうとも風も月も同じ天の下でつながっている）」が書かれています。

　中国の人びとは記録を大切にし，歴史から学ぶことを教訓としています。お互いがどのように事実を認識しているのか，理解し合いながら交流することが大事なのです。かつての激戦の地に建てられた南京大虐殺紀念館には，展示の最後に以下の言葉が記されています。

　　「要記住歴史 不要記住仇恨（歴史をしっかり記憶しよう，しかし恨みは記憶してはならない）」

　　「前事不忘 後事之師（前の事を忘れず，後世の戒めとなす）」

　歴史問題は，現在は外交問題として捉えられがちですが，はたしてそうでしょうか。21世紀初頭に中国の社会学者である李培林は，日本人論を執筆して中国でベストセラーになりました（李 2011）。その一節に「時代の変遷という荒波をもってしても，民

族間の歴史的な是非，恩讐，紛糾，誤解などを一気に洗い流すことができないこともある。そのときは，交流，理解，意思疎通，時間などで，心の傷を癒し，現実的利益の均衡の原則に従って，理性的な相互交渉のルールを定め，より良い相互関係を築かなければならない」（李 2011：44）という言葉があります。お互いを知り，歴史や文化の認識の相違を乗り越えて相互理解をする努力をすることが，日本でマイノリティへの差別のない，より多様性のある社会を実現するために最も大切なことなのです。

キーワード解説

老華僑／新華僑：中国は古くから陸路・海路により，周辺地域へと活発に人，物，文化の送出を繰り返してきた。1978 年の改革開放以前は文化大革命の混乱にあり，自由に国外へ移動することができなかったために分断があった。そのため明治維新〜改革開放までの期間に来日していた人びとを「老華僑／オールドカマー」，改革開放以降に来日した人びとに対して「新華僑／ニューカマー」と呼び区別している。

エスニック・ビジネス：ある社会のエスニック・マイノリティが営むビジネスのこと。エスニック・レストランや食材店，旅行店や不動産業など，エスニック・ビジネスは経済と社会の境界にある活動であり，エスニック・マイノリティが主流社会とは異なるエスニック財や移民ネットワークを有しているがゆえに，優位性を発揮する。

オーバー・ツーリズム（観光公害）：LCC の就航やビザの緩和などにより 2019 年の全世界の国際観光客数は約 15 億人（国連世界観光機関〔UNWTO〕報告），この 50 年間で約 90 倍に増加した結果，ベネチアやバルセロナ，京都，鎌倉など著名な観光地でキャパシティを超えた観光客が押し寄せ，住民が交通機関を利用できないなど普通の生活まで脅かされる状態に陥っている。京都では住民 150 万人に対して，日帰り観光も含む国内外の 5000 万人を超える観光客が訪問し，

さまざまな問題が発生している。

連鎖移民（chain migration）：親族や知人のネットワークを頼って移動すること。チェーン・マイグレーション。移民の先行者は，渡航手続きや住宅の確保を自分自身の力で行わなければならないが，後続者は先行者の助けを得てより容易に移動することが可能となる。こうして，国境を越えた「トランスナショナル・ネットワーク」が形成される。なお，より広義には，たとえばフィリピン都市部の家庭の母親が日本に働きに出ると，その家庭の母親役として女性の親族が農村部から都市部に移住するといった移動の連鎖を指すこともある。

ソジョナー（sojourner）：近年の移民の長期滞在傾向については，出稼ぎから定住へのような単純かつ一直線の移民概念ではなく，「帰国」と「とどまる」ことの間で迷う一時的な滞在者である「ソジョナー」という概念が用いられる。また「ソジョナー」と「定住者（settler）」との中間層である「永続的ソジョナー（permanent sojourner）」という概念の設定もある。グローバル化にともなう頻繁な人の移動や多重国籍者の増加は，これまでの国民国家や移民という概念を揺るがしている。

頭脳還流（brain circulation）：グローバル化が進行した 2000 年頃から国境を越えた人材争奪戦（war for talent）が顕著になりはじめた。高度人材の国際移動には，頭脳流出（brain drain），頭脳流入（brain gain），母国への U ターンとして頭脳還流（brain circulation）がある。これらが生じる背景には，国家の帰国促進政策や，国家間の経済格差や技術格差，景気変動などが存在する。中国は 1980 年代に頭脳流出が問題視されていたが，現在では頭脳流入国へと転換しつつある。

ブックガイド

■南誠『中国帰国者をめぐる包摂と排除の歴史社会学――境界文化の生成とそのポリティクス』明石書店，2016 年
　戦後の日本や中国という国民国家の境界によって包摂／排除され，

今日でもエスニック・マイノリティ化している中国帰国者に関して，多様なデータの分析を通して中国帰国者の豊かな生活世界を浮き彫りにしている。戦争犠牲者と棄民という特殊な事例ではなく，近代社会を生きる人びとの普遍的な問題（境界文化）として捉え直し，中国帰国者をトランスナショナルでクロスボーダーな世界への架橋となる存在と捉え直す手がかりとなる1冊。

■李培林『再び立ち上がる日本──異国文化という視点からの日本観察』西原和久監修，楊慶敏訳，人間の科学新社，2011年

　本章の最後でも紹介しているが，中国の社会学の第一人者である李培林が，日本の農村や沖縄，渋谷の繁華街から靖国神社まで，各地を日本人社会学者とともに視察して考察した日本人論。中国でベストセラーとなり，2000年代後半，反日デモで吹き荒れる中国社会において日本人理解の一助となった1冊。とくに第1章「文明の衝突？」では「日本は中国に何を教えているか」「中国人は日本人に何を伝えたいか」のなかで現在の日本社会の右傾化の根源を鋭く分析しており，興味深い。

■坪谷美欧子『「永続的ソジョナー」中国人のアイデンティティ──中国からの日本留学にみる国際移民システム』有信堂，2008年

　一時滞在と永住との狭間で日本に滞在する新世代の中国人移民たちについて，理論と実証で緻密な分析をし，「永続的ソジョナー」としての中国人の重層的アイデンティティ構築の様相を明らかにしている。国際移住者たちの多様なライフスタイルを浮き彫りにすることで，日本の外国人に対する統合政策の欠如を指摘し，同時に「日本人性」や日本社会を構成するメンバーシップとは何かと問い，日本社会への「多文化化」への深化を促している。

■加藤陽子『それでも日本人は「戦争」を選んだ』新潮文庫，2016年

　明治以降，日本は4つの対外戦争を戦った。膨大な犠牲と反省を重ねながらも，なぜ日本は戦争を繰り返したのか，その論理を支えたものは何だったのか。時々の戦争は，国際関係，地域秩序，当該国家に対していかなる影響をおよぼしたのか。また戦争の前と後でいかな

　E. ゴフマンは，劇の演技や演出をともなうドラマの用語を用いて社会的な相互行為過程を分析した。対面的な相互行為において，他者に知覚される振る舞いは対面者になんらかの影響を与える。相互行為過程における振る舞いは，他者への影響が考慮された演技＝パフォーマンスであり，対面者の振る舞いもまた劇を演出する舞台装置の一部（オーディエンス）となる。他者と対面する場面を劇場として観察し記述するドラマトゥルギーは，マイノリティの人びととの相互行為を分析する方法ともなった。烙印を意味することばをタイトルに掲げた著書『スティグマ』では，民族や人種的にマイノリティにある人びとや障害や病をもつ人びとが相互行為過程で直面する振る舞いの特徴を記述した。とくに，それらの反応から，相互行為をやり過ごし正常な人びと（ノーマル）とみなされるための対処戦術を「カヴァリング」や「パッシング」とよび，マイノリティの人びとにみられる相互行為上の対処戦術を明らかにした。

(W)

▬▬▬▬▬▬▬▬▬▬▬▬▬▬▬▬

　る変化が起きたのか。過去の戦争を現実の緊張感のなかで改めて生き，考える日本近現代史の力作。現在の東アジアや日本がおかれている状況を理解するためにも必読の1冊。

第 III 部

地域社会をこえて

マイノリティ問題への新たな動き

第**8**章 部落差別から日本社会を見つめ直す

**全国水平社創立90周年・
大和同志会創立100周年
記念モニュメント「いの
ち燦燦の燈」**（奈良県御所市
にて筆者撮影）

　2016年に部落差別解消推進法が成立・施行されました。
そう聞いて、「部落差別なんて，まだあるの？」と驚く人
も多いのではないでしょうか。本章では，部落差別の現状
を見たうえで，日本人の社会関係のあり方（結婚・家族観
や世間意識）との関わりを考えます。

本章のキーワード
情報社会　　直系家族制／夫婦家族制　　近代家族　　核家族
修正拡大家族　　準拠集団

2016 年の 12 月に,「部落差別の解消の推進に関する法律」(部落差別解消推進法) が成立し, 同月 16 日から施行されています。この法律は, 6 条から成る短い法律です。その内容を大まかに見ておきましょう。まず, 本法律の目的を定めた第 1 条で,「現在もなお部落差別が存在する」と明言したうえで,「情報化の進展に伴って部落差別に関する状況の変化が生じている」という見解を示しています。それをふまえて,「部落差別は許されないものであるとの認識の下にこれを解消することが重要な課題である」と謳(うた)っています。続く第 2 条で「部落差別の解消に関する施策は, 全ての国民が等しく基本的人権を享有するかけがえのない個人として尊重されるものであるとの理念にのっとり, 部落差別を解消する必要性に対する国民一人一人の理解を深めるよう努めることにより, 部落差別のない社会を実現することを旨として, 行われなければならない」と基本理念を掲げています。そして第 3 条から第 6 条で, 部落差別解消に関する施策や, 相談体制の充実, 教育・啓発, 実態調査などを, 国・地方公共団体に義務づけています。

　この法律は, 施策の具体的な内容や罰則に関する規定のない「理念法」にすぎませんが, 部落差別が現存することを公的に認め, 部落差別のない社会の実現を国の方針として示した意義は大きいと評価されています (奥田 2019)。ちなみに, 部落差別に関わる法律は過去にもいくつかありましたが,「部落差別」という語が法律名に入ったのは, 意外にも今回がはじめてです。

1　部落差別とは何か

「被差別部落」
「同和地区」とは？

　読者のなかには, そもそも「部落差別」や「被差別部落」という言葉を聞いたことがないという人も多いのではないでしょうか。もともと「部落」とは,「集落」に近い意

味で一般的に使われてきた言葉です。それに対し「被差別部落」とは，文字どおり「差別を受けてきた部落」という意味です。もう少し詳しくいうと，江戸時代以前の身分制のもとで賤民とされた身分をルーツにもつ人びとが主に住み，差別を受け続けてきた地域を，現在「被差別部落」と呼んでいるのです。「部落差別」や「部落問題」という場合の「部落」は，この「被差別部落」を指します。

また，被差別部落が「同和地区」と呼ばれることもありますが，これは部落差別の問題がかつて「同和問題」（同和とはもともと「同胞融和」，すなわち同じ国民としてうちとけて仲良くするという意味）と呼ばれたことに由来し，その解決をめざした同和対策事業（次節で解説します）の対象として指定された部落を指します。ただし，被差別部落がすべて同和対策事業の対象となったわけではなく，対象として指定されなかった「未指定地区」もあるので，厳密には同和地区は被差別部落とイコールではありません。

そもそもどのような経緯で，差別が存続してきたのでしょうか。同和対策事業が実施される前までの歴史を，ごく簡単に見ておきましょう。

明治に入って新政府は江戸時代の身分制を改め，「華族／士族／平民」という身分を置きました。従来の百姓・町人が「平民」となったのですが，「えた」・「非人」といった賤称で呼ばれた人びとが「身分・職業ともに平民同様」とされたのは，それから2年後（1871年）のいわゆる「解放令」によってでした。その後も「新平民」などと呼ばれて蔑視され，社会関係から排除されました。また，人類学者たちによって，部落の人びとが「異種」すなわち人種や民族が違う（「朝鮮半島からの帰化者だ」とか「マレー・ポリネシア系の種族だ」など）という説が唱えられました（それらの

説はのちに学問的に否定されます)。

　当時，経済的に困窮している部落が多く，「貧困」や「不衛生」というイメージと「異種」という認識が結びついて，部落の人びとに対して「日本人とは種族が違う劣った人たち」という見方が定着していきました。次第に被差別部落は，「特殊部落」（特種部落）と呼ばれ，改良すべき対象として扱われるようになります（黒川 2004）。こうしたことから，明治以降の部落差別は，たんなる封建遺制（近世の封建制の名残）ではなく，「国民国家」という近代的な理念のもとで，部落の人びとを「劣った存在」「周辺的な存在」として徴づけたことによる差別であるといえます。

　こうした状況に対し，明治期には自由民権運動の一環として，大正〜昭和初期には融和運動や全国水平社の運動によって，差別解消への取り組みが行われてきました。しかし差別はなかなかなくなりませんでした。さらに第二次世界大戦後，社会全体が民主化し，高度経済成長を遂げていくなかでも，部落の人びとへの差別や部落内外の格差は解消されなかったのです。

どのような差別があるか

「日本の歴史のなかで部落差別が存続してきたことはわかったけれど，いまはもうないのでは？」と思う人も少なくないでしょう。ところが，部落差別解消推進法に明記されているように，現在でも実際に部落差別は存在します。では，具体的にどのような差別があるのでしょうか。代表的なものを４つ挙げておきます。

　①就職における差別：採用選考の際，応募者が部落出身であることがわかると採用しないということがあります。部落出身かどうかを判断する情報は，「部落地名総鑑」と呼ばれる書物（次節を参照）で住所を照らし合わせたり，興信所・探偵などに依頼して採用候補者の身元調査を行ったり，応募書類に出身地や家族構

成，親の職業などを記入させたりして入手するのです。なお，応募書類に家族等の情報を記入させることは，部落差別だけに限らずさまざまな差別や不公正な選考に結びついてきました。

②結婚における差別：部落出身者との結婚を忌避することも，典型的な部落差別の形態です。かつては部落出身者が部落外出身者と結婚することは稀（まれ）でしたが，近年では，部落外出身者との結婚は増加しています。しかし，それは必ずしも結婚への忌避がなくなったことを意味しているわけではありません。本人同士に結婚の意志があっても，親や親戚が反対して破談になったり，結婚はできても親や親戚から縁を絶たれたりするなど，結婚をめぐる軋轢はいまでも見られます。この「結婚差別」については，第3節で詳しく考察します。

③地区に対する差別（土地差別）：不動産物件を選ぶ際に部落やその近隣を避けるというかたちで，差別が現れることもあります。また，その地区自体は部落でなくても，部落と同じ学区（校区）になることを避けるという場合も見られます。部落の所在地を知るために，行政や宅建業者に問い合わせる事例があいついでいます。

④差別発言・落書きなど：部落出身者に対する侮辱的な発言や落書きが，いまでも時折発見されます。特定の個人に対して直接侮辱的な言動をしたり，脅迫的な郵便を送りつけたりするケースもあれば，部落全体について誹謗中傷する内容の落書きや張り紙をするというケースもあります。さらに最近では，インターネットで差別的な情報を拡散するケースが問題になっていますが，これについては次節で詳しく取り上げます。

2 部落問題の現在

<u>同和対策事業とその後</u>　　また少し時代をさかのぼって，同和対策事業について述べておきましょう。戦後，日本全体が復興を遂げ，高度経済成長に入っていく一方，部落の地区は，道路や上下水道といったインフラストラクチャーの整備が遅れていたり，差別により就学や就職の機会が狭められていたため生活に困窮する人びとが多数であったりと，他の地域との格差が際立っていました。そうした状況がまた，部落に対する外からの偏見を助長する要因にもなっていたのです。

このような状況に対して部落の人びとは，差別解消のための国策樹立を求める運動を展開しました。国はそれに応じて，1961年に内閣総理大臣の諮問機関として同和対策審議会を設置しました。審議会の委員には，社会学者の磯村英一も含まれていました。「同和地区に関する社会的及び経済的諸問題を解決するための基本的方策」についての総理大臣の諮問に対し，同和対策審議会は1965年に答申を提出しました。「同和対策審議会答申」（以下，同対審答申と略記）第1部の「1. 同和問題の本質」には，部落問題に関する当時の認識がよく表れています。

まず，「同和問題」を，「日本社会の歴史的発展の過程において形成された身分階層構造に基づく差別により」，同和地区（被差別部落）の人びとが「経済的・社会的・文化的に低位の状態におかれ」「いちじるしく基本的人権を侵害され」ているという「もっとも深刻にして重大な問題である」と定義します。また，「同和地区の住民は異人種でも異民族でもなく，疑いもなく日本民族，日本国民である」と，明治以来の「異種」認識の誤りを強調して

います。このことから，当時においてもまだそのような認識が蔓延していたことがうかがわれます。

　同対審答申ではさらに，同和問題が前近代の封建社会における身分制度に由来するとの見解が語られていきます。すなわち，「同和地区住民」は封建社会の身分制度のもとで，「最下級の賤しい身分」として「きびしい差別扱いをうけ，人間外のものとして，人格をふみにじられていた」というのです。しかし明治の解放令によって「制度上の身分差別から解放された」ことで，同和問題はそれ以降「解消への過程をたどっている」と述べます。それにもかかわらず当時は実質的な差別解消の政策が行われなかったために，「封建時代とあまり変らない悲惨な状態」であったとしています。

　続いて，現在（答申の当時）の日本で同和問題が存続している要因について，経済構造（近代的部門と非近代的部門の二重構造），社会構造（封建的な上下関係，家父長制的な家族関係，家柄を重んじる風習），文化（迷信，非合理な偏見）の観点から分析がなされます。これらの経済・社会・文化的な要因によって，近代化が進んだ高度経済成長期にあってもなお，同和問題が取り残されているのだと論じているのです。ここで挙げられている要因が，いずれも日本社会に残る前近代的な側面であるという点を，指摘しておきましょう。

　次に，同和問題が解消する可能性について，世間にありがちな2つの考え方を批判しています。一つは「同和問題が解決することは永久にありえない」という考え，もう一つは「このまま放置しておけば社会進化にともないいつとはなく解消する」という，いわば「『寝た子を起こすな』式の考え」です。「寝た子を起こすな」とは，部落差別についていまでもしばしば語られるもので，

「差別は放っておけば自然になくなるのだから，啓発などをしてわざわざ知らせるのは逆効果だ」という論理です。

さらに，現状の差別のあり方を「心理的差別」と「実態的差別」という概念で分析しています。心理的差別とは，「人々の観念や意識のうちに潜在する差別」であり，「言語や文字や行為を媒介として顕在化する」ものです。実態的差別とは，「同和地区住民の生活実態に具現されている差別」であり，差別の結果としての生活水準の低下などが該当します。そして心理的差別と実態的差別は，「心理的差別が原因となって実態的差別をつくり，反面では実態的差別が原因となって心理的差別を助長する」という循環関係にあると指摘しています。

最後に，部落差別を「市民的権利，自由の侵害」と捉え，とくに職業選択の自由（そのための教育の機会均等）を保障することが中心的課題であると主張して，「1. 同和問題の本質」は締め括られています。

以上で見てきた当時の部落問題認識には，現在の視点から見るといくつかの疑問も残ります。とくに，答申では一貫して部落差別を「封建的な身分的差別」の名残と見なしていますが，はたしてそうなのでしょうか。前近代の賤民は，たしかに蔑視・賤視を受けてきましたが，他方では，たとえば死牛馬を処理する役割を一任されていたため皮革業を専有できていたことや，百姓と同様に農業などを営む者もいたこと，また文化的に重要な役割を果たす者もいたことなどが，これまでの歴史研究の成果としてわかっています。したがって，「最下級の身分」「人間外のもの」として扱われたというのは，誇張した見方といえます。また，逆に明治以降の近代については，前節で述べたように「貧困」や「不衛生」というイメージや「異種」認識によって，国民国家の周辺的

な存在として排除されるようになったことをふまえれば，「（差別）解消への過程」とは必ずしもいえないでしょう。むしろ，部落差別はそれぞれの時代に，旧来の差別をもとにしつつも，新たに再生産されてきたと考えた方が妥当かもしれません。さらにいえば，日本社会に残る前近代的な性格に原因を求めることは，社会の近代化が進めば自然と差別も消滅するという楽観論につながり，ひいては答申で批判されている「寝た子を起こすな」論と結びつきやすいのではないでしょうか。

　ともあれ，この同対審答申をふまえて，1969年に同和対策事業特別措置法が成立しました。それに基づいて，生活環境の改善，職業の安定，社会福祉の向上，教育の充実などを行う同和対策事業が，全国的に進められていきました。この特別措置法は10年の期限付きの法律（時限立法）でしたが，3年延長された後，いくつかの法律に引き継がれ，同和対策事業は2002年まで実施されてきました。一連の同和対策事業により，主に住環境など（実態的差別）が大きく改善されましたが，社会関係における差別（結婚差別など）はまだ根強く続いています。

<u>「部落民」概念のゆらぎ</u>　社会状況の変化や同和対策事業の効果として，近年では部落も様変わりしてきました。その一つとして，「部落民」（被差別部落の人）の概念自体にゆらぎが生じています。「部落民」とは，どのような人を指すのでしょうか。

　もともと，部落民の定義には「地域」と「血筋」という二重の基準がありえます。すなわち，「被差別部落」と呼ばれる地区に住んでいる人が部落民だという定義と，歴史的に差別を受けてきた人びとの血筋を引く人が部落民だという定義です。かつては，代々同じ地域に住んでいる場合が多かったので，部落に住んでい

る人と被差別民の血筋を引く人が，ほぼイコールと考えられていました。さらに，「部落産業」と呼ばれる特定の職業に従事している人も多かったので，「地域」「血筋」「職業」がセットになって，部落民を定義する指標になっていたのです。しかし，現在では人口が流動化し，部落から転出する人や，逆に部落外の地域から転入してくる人も以前と比べると増えたので，「地域」と「血筋」が一致することは少なくなってきました。たとえば部落から転出した人は，「血筋」を基準にすれば部落民ですが，「地域」を基準にすれば部落民とはいえませんし，また部落外から部落に転入した人は，「地域」を基準にすれば部落民であっても，「血筋」を基準にすれば部落民とはいえないわけです。また，かつては部落の人と部落外の人とが結婚するケースは少なかったのですが，近年では部落の人と部落外の人との結婚が増加しています。そのため両親のうち一方が部落民の血筋で，もう一方は部落外の血筋という人が多くなっています。さらに，教育の機会や職業選択の自由が保障されてきたので，職業も多様化しています。

　そもそも部落民というカテゴリーは，外見上の違いによって区分されるものではありません。ある人が部落民であるかどうかは外見ではわかりませんし，またどの地区が部落であるのかも，同和対策事業などで生活環境が改善された現在では，あえて詮索しないかぎりわかりません。したがって，マジョリティ側にとっては，部落やその出身者が身の回りに存在しているという実感をもちにくいのです。そのことが，部落問題を自分とは縁の遠いものだと感じる要因の一つと考えられます。

　また，個人の血筋を他者が把握することは容易でないため，部落民かどうかを判断する指標として，実際には地域が用いられがちです。そうなると，部落外から転入してきた人も，差別者から

「部落民」と見なされて差別される可能性があるため，部落やその近隣に住むのを避けることにつながってしまうのだとも考えられます（奥田 2007）。

インターネットにおける差別

現在の私たちの社会は，「情報化社会」あるいは「**情報社会**」と呼ばれます。私たちはインターネット（以下，「ネット」と略記）にアクセスして，手軽にさまざまな情報を入手できますし，自分から情報を発信することも容易です。そうした社会において，差別の様相も変化を見せています。冒頭で触れた部落差別解消推進法でも，「情報化の進展に伴って部落差別に関する状況の変化が生じている」と述べられています。具体的に，どのようなことが起こっているのでしょうか。

従来，「部落地名総鑑」と呼ばれる書物が闇で売買され，部落の所在地を調べるために使用されてきました。この書物には部落の地名や戸数，主な職業などがまとめられていますが，その原典となっていたのは，戦前に発行された「全国部落調査」という報告書です。近年では，このような情報がネット上で公開されているほか，同じ人物によって「全国部落調査」の復刻版が出版されました。出版については人権侵犯であるとして出版禁止の仮処分を受けましたが，そのコピーがネットオークションに出品されたり，ネット上でデータが公開されたりしました。また，地名だけでなく解放運動団体など部落関係者の個人情報も公開されています。「全国部落調査」復刻版がネットのフリーマーケットに出品されていたという事件も発生しています。こうした情報源を使って部落の所在地や個人を特定し，就職差別や結婚差別，土地差別の対象としたり，嫌がらせや誹謗中傷を行ったりする事象が，次々と発生しています。

また，質問や回答を投稿し合う Q&A サイトでは，部落問題について単純に知識を問う質問をはじめ，部落の所在地についての質問や，部落出身者との結婚に関する相談などが投稿されています。そうした質問に対して，偏見を助長する誤情報や，部落の所在地がわかる情報源を教えたり，結婚をやめるように勧めたりする回答が寄せられることが多いのです。さらに，こうした問題のある回答がベストアンサーに選ばれることもしばしばあります。これは，知識のない質問者が回答を鵜呑みにしてしまっているのかもしれませんが，もともと悪意をもった質問者がわざと差別的な回答を引き出すような質問をし，期待どおりの回答をベストアンサーに選ぶこともあるでしょう。

このように，部落に対するデマや差別的情報がネット上で増殖しているというのが現状です。そうした情報が悪意をもった者に利用されるだけでなく，部落問題について知識のない人が，それらの情報を鵜呑みにして偏見を抱いてしまうことも危惧されます（川口 2018）。

3 日本の家族観・世間意識と部落差別

結婚差別

第 1 節で，部落差別の典型的なものを 4 つ挙げましたが，本節ではそれらのうち「②結婚における差別」について，日本社会の特徴と関連づけながら考察していきましょう。まず，結婚差別がどのように起こるかを，齋藤直子の研究（齋藤 2017）を参考にして見ておきます。

結婚差別は，婚約から結婚後までのいずれかの段階で，結婚す

る2人のいずれかが部落出身であることがわかった後に発生します。それがどの段階で，どのようにしてわかるかはケースバイケースですが，たとえば交際の段階で部落出身であることを相手にうちあけ，同意のうえで婚約したとしても，相手の親がそのことを知って結婚に反対するケースがあります。うちあけられた相手は，「そんなこと（部落出身だということ）は関係ない」などと軽く受け止めがちですが，後で親に反対されると一転して結婚を断ってくることがしばしばです。親の反対の仕方はさまざまですが，ある程度の「型」があると齋藤は指摘します。部落に対する忌避意識をあらわにして反対する場合もあれば，自分自身のことは棚に上げて，たとえば「きょうだいの結婚に差し障るかもしれないから」などと，世間から忌避される可能性を理由に反対する場合も多く見られます。

　親の反対にあっても諦めず，説得に努める場合はどうでしょうか。「人柄」のよさをアピールし，粘り強く説得を続けた結果，2人の熱意に負けて結婚を親が認めるケースもあります。また，先に妊娠・出産して「孫ができた」という既成事実をつくって，結婚を認めさせようとする場合もあります。孫かわいさに結婚を容認するケースもありますが，その一方で，ひどい場合には親が中絶を要求するなどのケースもあります。

　親が何らかの条件付きで結婚を認める場合もよく見られます。その条件とは，たとえば周囲の人びとに出身を隠すこととか，部落には住まないこと，解放運動などに関わらないことなどです。そこには，自分の子どもが部落出身者と結婚したことを，周囲に知られたくないという動機が見られます。

　いったいなぜ，これほどまでに部落出身者との結婚を忌避するのでしょうか。日本の結婚観・家族観と「世間」に対する意識と

いう2つの要因から考えてみましょう。

戦前日本の結婚・家族観

戦前の日本には,「家制度」と呼ばれる家族制度がありました。家制度とは,狭い意味では明治期に制定された民法に定められた親族や相続のあり方を指します。明治民法では,近代的な要素を加味しつつも武士の家族をモデルとして,家族制度を構想しました。その主な特徴は,次のようなものです。「家」とは建物の家のことではなく,戸主とその家族(非親族を含む場合がある)から成る共同体をいいます。戸主は家の統率者として,家族員を扶養する義務を負う一方,家族員に対して婚姻・養子縁組の同意権や居所指定権,家から排除する権利を与えられています。家の財産の所有権も戸主にあります。そして戸主の地位や財産の継承者(家督相続人,すなわち次の代の戸主)は,嫡出の長男を最優先として決定されます。何らかの事情で嫡出の長男が相続できない場合には,年長の男性を優先して家督相続人が選ばれます。このように家督を代々受け継いでいくことによって,家は世代を超えて同一のものとして存続していくものであり,具体的な構成員を超えた観念的な統一体であるといえます。そして,家を維持し後世に引き継ぐことこそが,戸主および家族員の務めであり,個人の自由よりも優先されるのです。

家制度は次のような点で,差別と結びつきやすいと考えられます。まず,女性は結婚によって夫の家に入り,戸主である義父に仕え,夫が戸主となれば夫に従うというように,男女間の主従関係があります。また,代々受け継がれる家という観念は,家柄(家格)や血筋へのこだわりと結びつくことによって,家格が低いと見なした相手などとの結婚を忌避することにつながります。さらに,結婚には戸主の同意が必要なので,相手の家柄などを理

由に戸主が反対した場合には，それに逆らって結婚することはできないのです。

現在の家族観　それでは，現在の日本における家族観はどうでしょうか。戦後，日本社会はさまざまな領域で民主化が図られました。その一環として，家族制度も個人の自由や平等を重視する民主的なものに改められました。日本国憲法の第24条1項で「婚姻は，両性の合意のみに基いて成立し，夫婦が同等の権利を有することを基本として，相互の協力により，維持されなければならない」と謳われ，民法でも家制度が廃止されたのです。家制度は，一人の子が代々家を継いでいくという仕組みなので一種の**直系家族制**といえますが，現在の家族制度は**夫婦家族制**を前提にしたものになっています。

　しかし，現在でも人びとの意識や慣習のなかに家制度的な考え方は残っているのではないでしょうか。たとえば，長男はしばしば「〇〇家の跡取り」と呼ばれ，家を受け継ぐことを期待されます。そして長男の妻は「〇〇家の嫁」と呼ばれて夫の家に入り，夫やその親の世話をすることや，跡継ぎになる子ども（とくに男の子）を産むことを求められることがあります。また，結婚をたんなる本人同士の結びつきでなく，家と家の結びつきとして考える傾向も見られます。このような家制度的な考え方を，「家意識」と呼びます。

　家意識が，部落出身者に対する結婚差別と関連するという調査結果があります。野口道彦は，家意識に関する10項目の質問に対する回答を因子分析した結果，家意識の主な構成要素として「直系性因子」（家長—長男—長男の子という直系的な継承を重視する因子）と「連続性因子」（家の連続性を重視する因子）を抽出しました。そのうえで，それぞれの因子が部落出身者との結婚に対する

態度（「自分の子どもが結婚しようとする相手が部落出身だとわかったらどうするか」という質問への回答）と相関があるかを分析したところ，とくに連続性因子が強い相関を示すことがわかりました。つまり，家の連続性を重視する意識が高いほど，部落出身者との結婚に対する忌避意識が強いという傾向があるということです（野口 1993）。

　現行の法制度のもとでは，結婚は「両性の合意のみに基いて成立」するのですから，結婚にあたって親の同意は必要ありません（未成年者の場合は除きます）。にもかかわらず，親の反対によって結婚を断念してしまうのはなぜでしょうか。

　一つには，上に述べたような家意識によって，結婚には親の同意が必要だと思っている可能性が考えられるでしょう。しかしそれ以外にも，現代の日本に見られる親子関係の特徴から，いくつかの原因を考えることもできます。家族員が相互に情緒的な絆で結びついているというのが，**近代家族**の一つの特徴です。親子が愛情という情緒的な絆で結びついているがゆえに，結婚にあたっても「親に祝福してもらいたい」と願い，親が反対した場合には「親を悲しませたくない」という気持ちから断念してしまうのかもしれません（齋藤 2017）。また，**核家族**が主流となっている現在でも，結婚と同時に実家から完全に独立するわけではありません。実家の近隣に住んで助け合ったり，親に経済的に支えてもらったりというかたちで，実家との関わりを維持する場合が多く見られます。これを**修正拡大家族**といいます。このように結婚後も関係を維持する必要があることから，親の意向を無視できないのかもしれません。

| 世間とはどのような
ものか | 結婚差別をもたらす要因として考え
られるのは，家意識や現代的な親子
関係だけではありません。それらと |

絡み合いながら，「世間」というものに対する意識が作用してい
ます。

　日本人が意識する「世間」とは，どのようなものでしょうか。
井上忠司による考察（井上 1977）をもとにして解説してみます。
「世間」とは，大まかにいえば，自分を取り巻く人間関係の世界
ということになるでしょうが，「世間」という言葉は，もう少し
限定した範囲を指して用いられます。たとえば同居している家族
など，きわめて親密な集団を「世間」とは呼びません。そうした
親密な集団は「身内」と呼ばれ，むしろ「世間」と対比されます。
また逆に，自分とはまったく関わり合いのない人びとの範囲（た
とえば外国）も，「世間」とはいいません（図8-1）。このように
「世間」とは，「身内」と呼ばれる親密圏の外部に広がる，自分と
何らかの関わりをもった人びとの世界といえます。

　ただし「身内」や「世間」の範囲は，固定した絶対的なもので
はなく，相対的なものです。たとえば，家族は「身内」ですが，
そこから働きに出ると職場の人間関係は「世間」です。しかしそ
の職場も，自分の属する部署を「身内」と捉える（「ウチの課は
……」などということがあります）ときには，会社全体が「世間」に
なります。さらに会社全体も，「ウチの会社」と捉えれば「身内」
であり，業界や取引先などが「世間」になる，というわけです。

　人びとは，「世間の目」にどう見られるかという「世間体」を
気にして，世間から「笑われ」たり「後ろ指を差され」たりする
ことを恐れます。そして身内の「恥」を世間にさらすのを避けよ
うとします。また，「世間並み」の生活水準で暮らすことを望み

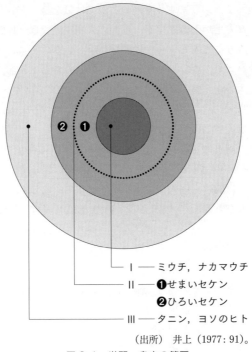

I ── ミウチ，ナカマウチ

II ── ❶せまいセケン

❷ひろいセケン

III ── タニン，ヨソのヒト

(出所) 井上 (1977: 91)。

図 8-1 世間・身内の範囲

ます。このように，世間は人びとにとって，行動や価値判断の基
準となる一種の準拠集団といえるのです。したがって，たとえば
若い人がある事柄について理想論や正論を述べたとしても，それ
が世間の常識や慣習と異なっていたら，「そんな理屈は世間では
通用しないよ」などといわれ，「世間知らず」のレッテルを貼ら
れてしまうのです。

　さらに世間は，迷惑をかけないように気を遣ったり，遠慮した

りする範囲でもあります。身内のなかでは気を遣うとむしろ「水くさい」などといわれますが，世間の人間関係では「世間を騒がせる」ようなことをしたら「世間様に申し訳ない」などといって謝らなければならないのです。他方，世間のさらに外部，自分とは無縁の人びと（図のⅢ「タニン」「ヨソのヒト」）の世界へ出ると，「旅の恥はかき捨て」ということわざに表れているように，気遣いをせず無遠慮に振る舞う傾向があります。

　世間は，同質性を前提としたものです。同じ常識や慣習を共有する（ことを期待される）人びとが，同じ世間に属しているわけです。そして世間は，個人が主体的に参加して形成しているものではなく，人びとが所与（与えられたもの）として受け入れているものです。そうした点で，世間は西洋発祥の「社会（society）」という概念とは異なっています。社会の概念も多義的ですが，諸個人（individuals）が契約を結んで参加することで成り立つものという側面があります。その場合，個人はそれぞれ異なった意見や利害をもっていることが前提となっていて，それを主張し合ったうえで相互に合意や調整を図っていくのです。ところが世間はそういうものではありません。したがって，「社会は改革が可能であり，変革しうるものとされているが，『世間』を変えるという発想はない」のです（阿部 2001：111-112）。

「世間」と結婚差別

さて，以上のような世間が，どのように差別と関わっているのでしょうか。阿部謹也は，「被差別部落に対する差別は『世間』と無関係に存在していたのではない。なぜなら『世間』それ自体が差別的体系であり，閉鎖的性格をもっているからである」と指摘しました（阿部 2001：104）。人びとは，世間を基準にして優劣をつけたり，世間の常識や慣習を共有しない者（たとえば外国人）を排除し

たりします。そして，世間から差別されている人との関わりを避けようとしがちです。なぜなら，その人と付き合うことで，自分自身が世間から非難されたり排除されたりすることを恐れるからです。結果として，世間による差別に加担してしまうことになります。

　結婚差別のさまざまなケースに，世間が絡んでいます。たとえば，部落出身の相手との結婚は認めても，出身を公言しないことや部落内には住まないことを条件にするのはなぜでしょうか。その一つの理由が，まさに「世間体」です。世間が差別している部落出身者が自分の身内になることで，自分も世間から後ろ指を差されるのではないかと心配するあまり，世間に対してそれを隠したがるのです。

　しかし，あらためて考えてみると，世間は漠然とした実体のないものです。なんとなく存在しているような気がしていますが，誰も見たことがないものです。「こんなことをすると世間から笑われる」とか「後ろ指を差される」とはいうけれども，本当に笑われたり，後ろ指を差されたりするかどうかはわかりません。おそらく実際は，笑う者もいれば笑わない者もいるというだけでしょう。そのように個人の単位に分解した途端，世間の存在感はたちまち薄れていきます。世間とは，ただ人びとがあると信じているだけの"虚構"かもしれません。たとえば「これが世間のしきたりだ」といわれ，人びとがそれに従うことによって世間のしきたりになっているだけのことかもしれません。まさに「もし人びとがある状況を現実であると定義すれば，それは結果的に現実となる」という「トマスの定理」（「状況の定義」とも呼ばれます）があてはまるわけです。もしそのようなものだとすれば，さほど世間を気にする必要はないといえるのではないでしょうか。

キーワード解説

情報社会：情報技術の発達を背景として情報産業が成長し，社会全体に大きな影響を与えるようになった社会を指す。「情報社会」はしばしば，工場でのモノの生産を主要産業とする「工業社会」の次の発展段階として語られてきた。さらに「高度情報社会」とも呼ばれる現在，各個人がインターネットに接続し，多くの情報を受信・発信している。また，企業や行政は大量の個人情報を電子化して収集・管理している。このような社会状況は便利な面も多いが，その反面，情報格差（デジタル・デバイド）などの問題や，個人情報の流出や有害情報の拡散といったリスクをともなっている。

直系家族制／夫婦家族制：家族形成の仕組みによる家族類型。「直系家族制」は，子どものうち一人が結婚後も配偶者とともに親元に残り，家族を引き継ぐという形態である。「夫婦家族制」は，一組の夫婦を中核として成立する家族形態で，子どもは結婚したら親元を離れ，別の新しい家族として独立する。このほかに，既婚のきょうだいが同居する「複合家族制」という形態もある。ただし，あくまでもその社会での「規範」や「慣行」による類型なので，実際の個々の家族にあてはめるのは難しい場合がある。

近代家族：現在の私たちの社会で一般的と思われている家族のあり方——たとえば，恋愛を経て結婚した夫婦によって形成され，仕事の場と切り離されたプライベートな場であり，夫が外で働き妻は専業主婦，愛情をもって子どもを養育することを最大の役割とする——は，時代をこえた普遍的なものではなく，近代になってから誕生した家族のあり方である。日本では戦後の高度経済成長期に普及したといわれている。ただし近年では，夫婦の役割などの点で変化が見られる。

核家族：アメリカの社会人類学者ジョージ・P.マードックは，さまざまな文化圏の家族形態を，次のように類型化した。まず，一組の夫婦とその子どもから成る家族の最小単位として，「核家族（nuclear family）」を定義した。この核家族の組み合わせによって家族形態を分類し，複婚（一夫多妻など，一人が同時に複数の配偶者をもつこと）によってできる家族を「複婚家族」，親夫婦と子ども夫婦など，

複数組の夫婦を含む家族を「拡大家族」とした。

修正拡大家族：一般に，近代化の進行に伴って核家族化が進むと考えられるが，核家族は必ずしも孤立して存在しているのではなく，子ども夫婦と親夫婦が頻繁に訪問し合ったり援助し合ったりして親密な関係を維持しているケースが多く見られる。このような家族形態を，ユージン・リトワクは修正拡大家族と名づけた。

準拠集団：人が行動を決定したり価値判断をしたりする際，何らかの集団を参照して，そこから影響を受けることが多いが，このとき参照される集団を，ロバート・K. マートンが「準拠集団」と呼んだ。準拠集団は，現在所属している集団とは限らない。自己が所属していなくても，過去に所属していた集団や，将来所属する集団，さらには所属することのできない集団さえも，準拠集団となる場合がある。たとえば，ある集団を準拠集団として自己の状況と対比して不満を感じたり（相対的剝奪），将来所属する集団を準拠集団として，その集団の価値や規範を前もって習得しようとしたり（予期的社会化）する。

ブックガイド

■内田龍史編『部落問題と向きあう若者たち』解放出版社，2014 年
　比較的若い世代の部落出身者たちへのインタビューをまとめた本。部落問題に疎遠な人にとって，「部落の人びと」とは抽象的なカテゴリーでしかないだろう。この本では，一人ひとり名前と顔を出して，それぞれの生き方や考え方を語っており，読む者は具体的な個人と（擬似的にではあるが）出会うことができる。

■齋藤直子『結婚差別の社会学』勁草書房，2017 年
　本文でも引用したように，部落出身者に対する結婚差別について，数多くの事例をもとに掘り下げた本。いわば部落問題研究と家族社会学の交差点に位置づけられる。同書のなかで「結婚差別問題は，差別の問題というだけでなく，家族関係の問題でもあるのだ」と著者も述べているとおり，部落差別の問題を通じて日本社会の家族関係や結婚

　H. ガーフィンケルによって創始されたエスノメソドロジーは，日常的で常識的に行われる実践の合理性探求に取り組んでいる。ガーフィンケルらは「違背実験」とよばれる研究で，私たちの日常的な合理性が内面化された規範や規則によって実践されているのではなく，その背後に見いだされる「信頼」のような背後期待によって成立していることを示した。日常的な社会秩序を読み解こうとするエスノメソドロジーのアイディアは，差別を考える社会学にも大きな影響をあたえている。ドロシー・スミスは社会（科）学の用いる概念にみられる「人間＝男性」という要素に着目し，なにげなく営まれる日常世界にこそ社会学が取り組むべき問題性が潜んでいるのであり（everyday world as problematic），女性にみられる日常的な社会問題を描き出す「女性のための社会学」を標榜した。近年では，ロールズとダックによる著作『暗黙のレイシズム』がアメリカの人種差別をエスノメソドロジーに視座から分析するなど，エスノメソドロジーは日常生活の中でなされる差別現象に取り組む視座のひとつとなっている。　　　　　　　　　　　　　　　　　　　　（W）

観の問題をも問いかけているように読める。

第9章 ハンセン病者へのまなざし

国立療養所大島青松園（中央のブーメラン型の島。筆者撮影）

　本章では過去のハンセン病政策と現在のハンセン病問題を概観し，偏見や差別に抗して，ハンセン病療養所を外へ開く試みを示します。こうした病者らの施設を改善する活動を通して，病者と私たちとの共生に向けた活動を提示します。

本書のキーワード
優生思想　　医療化　　アサイラム（全制的施設）　　朝日訴訟

185

『もののけ姫』という映画を見たことがありますか。『もののけ姫』には包帯姿の人びとが登場するのですが，その人たちはハンセン病者です。2016 年 1 月 28 日に国立療養所多磨全生園（東京都）で開催されたハンセン病療養所の歴史保存を考える国際会議「人類遺産世界会議」で，宮崎駿さんがそのことを語りました（筆者のフィールドノーツより）。しかし，ハンセン病者だけでなく彼らの家族もまた，偏見や差別にさらされてきました。そのため 2019 年には，「ハンセン病元患者家族に対する補償金の支給等に関する法律」が施行されました。

　ハンセン病は現在，医学的には治癒しますが，本章では，偏見や差別など社会文化的な問題などが残っていることも考慮して，「ハンセン病者」という表現を使用します（蘭 2017：70）。ただし，文脈によっては，「ハンセン病者」の代わりに（ハンセン病療養所）入所者や退所者，ハンセン病元患者やハンセン病回復者と表記したり，また，ハンセン病の代わりに「らい」や「癩」という表記を用いたりします。

1　ハンセン病と隔離問題

──────────────
　　　ハンセン病
──────────────

　そもそも，ハンセン病とはどのような病気なのでしょう。国立感染症研究所のウェブサイトでは，ハンセン病について次のように説明されています。ハンセン病は感染症で，その原因は「らい菌」です。この菌は，結核菌などと同じ抗酸菌という細菌です。皮膚と末梢神経の病気で，皮疹（皮膚に出現する発疹）は痒みがなく，知覚（触った感じ，痛み，温度感覚など）の低下などにより，気づかないうちに怪我や火傷などを負うこともあります。また，運動の障害をともなうこともあります。診断や治療が遅れると，主に指，手，足などに知覚麻痺や変形をきたすことがあります。

さらに国立感染症研究所のウェブサイトでは，「ハンセン病は社会との関係を抜きにしてはこの疾患の本質を理解することはできない」と説明しています。どういうことでしょう。

　現在は途上国を中心にハンセン病の患者がいるものの，日本では毎年数名の新規患者が発生するのみで，ハンセン病は過去の病気になってきています。しかし，1999 年施行の感染症法（「感染症の予防及び感染症の患者に対する医療に関する法律」）の前文には「我が国においては，過去にハンセン病，後天性免疫不全症候群等の感染症の患者等に対するいわれのない差別や偏見が存在したという事実を重く受け止め，これを教訓として今後に生かすことが必要である」と記載されています。

　このように，ハンセン病問題は，医学的な問題だけでなく，社会的な問題でもあります。ちなみに，2020 年 12 月時点，新型コロナウイルス感染症（COVID-19）の影響がある状況を考慮すると，感染症をめぐる問題，とくに偏見や差別の問題を考える際には，ハンセン病と社会との関係を知ることで，それらの問題を考えるためのヒントが見つかるかもしれません。

　ここまでは，ハンセン病とはどのような病気で，ハンセン病は社会との関係なしでは理解できない病気であるということを見てきました。つぎに，日本のハンセン病者に対する政策について見ていきましょう。

<hr>

日本のハンセン病政策

日本におけるハンセン病政策のはじまりとなる「癩予防ニ関スル件」は 1907 年に施行されましたが，それ以前のハンセン病者はどのような場所で生活していたのでしょうか。明治時代から大正時代にかけては，それまで神社や寺などで生活をしていた，いわゆる「浮浪患者」が集合することで有名であった場所は，本妙寺（熊

本県), 金毘羅大権現 (現在の金刀比羅宮, 香川県), 湊川神社 (兵庫県), 布引の瀧 (兵庫県), 熊野本宮 (和歌山県), 身延山 (山梨県), 池上本門寺 (東京都), 浅草寺 (東京都), 七里法華系寺院 (千葉県), 草津温泉 (群馬県), 白幡神社 (群馬県) などでした (山本 1997：16)。しかし, このような状況は変化していきます。

1873 年にはノルウェーの医師アルマウェル・ハンセンが, ハンセン病の原因菌であるらい菌を発見し, ハンセン病が感染症であることが確認されました。1897 年にはベルリンで第 1 回国際癩会議が開催され, そこでハンセンがノルウェー方式と呼ばれる限定的な隔離方式を提言しています。

このような国際的な状況のなかで, 日本では, 1900 年に内務省がはじめてハンセン病者に関する全国的な調査を実施し, 1907 年に「癩予防ニ関スル件」(以下, 1907 年法) が施行されたのです。この法律では, 主に経済的に困窮したハンセン病者 (「癩患者ニシテ療養ノ途ヲ有セス且救護者ナキモノ」) が収容と救護の対象でした。1909 年には, 5 つの公立療養所が開設されました。それらは, 第 1 区・全生病院 (東京都), 第 2 区・北部保養院 (青森県), 第 3 区・外島保養院 (大阪府), 第 4 区・第四区療養所 (1910 年に大島療養所と改称, 香川県), 第 5 区・九州癩療養所 (1911 年に九州療養所と改称, 熊本県) です。

1916 年には, 1907 年法が改正され, ハンセン病療養所長に入所者への「懲戒検束権」が認められました。この権限には, 入所者に対して 30 日以内 (2 カ月まで延長可能) の監禁や 7 日以内で 2 分の 1 までの減食などが含まれていました。ちなみに, 1915 年には第 1 区・全生病院で, 男性入所者に対して違法な優生手術が開始されました。

1931 年には, 1907 年法が名称も含めて「癩予防法」(以下,

1931年法）と変更されて施行されました。1931年法では「癩患者ニシテ病毒伝播ノ虞アルモノ」が収容の対象となり，1907年法のような貧困者救済ではなく，感染防止が問題になります。さらに，特定の職業への従事禁止も定められました。なお，1931年には入所者に対する謹慎，減食，監禁などを記した「国立療養所患者懲戒検束規定」も認可されています。

　1930年には最初の国立ハンセン病療養所となる長島愛生園（岡山県）が開設され，その後，群馬県，鹿児島県（2ヵ所），宮城県，静岡県に国立ハンセン病療養所が開設され，1941年には1909年に開設された上記5つの公立療養所に加え，沖縄の2つの公立療養所が国立に移管されました。さらに1936年には，内務省衛生局が同年から20年ですべてのハンセン病者をハンセン病療養施設に収容し，その後の10年でハンセン病患者をほぼいなくなるようにするという「二十年根絶計画」を発表し，これを実践するためにハンセン病者を行政に通報し，療養所への収容を促進させる無癩県運動（自分の県の癩患者をゼロにする運動）も本格化しました。ただし，患者部落での療養，自宅からの通院，大学病院への入院など，多様な療養形態も存続していました（松岡2020：11）。

　旧植民地や日本占領地域においても，ハンセン病療養所が開設されています。朝鮮総督府は1916年に小鹿島慈恵医院（1934年に小鹿島更生園へ改組・拡張）を，台湾総督府は1930年に楽生院を開設しました。また南洋庁は，1926年にサイパン島に，1927年にヤルートのエリ島に，1931年にパラオのゴロール島に，1932年にヤップのピケル島にハンセン病療養所を開設しました。そして，1939年には満州国にも同康院が開設されています。

| ハンセン病を取り巻く
戦後の状況 | 戦後，ハンセン病療養所の入所者を
めぐる状況は大きく変化しました。 |

日本国憲法が施行されたことにより，入所者から剝奪されていた公民権が保障されるようになったのです。また 1942 年に，アメリカのカービル療養所（国立ハンセン病療養所）で，ハンセン病に対する治療薬プロミンの臨床効果が報告されました（森・阿戸・石井 2019：55）。日本では，1948 年から多摩全生園（東京）を中心にプロミン獲得運動が展開されています。

このような戦後の民主化や治療薬の出現とその獲得運動などを契機にして，1951 年に「全国国立癩療養所患者協議会」が結成され，1931 年法の改正を求めて「らい予防法闘争」が行われました。ハンセン病療養所内では，デモ行進，ストライキ，患者作業放棄などが行われました。なお，患者作業とは，ハンセン病療養所の施設運営のために強要された作業です。

たとえば，不自由者介護，重症者看護，火葬，糞尿くみとり，残飯の回収，製炭，開墾，給食など，生活に必要な作業です。さらに，入所者は施設を自由に外出することができませんでしたが，この闘争では療養所外の参議院通用門などでの座り込みや多摩全生園近くの所沢街道でのデモ行進も実施されました。

このように戦後，「らい予防法闘争」が行われました。しかし1953 年には「らい予防法」（以下，1953 年法）が施行され，「らいを伝染させるおそれがある患者」がハンセン病療養所入所の対象となり，1931 年法を受け継ぐかたちになりました。さらに，退所についてはまったく言及されていませんでした。特定の職業への従業禁止，外出の制限，そして 1931 年に認可された「懲戒検束規定」の一部が，この 1953 年法にも残りました。なお，1948

年に制定された「優生保護法」では優生思想にもとづく優生手術と人工妊娠中絶が合法化され，ハンセン病者もその対象となりました。

　しかしながら，1956年に厚生省（当時）は，内規として「軽快退所準則」を作成しました。その結果，偏見や差別，経済的な困窮，ハンセン病の再発などでハンセン病療養所に戻る者もいましたが，1952年から1970年までは軽快退所者が非常に多くいました（森・阿戸・石井 2019）。その背景として，医療的な要因として，前述のプロミンという薬による化学療法の進展，理学療法・整形外科・形成外科の進展があると考えられています。また，社会的な要因として，高度経済成長のなかで労働需要が増加したことなども挙げることができます。

　1970年代になると，入所者の高齢化が問題になりはじめ，ハンセン病療養所から退所するのではなく，療養所を終の棲家とするために環境の改善や医療の充実を行うようになっていきました。

2　ハンセン病療養所を外へ開くという試み

現在のハンセン病問題

　このように日本のハンセン病政策下において，戦後は軽快退所者が増加しましたが，それでもハンセン病療養所の入所者は，自分の裁量で外出することができず，また自由に療養所外の人びとと交流することも容易ではありませんでした。しかし，困難な状況のなか，療養所外の人びとと交流し，療養所を外へ開いていく活動も出てきました。

　たとえば，らい予防法改正に関わる社会運動だけでなく，「全

国ハンセン病盲人連合協議会」（1955年結成）や「在日朝鮮人・韓国人ハンセン氏病患者同盟」（1960年結成）の年金獲得運動も含んだ社会運動（有薗2017）や，療養所内で生活しながら療養所外へ働きに出る労務外出（坂田2012）により，入所者が外出し，療養所外の人びととコミュニケーションを図ることもありました。また，入所者がハンセン病療養所内において，療養所外の人びととコミュニケーションをする活動として，楽団の活動（有薗2017），文芸作品発表の場としての各療養所機関誌の刊行（桑畑2013），療養所での緑化活動（坂田2012）がありました。

　以上では，日本におけるハンセン病者に対する政策と，その政策やハンセン病療養所への収容に抗うハンセン病者の活動を見てきました。ここからは，1953年法が廃止された1996年以降のハンセン病問題をめぐる動向を概観していきます。

　まず，日本国内について見ていきましょう。1996年に「らい予防法の廃止に関する法律」が施行され，1907年より続いてきたハンセン病者に対する政策に関する法律が廃止され，2001年には「らい予防法」を違憲とする判決が下されました。しかし2003年には，ハンセン病元患者であるということを理由に，あるホテルが宿泊を拒否する事件が起こります。このような状況も受けて，2009年に「ハンセン病問題の解決の促進に関する法律」が施行されました。この法律には，ハンセン病療養所を地域に開放することやハンセン病者の社会復帰を支援することなどが明記されています。さらに2016年にはハンセン病元患者の家族らが「ハンセン病家族訴訟」を起こし，2019年に「ハンセン病元患者家族に対する補償金の支給等に関する法律」が施行されました。

　最後に，グローバルな動きについて見ていきましょう。2006年から毎年，ハンセン病患者や回復者の尊厳および人権の回復を

求めた「グローバル・アピール」が発表されています。しかし，2008 年の北京五輪ではハンセン病患者らに対する中国入国拒否事件が起こりました。このような状況も受けて，2010 年に「ハンセン病患者・回復者及びその家族に対する差別撤廃のための決議」が国連総会本会議において全会一致で採択され，「原則及びガイドライン」が作成されました。ところが 2013 年には，ローマ法王によるハンセン病者に対する差別発言が問題になりました。

　こうしたことから，2016 年に世界保健機関による「ハンセン病の世界戦略 2016-2020」が開始されます。そこでは，①政府の責任意識，協調意識，協力意識の強化，②ハンセン病とその合併症の阻止，③差別の阻止と社会参加の促進，という 3 つの柱となる活動が明記されています。

療養所を外へ開く試み①：
　　世界遺産登録をめざして

2020 年 12 月時点で，日本のハンセン病療養所は，14 カ所（国立 13 カ所，私立 1 カ所）あります。ハンセン病療養所の基本方針などは，各療養所で定められています。ハンセン病療養所の入所者は 2020 年 5 月時点で，全国で約 1100 人，平均年齢は 80 代後半となっています。さらに，上述したように，優生手術や人工妊娠中絶により，子孫を残すことができなかったハンセン病者は少なくありません。

　このように，入所者が高齢化し，入所者の人数が減少しているなかで，ハンセン病療養所は今後どうなっていくのでしょう。現在，各ハンセン病療養所はそれらが立地する地域社会の特性や実情などに応じた「将来構想」を作成し，それらを実現するために多様な活動を行っています。たとえば，医療施設として開放し外来診療を受け付けたり，資料館や社会交流会館を設置したりしているハンセン病療養所もあります。そして，障害者支援施設，特

別養護老人ホーム，保育園といった他の施設を誘致しているハンセン病療養所もあります。

さらに，国境を超えたグローバルなレベルで，ハンセン病療養所を外に開いていく活動を行っている療養所も出てきています。以下では，ハンセン病療養所をめぐる2つの活動，すなわち，世界遺産登録をめざした活動と，国際芸術祭での活動について見ていきましょう。

まず，ハンセン病療養所を世界遺産に登録しようとしている活動について見ましょう。この活動の舞台は，岡山県にある長島愛生園と邑久光明園，そして香川県にある大島青松園という瀬戸内にある3つのハンセン病療養所です。この活動主体となる「特定非営利活動法人ハンセン病療養所世界遺産登録推進協議会」は2018年に成立し，2019年に「ユネスコ『世界文化遺産』及び『世界の記憶』登録に向けたロードマップ2019年度-2021年度」を作成しました。この法人の設立当初の役員には，長島愛生園，邑久光明園，大島青松園の各自治会会長も名を連ねていました。

では，この法人の目的はどのようなものでしょう。そのウェブサイトに掲載されている法人定款には，次のように記されています。この法人は，「ハンセン病療養所内に存在する建造物群等を『ユネスコ世界文化遺産』として，ハンセン病回復者等が生きた証を示す資料等歴史的記録物を『ユネスコ世界の記憶』としてそれぞれ登録すること」をめざしています。なお，ユネスコ「世界文化遺産」は土地や建物などが対象であり，ユネスコ「世界の記憶」は手書き原稿，書籍，新聞，ポスター，図画，地図，音楽，フィルム，写真などが対象です。

これらの取り組みを通じて，①ハンセン病患者に対する隔離政策がもたらした人権侵害と地域社会への影響を検討し，②ハンセ

ン病に対する偏見・差別があるなかで力強く生き抜いてきた回復者の営みを後世に伝え，世界中のハンセン病回復者の真の名誉回復を図るだけでなく，「人類の抱える様々な偏見・差別の解消に寄与すること」を，この法人は目的としています。すなわち，ハンセン病問題だけでなく，多様な偏見・差別の問題に寄与することをめざしています。この法人の活動のもとで，現在は，長島愛生園と邑久光明園の2つの園の世界遺産登録手続きが先行しています（『朝日新聞』2020年3月22日朝刊・大阪府版）。

療養所を外へ開く試み②：
国際芸術祭

つぎに，国際芸術祭の舞台になっている大島青松園での活動を見ていきましょう。瀬戸内の島々を舞台にした「瀬戸内国際芸術祭」が，2010年より3年ごとに開催されています（「瀬戸内国際芸術祭」とその間に取り組まれるアートによる地域活性化の活動の総称をART SETOUCHIと言います）。瀬戸内国際芸術祭2010から現在もなお，大島青松園がART SETOUCHIの舞台の一つになっています。

　大島青松園は日本に14カ所あるハンセン病療養所のうち唯一離島にあるため，人の行き来が制限されます。そのため，ほかのハンセン病療養所のように，ほかの施設等を誘致するのが困難であるなどの理由により，将来構想を作成することができていませんでした。そのようなおり，大島青松園入所者自治会会長が瀬戸内国際芸術祭を大島青松園で開催したいという話があることを聞き，大島青松園の将来構想を作成するきっかけになるのではないかと思い，開催を決定しました（小坂2020：56）。2014年には，大島青松園が立地する高松市によって，大島の将来構想となる「大島振興方策」が策定されました。

　大島青松園でART SETOUCHIの活動が行われることで，入

所者をめぐる環境は次のように変化しています（小坂 2020：55-65）。まず，アーティストと入所者との関係について，大島で活動するアーティストは，入所者と対話を重ねながら作品制作を行っています。ときには，食事をともにすることもあります。瀬戸内国際芸術祭 2019 からは，海外アーティストも大島で作品制作を行い，展示もしています。また，瀬戸内国際芸術祭を支えるボランティアサポーターである「こえび隊」や来場者と入所者との関係も特徴的です。自治会で役職を務めるある入所者は当初，こえび隊や来場者は，近隣の県からやって来るものだと考えていました。しかし，瀬戸内国際芸術祭 2010 から，こえび隊も来場者も海外から訪れている人がいました。そのことを知った上記の入所者は，非常に驚いていました。さらに，瀬戸内国際芸術祭 2016 からは，海外から来たこえび隊や来場者とコミュニケーションをし，親しい関係になる入所者も現れてきました。

このように ART SETOUCHI の活動を通して，現在，大島青松園は世界に開かれていっています。またこの活動は，ハンセン病問題という枠組みを超えて，ハンセン病問題に必ずしも関心のない人びとも巻き込みながら展開されているのです。

ここまでは，ハンセン病の定義，ハンセン病者に対する政策，ハンセン病療養所を外へ開く活動について見てきました。次節では，これまで論じてきたハンセン病問題に関する内容を参照しながら，ほかのさまざまな，病気，施設，そして病者との共生に向けた活動，とくに医療化に抗して施設を出ることと，施設にとどまり生活することについてみていきましょう。

3 病者たちとの共生を求めて

<u>病気と全制的施設</u>　アーサー・クラインマンは病気を，「疾患 (disease)」「病気 (sickness)」「病い (illness)」という３つの視点から捉え直しています（クライマン 1996：4-9）。まず「疾患」とは「治療者の視点から見た問題」であり，「生物学的な機能における一つの変化としてのみ再構成される」ことです。つぎに，「病気」とは「マクロ社会的（経済的，政治的，制度的）な影響力との関係において，ある集団全体にわたってあてはまるという包括的意味において障害を理解すること」です。そして，「病い」とは「病者やその家族メンバーや，あるいはより広い社会的ネットワークの人びとが，どのように症状や能力低下 (disability) を認識し，それとともに生活し，それらに反応するかということを示すもの」です。

　上述したハンセン病問題に関する内容をもとにしながら，これら３つの概念を用いてハンセン病について考えてみましょう（西尾 2014：57-88）。まず，「疾患」としてのハンセン病は，上述のような医学的な知識によって説明されます。つぎに，「病気」としてのハンセン病は，「癩予防に関する件」「癩予防法」「らい予防法」などで表現されている内容です。そして，「病い」としてのハンセン病は，ハンセン病者や周囲の人びとにとっての意味に関わります。

　ところで，日本のハンセン病政策下でのハンセン病療養所は，**全制的施設** (a total institution) として位置づけることができます。全制的施設とは，「多数の類似の境遇にある個々人が，一緒に，相当期間にわたって包括社会から遮断されて，閉鎖的で形式的に

管理された日常生活を送る居住と仕事の場所」で，アーヴィング・ゴフマンは**アサイラム**と呼んでいます（ゴッフマン 1984：v）。この特徴は，①生活の全局面が同一場所で同一権威に従って送られる，②構成員の日常活動の各局面が同じ扱いを受け，同じことを一緒にするように要求されている多くの他人の面前で進行する，③毎日の活動の全局面が整然と計画され，一つの活動はあらかじめ決められた時間に次の活動に移る，④さまざまに強制される活動は，当該施設の公式目的を果たすように意図的に設計された単一の首尾一貫したプランにまとめあげられている，というものです。

　全制的施設は，次の5つに分類することができます（ゴッフマン 1984：4-5）。①盲人・老人・孤児・何かの障害のある人といった「能力を欠き無害と感ぜられる人びとを世話するために設置されている」施設，②結核療養所・精神病院・ハンセン病療養所といった「自分の身の廻りの世話ができず，自己の意志とは関係なく社会に対して脅威を与えると感ぜられる人びとを世話するために設置された」施設，③刑務所・矯正施設・捕虜収容所・強制収容所といった「社会に対して意図的危害を加えることがあると感じられている〔人びとから〕社会を守るために組織された」施設，④兵営・船舶・寄宿学校・合宿訓練所といった「何か仕事らしいことを効果的に遂行することを意図して設置され，ただこの目的遂行の方途〔として適切〕という理由に基づいて〔その設置が〕正当化されている施設」，⑤僧院・修道院・その他の種類の隠棲所といった「世間からの隠棲の場所として設置された」施設です。

患者たちの運動

　このような全制的施設などで生活している人びとには，被収容者として以外の側面もあります。彼ら／彼女らによる患者運動，医療化に

抗して施設を出ていくことや施設にとどまりながら施設を外へ開いていく活動を見ていきましょう。

まず，戦後直後の患者運動による人権闘争です（田中2005：28-29）。戦後の患者運動は，結核療養所における患者自治会結成の動きからはじまります。1946年，東京の9つの結核療養所や結核病院の患者自治会によって，全国ではじめての患者自治会の連合組織である「東京都患者生活擁護同盟」が結成されました。1947年には，この同盟の呼びかけによって「全日本患者生活擁護同盟」が，そして旧傷痍軍人療養所に入所していた患者たちによって「国立療養所全国患者同盟」が，それぞれ結成されました。さらに，1948年には，「全日本患者生活擁護同盟」と「国立療養所全国患者同盟」が統合され，「日本国立私立療養所患者同盟」（現「日本患者同盟」）が設立されました。なお，1951年には「全国国立癩療養所患者協議会」も結成されました。

この時期の患者運動の代表的な闘争は，ストレプトマイシンやプロミンなどの新薬認可要求運動（1948，49年），ハンセン病患者による「らい予防法」闘争（1953年〜），医療扶助入退所基準通達などに反対する入退所基準反対闘争（1954年），結核治療対策の抜本的改革の要求を掲げた結核予防法の公費負担制度拡充闘争（1958年），そして，「人間裁判」と称されることになる**朝日訴訟**（1957〜67年）などです。

これらの患者運動は，後発の障害者運動に対して，全制的施設に隔離されているという身体的機能の制限と社会的障壁によって機動性を発揮できない状況での運動展開の戦略（ハガキ陳情やマスコミの活用など）や，組織運営の民主的手法，権利主体としての自己認識，そして運動を担う主体意識の覚醒を促しました。

医療化に抗して：
脱施設化

次に，医療化に抗して施設を出てい
くことと，施設にとどまりながら施
設を外へ開いていく活動について見
ていきましょう。戦後の精神病者をめぐる状況を，「脱施設化」
という観点から概観します（高橋 2015）。

1960年代以降，欧米諸国の精神医療政策は，精神病者を精神
科病院へ収容する動きから，精神病院の縮小や解体をめざす脱施
設化へと転換されました。その主な原因は，向精神薬の開発，医
療・福祉予算抑制という国家財政への圧力，そして，病院内で入
院者が被るさまざまな抑圧や社会的剥奪に対する批判などでした。

このように脱施設化に取り組み病床数を減少させていった欧米
諸国とは真逆で，1960年代から1990年代半ばまでの日本では，
精神病床数が増え続けました。日本の精神医療では病院から地域
へと社会資源を移動させるのが困難であったため，退院支援や地
域生活支援が遅れ，長期間の入院で家族や地域とのつながりが断
たれた入院者の退院をいっそう困難にし，症状が回復し安定して
も退院できないという「社会的入院」という問題が生じてきまし
た。

なお，脱施設化には注意すべき点もあります。地域社会での支
援体制が不十分な場合，いったん退院しても再入院を繰り返す
「回転ドア」現象や，退院者がホームレスになったり，地域での
トラブルや生活のための犯罪を起こしてしまい刑務所に収監され
たりするケースも多く見られるのです。精神科病院以外の施設の
なかで，精神医療上の問題を抱える人びとの割合が増え，その処
遇が次第に問題となっていく「施設間の玉突き移動」現象が，生
じる場合もあります。また，脱施設化によって，監視のフィール
ドが精神科病院から地域へと拡散していく問題も指摘されていま

す。

　ちなみに，1960 年以降の日本における障害者運動にとっても，施設は常に重要な争点の一つでした。具体的には，「施設を〈分離〉の体現である絶対悪として捉え，施設解体を障害者運動の至上課題として捉える認識」（施設解体）と，「施設を障害者自身の手に取り戻し，自らの意志によって統制される生活の場として再構築することを志向する認識」（施設改善）とがありました（田中 2005：180）。ただし，施設解体と施設改善の 2 つの志向において，全制的施設のようなあり方をしている施設については，改革するという認識を共有していました。なお，1980 年以降，施設収容か家族介護かという二者択一的な考え方ではない「自立生活運動」が本格化され，1991 年には全国の自立生活センターの連携を目的とした「全国自立生活センター協議会」が結成されました。

　とはいえ，施設にとどまり生活している病者や障害者も多くいます。たとえば，現在，ハンセン病療養所で生活している入所者のなかには，療養所が長年生活してきた場所であること，療養所の外に頼れる人がいないこと，高齢のため外で生活する能力を有していないこと，療養所には家族や友人などの納骨堂があることといった理由で，療養所で生活し，そこでの死を希望する人も少なくありません。

共生に向けたアート活動

　上述したように，ハンセン病療養所の国立療養所大島青松園は，2010 年より ART SETOUCHI の舞台になり，大島青松園内外で新たなコミュニケーションが生まれています。

　ほかにも，アート活動によって施設内外で，新たなコミュニケーションが生成されている事例があります。たとえば，精神科病院におけるアート活動によって，新たなコミュニケーションが生

成されています。そのアート活動の根底にあるのは，芸術療法や
アートセラピー，アウトサイダーアートなどといった視点とは違
う視点です（荒井 2013：24-26）。それは，「プロセスとしてのアー
ト」という視点，すなわち「人間が他者との関わりのなかで自己
表現をおこなってきたプロセスから生じ，また他者がそれを共感
する全過程を包括している」（藤澤 2014：204）という視点です。

　このような施設におけるアート活動は，施設を外へ開き，施設
を多様な人びとが交流する場へと変化させています。また，アー
トを介した活動により，施設の内外をつなぐ新たなコミュニケー
ションが生成され，施設で生活している人びとの社会的な生が，
より豊かになるかもしれません。もちろん，施設で生活している
人びととコミュニケーションをしたよそ者の他者にとっての社会
的な生も，より豊かになる可能性を秘めているのではないでしょ
うか。

　本章で取り上げた内容は病者との共生に向けたごく一部の事例
ですが，社会運動やアート活動は，病者との共生を実現するため
の方法といえるでしょう。

キーワード解説
優生思想：病気や障害などをもとにして人間に優劣をつけ，「優れた
者」の子孫だけを残して国家や民族が繁栄するべきであるとする，生
命の選別を肯定する考え方。優生思想は，進化論を唱えたチャール
ズ・ダーウィンの従兄であるフランシス・ゴルトンが 19 世紀後半の
イギリスで提唱し，日本には明治維新の頃，進化論とともに流入した。
優生思想と深く関連するものとして，不妊手術，婚姻の禁止，出生前
診断などが挙げられる。
医療化：医療に関する問題として扱われていなかったことが，医療
の問題として扱われるようになること。おもに社会的に望ましくない

とされる行動や不調を，医療の対象とする動きを指す。ピーター・コンラッドとジョセフ・シュナイダーは『逸脱と医療化』で，悪や望ましくないものとされる逸脱の医療化に関する 5 段階の時系列モデルを次のように提示している。それらは，①逸脱としての行動定義，②探査：医学的発見，③クレイム申し立て：医療的・非医療的な利害関心，④正統性：医療的な管轄地の確保，⑤医療的逸脱認定の制度化である。

アサイラム：ゴフマンの著作『アサイラム』に代表される全制的施設の研究では，アサイラムの抑圧的側面が着目されている。アサイラムの例として，精神科病院，ハンセン病療養所，強制収容所，刑務所が挙げられている。また，英語のアサイラム（asylum）は，ドイツ語のアジール（Asyl）の訳である。オルトヴィン・ヘンスラーの『アジール』によると，アジールは罪を犯したものを保護する場所として存在してきた。アジールの例としては，祭祀の場，集会の場，先祖の墓所などが挙げられている。

朝日訴訟：国立結核療養所である国立岡山療養所に入所していた朝日茂さん（1913-1964 年）が，1957 年に，当時の生活保護法による保護基準はあまりにも低いため，日本国憲法第 25 条で規定されている「健康で文化的な最低限の生活を営む権利」（生存権）を侵害する，として訴えた裁判。この意味で，「人間裁判」とも呼ばれている。なお，「全国国立療養所ハンセン氏病患者協議会」は朝日訴訟を支援し，1964 年には朝日訴訟中央対策委員会に加盟した。

ブックガイド

■ピーター・コンラッド＆ジョセフ・W. シュナイダー『**逸脱と医療化――悪から病いへ**』進藤雄三監訳，ミネルヴァ書房，2003 年

　同書では，逸脱の定義がどのように変化してきたかを，歴史的・社会学的に探究している。また，宗教的・犯罪的な逸脱の認定と逸脱の統制から，医療的な逸脱の認定と逸脱の統制への変容についても分析

している。具体的には，狂気の医療モデル（精神病），アルコール依存症，アヘン嗜癖，子どもと医療化（非行，多動症，児童虐待），同性愛，医療と犯罪が取り上げられている。

■アーヴィング・ゴッフマン『アサイラム──施設被収容者の日常世界』石黒毅訳，誠信書房，1984 年

　同書は，社会から隔絶した収容施設である全制的施設＝アサイラムが主要なテーマになっており，全制的施設について学ぶための必読文献の一つである。また本書は，著者のゴフマン（翻訳ではゴッフマンと表記されている）によって 1 年にわたって精神科病院で行われた参与観察をまとめたものであり，全制的施設内における人びとの相互行為を分析し，そこでの秩序がいかに維持されているのかを明らかにしている。

■蘭由岐子『「病いの経験」を聞き取る〔新版〕──ハンセン病者のライフヒストリー』生活書院，2017 年

　同書は，ハンセン病者のライフストーリーに関する書である。第 1部では，フィールドワークやライフストーリーの方法論が提示される。第 2 部では，ハンセン病者の「病いの経験」が論じられている。そこでは各章のタイトルの大半に，「〜を／に生きる」という表現が使用されている。それは，ともすれば被差別者や被害者として一面化されてしまう可能性のあるハンセン病者像に抗い，多様で多面的なハンセン病者の存在を伝えるための表現でもあるだろう。

■米本昌平・松原洋子・橳島次郎・市野川容孝『優生学と人間社会──生命科学の世紀はどこへ向かうのか』講談社現代新書，2000 年

　同書は，優生思想や優生学とは何か，そしてその歴史的な実態はどのようなものであったかを論じている。優生思想や優生学といえばナチスのものであるとする考え方を再検討するために，イギリス，アメリカ，ドイツ，北欧，フランス，そして日本における優生政策を取り上げ，時代や国・地域によって優生思想や優生学はさまざまであることを明らかにしている。

社会学史コラム⑩　ラベリング理論

　社会学では，犯罪や非行のような逸脱行動に対して，刑法のような規則が適用される社会的な過程に焦点を当ててきた。『アウトサイダーズ』などの著作で知られる H. S. ベッカーが提唱したラベリング理論は，犯罪や非行に関する社会学の中心的な議論となった。その発想は社会学にとどまらず，司法分野では犯罪と「恥」を取り上げた J. ブレイスウェイトによって展開されている。

　ラベリング理論では，犯罪行為を規定する際に，犯罪とされる行為に内在する性質ではなく，周囲の人びとが規則をあてはめて逸脱というラベルを貼る作用によって，犯罪行為を説明する。ラベリング理論は，逸脱行動を起こしたとされる個人ではなく，周囲の人びとや関係機関（警察，マスメディア，行政等）による反作用過程を分析することで，マイノリティ研究にも応用されるようになった。マイノリティの人びとに適用される規則に不公平さがみられる現象は，セレクティヴ・サンクション（恣意的な制裁）とよばれ，警察や行政による不当な処分を批判する言説を形成した。逸脱行動を個人ではなく組織や社会に結びつけるラベリング理論の考え方は，マイノリティや差別現象にかかわる実践にも大きな影響をあたえている。　　　　　　　　　　　　　　　　（W）

第**10**章　「被爆者」と「被曝者」から差別を考える

原爆で亡くなった同級生たちを思い，原爆慰霊碑に祈る「被爆者」たち（左）。道路を隔てて避難解除区域と帰宅困難区域とに分断されたフクシマの街（右）。(いずれも筆者撮影)

　　私たちは，日常的に「自分たちとはタイプが違う人たち」を仲間とは区別しています。けれども，こうした区別と，特定の人びとをおとしめる差別とはどこが違うのでしょうか。この章では，区別が差別へとどのように変化するのか，そして差別を乗り越える道はあるのかを，原爆と原発の被爆／被曝の事例を参考にして考えます。

本章のキーワード
被爆／被曝　　カテゴリー化　　原水爆禁止運動　　権力
反原発運動

アジア太平洋戦争が終わろうとしていた 1945 年 8 月，アメリカによって広島と長崎に投下された原子爆弾（原爆）は，その場所で暮らしていた多くの人びとの命を奪いました。その年の終わりまでに広島では約 14 万人，長崎では約 7 万人が亡くなったといわれています。

　原爆が炸裂したとき，巨大なエネルギーが解き放たれました。爆風は，建物と人間を容赦なく吹き飛ばしました。倒壊した建物の下敷きとなりながらも辛うじて死をまぬがれた人びとも，幸運に恵まれなければ脱出できず，生きたまま火災の炎に焼かれました。高温の熱線の近くにいた人びとは，血管が沸騰し皮膚を破り，酷い苦痛をともなう熱傷を負い亡くなりました。そして放射線は，人びとの体を内側から破壊したのです。染色体を破壊された人びとは，身体中から出血して苦しみながら死んでいきました。

　原爆の惨禍から生き延びた人びとも，体と心に深い傷を負いました。火傷のケロイド，ケガの後遺症に加えて，放射線が体に残した障害にも苦しめられました。放射線の影響による病は，直接爆風や熱線にさらされた人びとだけでなく，爆心地近くに入った人びとや放射性物質を含んだ雨に打たれた人びと，看護や死体の処理にあたった人びと，そして母親の胎内にいた胎児にも及んだのです。

　それでは，原爆から生き残った人びとは，放射線の影響をめぐるどのような困難を抱えながら生き抜いていったのでしょうか。そしてどのような状況におかれたときにマイノリティとして区別され，差別にさらされたのでしょうか。時間の経過をたどりながら，具体的に見ていきましょう。

1　原爆被爆者から「被爆者」への区別

原爆被害とは

　原爆被害の特徴は，放射線の影響による恐怖に終わりがないことです。原爆投下から 5 年が経過してから，若い世代を中心に白血病に

かかり，亡くなる人びとが多く見られるようになりました。また癌，ひどい貧血などの病に苦しめられた人たちもいます。幸い発病を免れた人びとも，病の不安におびえながら生きていかなければならなくなりました。

　原爆は，人びとの心にも救いがたい傷を残しました。阿鼻叫喚の地獄絵図は，生き残った人びとに消えがたい悪夢の記憶を刻印しました。また助けを求める人を見捨てて逃げたことなど，人であることを問われるような行動が，忘れたくても忘れることができない深い苦しみの記憶となりました。身内や仲間が亡くなっていったなかで，なぜ自分が生き残ったのかがわからないことも，原爆被爆者たちを苦しめました。自分が生き残った理由がわからないことは，自分が生きていることを肯定して考えることを難しくするからです。生き残ったことの不条理から生まれる罪意識（リフトン 2009）は，人びとの人生に暗い影を落とすことになりました。

原爆被爆者の多様な人生とカテゴリー化

原爆は，被害を受けた人びとに生涯消えることのない傷や恐怖，そして心の傷を残したのです。けれども原爆の被害を受けた人びとは，それぞれ違った人生を歩みました。その軌跡は，年齢，性別，火傷の有無，後障害の有無，家族を亡くしたかどうかなどの条件によってバラバラに分かれていったのです。また所属する集団や階層によっても異なりました（浜 2005）。

　ところが，このように別々の人生を生きていた原爆からの生存者たちを，法律が「被爆者」という一つのカテゴリーに分けること＝カテゴリー化することになりました。放射線に起因する健康被害に対する補償を求める政治的な働きかけと，1954 年に発生した第五福竜丸の被曝をきっかけに起きた原水爆禁止運動の沸騰

に後押しされて，1956 年に「原子爆弾被爆者の医療等に関する法律」（通称：原爆医療法）が可決され，「被爆者」というカテゴリーが法律で決められたからです。法律が改正されるたびに援護の対象となる「被爆者」の範囲は見直され（直野 2015），現在は，①直接被爆者，②入市被爆者，③救護・死体処理者，④胎内被爆者に分類されて，「爆心地から半径 2 キロ以内」などといった条件がそれぞれにつけられています。

　気をつけておきたいのは，この法律の目的が，原爆の被害にあったあらゆる生存者たちの生活を救済することではなく，放射線の影響による病の可能性を抱えた生存者たちに対する，医療面での救済を目的としていたことです（直野 2015）。後になって医療手当が支給されるようにはなりましたが，現在も国による原爆被爆者対策が，放射線の影響に起因すると判断された病に対する補償であることに変わりはないのです。けれども放射線の影響を受けたかどうかで線引きされた「被爆者」と，広島市や長崎市の人びとが認識する原爆被爆者との間には齟齬がありました。

　原爆医療法が制定されるまで，人びとが原爆による被害者と見ていたのは，直接原爆の被害にあった生存者たちだけでした（直野 2015）。実際に筆者が広島市で聞き取り調査をしていると，直接被爆に対する二次被爆という言葉に出会います。法律によって「被爆者」の範囲が決められたあとも「被爆者」たちの多くは原爆の爆風と熱線に直接さらされた直接被爆と他の被爆を区別していました。そのために直接被爆に対する「その他」の被爆をさす二次被爆という言葉が生まれたのです。ある入市被爆者は，「自分は二次被爆だから」「二次被爆だから自分は正確には被爆者ではない」と語っていました。

　直接被爆と二次被爆以外の区別もあります。たとえば，8 月 6

日に広島，8月9日に長崎で開催される式典，そして学校などの団体が主催する慰霊式での席順をみるだけでも，原爆で家族を亡くした遺族に対しては特別な配慮があることがわかります。また原爆にあったときのカテゴリー（学生，勤労者，農家など），年齢や職業による区別もありました。広島では屋外で作業をしていたおよそ7000人の中学校や高等小学校の生徒たちが亡くなりました。多くの同級生を亡くし，自分自身は生き延びた生徒もいます。現在の学年でいうと中学1年生と2年生にあたる生徒たちは，大人たちから他の学年の生徒たちとは異なる扱いを受けました。亡くなった同級生の親たちは彼らに，「なぜ生きているのか」と問いかけました。外で遊ぶこともままならなくなりました。原爆医療法は，こういったナイーブな区分を切り捨てたのです。

カテゴリー化に働く権力

原爆医療法が原爆にあった人びとを「被爆者」というカテゴリーに分類する過程には，支配と保障という関わりあいながら社会関係に働く力であるとされる，**権力**という目に見えないものが働いていたと考えられます。

たとえば，私たちが医療費の補助という保障を受けるためには，被保険者として保険金を納めなければなりません（支配）。すべての国民が保険に入ることを前提にした日本の保険制度では，一定の年齢になり，働くことができる人は，一律で被保険者に分類され，保険料を支払わなければならなくなりますが（支配），病気にかかったときには，医療費を補助してもらえます（保障）。

ほかにも，私たちの日常には，社会関係のなかで当たり前と思われている区別に働く権力もあります。たとえば「男であること」と「女であること」の区別には，人びとがその区別を当たり前と考えることでより強固になる権力が働いています。私たちが

当たり前として受け入れているものの人の生命を左右している政策のように，私たちの生活の根っこのところに働く見えない権力を，ミシェル・フーコーは生権力と呼びました。

　ジェンダーの問題を鋭く批評してきた思想家ジュディス・バトラーは，生物学的差異を絶対的な根拠として男・女をカテゴリー化し，人びとの生き方を左右する生権力のあり方を批判しました（バトラー 1999）。バトラーの議論からは，男・女をカテゴリー化する生権力に，少なくとも3つの問題があるとわかります。

　第1に，生物学的差異を根拠にした男女の区別が，本人の意思に関係のない，生権力によるカテゴリー化であることです。第2に，この区別により，女性，男性どちらにとっても，分類された以外のカテゴリー集団に属することが難しくなることです。さらに第3に，（女性・同性愛者など）マイノリティ集団のカテゴリーにつけられた名前が，時にその名前をつけられた人たちを中傷し，傷つける意味をもつことです（バトラー 2004）。

　これら3つの問題は，男女の区別以外の事例にも応用できます。「被爆者」というカテゴリーに当てはめて考えてみましょう。

　原爆被爆者たちは，（本人の意思とは関係なく）法律によって，放射線の影響を受けたかどうかを根拠に，「被爆者」というカテゴリーに区別されました。放射線の影響があるかもしれないとされたことは，放射線の影響がない地域の人びと（マジョリティ集団）ではない，マイノリティ集団に分類されることでもありました。さらに，放射線の影響による区別は，「被爆者」というマイノリティ集団を中傷する意味を持つようになり，そのカテゴリーに分類された人びとに対する差別へとつながってもいったのです。

　次節では，「被爆者」に対する区別がどのようにして差別へと変化していったのかを見ていきます。

2 放射線をめぐる差別構造

「被爆者」にみる
区別から差別への変化

　原爆が炸裂した長崎市の浦上地区は，歴史的に見てキリシタン迫害の地でした。原爆の被害が市内全域に広がらなかったこともあり，長崎市では，敗戦からしばらくの間，原爆の被害は浦上という差別を受けていたマイノリティ集団の居住地域の出来事だと考えられていました。浦上の信徒たちにも，原爆の被害を浦上地区のカソリック信徒たちが受けた，神からの試練だとする考え方が広がりました。

　状況が変わるのは，1952年にアメリカによる占領が終わり，浦上が観光地の一部となり，平和な時代を象徴する場所として扱われるようになってからです。浦上は，被爆の聖地として長崎市の観光復興の一翼を担い再生していきます。原水爆禁止運動が拡大すると，長崎の「被爆者」たちも自分の体験を語り，平和を求める運動を起こしていきました。聖地浦上は，やがて被爆地長崎へと読み替えられていき，それとともに，「被爆者」も差別された場所であった浦上から切り離されて見られるようになりました（冨永 2017）。

　広島市では，長崎市とは事情が異なりました。原爆が市内のほぼ全域を焼き尽くしたからです。市内に住んでいた多くの人びとが被害にあいました。生き残った人たちは，復興の担い手でもあったのです。たとえば広島一の繁華街である本通りは，爆心直下にあったため大きな被害を受けましたが，1カ月後には生存者たちが疎開先で復興のための打ち合わせをしています。広島市の復興を担い公選で選ばれたはじめての市長となった浜井信三も，原

爆被爆者でした。原爆の影響を体に受けて働けない人びとも多く
いましたが，敗戦後の広島市の原爆被爆者たちは，復興のために
力を注ぐ人びとでもあり，被爆だけを理由に差別されることはほ
とんどありませんでした。

　このように，長崎市と広島市とでは，原爆被爆者に対する差別
事情は異なります。けれども，法的に「被爆者」として分類され
たことが差別へとつながった点は，共通しています。そして「被
爆者」という区別が差別へと変容した背景には，放射線の影響と
いう目に見えない，理解できないものの存在がありました。

　放射線に染色体を破壊されたことで起こる急性期の症状は，感
染るとされ，避難先での差別につながりました。また原爆医療法
によって，被爆者を救護・介護した人が「被爆者」として認定さ
れたことは，放射線を浴びた人との接触により，放射線の影響が
感染る可能性があるとの考え方を裏づけ，「被爆者」の身体を媒
介にして放射線の影響が感染るという誤解につながりました。

　さらに放射線の影響と病気との因果関係が明らかでないことも，
差別を生みました。放射線に起因する病気は，その発病のメカニ
ズムが十分には解明されていません。たしかに一定のレベル以上
の放射線を浴びると，癌などの病気にかかりやすくなること，さ
らに多くの放射線を浴びると人が死にいたることは明らかになっ
ています。けれども，発病には個人差がありました。体の不調が
放射線の影響に起因するかどうかは，完全にはわからないのです。
影響がわからないにもかかわらず医療費を補助されることが，
「被爆者」たちに対する差別につながりました。たとえば，ある
「被爆者」は，極度の貧血の治療に通った際に，医師から「ほい
と（物乞いをする人びと）のようだ」と言われたことがあると語っ
ています。子どもの心臓手術の相談に行ったとき，別の医師から

「被爆者たちは何でも原爆のせいにする」と言われた人もいます。「被爆者」の医療援助のために煩雑な書類を処理することになった医師たちから発せられたこうした言葉は，区別と差別との境界線の一つを示していると思われます。わからない，理解不可能な問題が境界線を越えて自分たちと関わってきたとき，その問題を持ち込んだ人に対する区別は，差別へと変化することがあるのです。

見えないものへの対処

「被爆者」と医師たちとの関係に見られたような差別は，「被爆者」たちが広島市や長崎市から他の場所に移動し，放射線の影響のないマジョリティ集団に対するマイノリティとなったとき，より顕著になりました。この点を，差別をする側の視点からもう少し考えてみましょう。

　放射線という目に見えない，体に影響があるかもしれないものが，自分の周囲に持ち込まれたとき，私たちはどのように反応するでしょうか。自分の周囲から遠ざけ，見えない場所におこうとするのではないでしょうか。高度経済成長期に東京に転居してきたある人が広島から送られてきたジャガイモを隣人たちに配った際に，すべてがゴミ捨て場に捨てられていたという証言があります。現在よりも放射線に関する情報が少なかった時代，ジャガイモを捨てた人たちの行為を一方的に責めることはできないと思います。

　理解不可能で危険かもしれないものと，自分との間に境界線を引いて遠ざけておきたいと思うことは，当たり前だという考え方もあります。すべての不都合な真実を，自分の境界内に抱え込んで生きることは困難だからです。けれども問題となるのは，こういった行為が，不確かで危険をもたらす可能性があるとラベリン

グされた（レッテルを貼られた）人びとをマイノリティ集団に分類し，排除する可能性をはらんでいることです。

　実際に，放射線の影響という不確かで，わからないものを自分の周囲から排除したいという欲望は，「被爆者」に対する結婚差別にも転化していきました。放射線の影響があるかもしれない危険を持ち込むと思われる人が，境界線の向こう側にいて，無関心でいられるなら，排除や差別は生まれませんでした。けれどもそれらが境界線を越えて入ってきたとき，自分の領域を守るためとして，排除や差別が生じたのです。ここでも区別は差別へと変化しました。

　広島や長崎から他の地域に移動した「被爆者」たちのなかには，自分が「被爆者」であることを隠して暮らす人びとがいました。原爆医療法が改定され，年末に見舞金が配られることになったとき，東京では受け取りを拒否する人たちがいたそうです。「被爆者」救済運動に関わった方は，「東京都から配布を依頼されて訪問すると，もう来ないでくれと言われて大変だった」と証言しています。「被爆者」たちもまた，病を発症させる可能性を持つ「恐ろしい」放射線を，自分の境界線の向こう側に置きたかったのです。皮肉なことですが，放射線の影響を境界線の向こうに置きたかった「被爆者」たちの願いは，「原子力の平和利用」キャンペーンと，原子力発電推進以降の放射線の影響に対する人びとの無関心によって，叶えられることになりました。

夢の原子力と放射線をめぐる境界線の確定

1954 年，全国的な原水爆禁止運動が拡大した同じ時期に，アメリカの「核の平和利用」政策を受けた「原子力の平和利用」キャンペーンが新聞社の主催ではじめられました。キャンペーンの一環として 1955 年 11 月の東京を皮切りに

全国を巡回した原子力平和利用博覧会は，総計260万人を超える来場者を集めました。恐ろしい兵器へと応用される原子力も，夢のエネルギーとして利用できるという主張がメディアに溢れていきました。そして「被爆者」たちも，原爆の悲惨な記憶が「原子力の夢」に書き換えられていくことを受け入れました（山本2012）。

　しかし，1950年代後半以降，政財界が主導して原子力発電が実現に向けて突き進むと，国民の原子力への夢は急速に冷めていきました。原発をめぐる議論が，専門化・細分化していくなかで国民の関心は離れ，原子力発電に関する専門的な知識が，国民にとって知らなくてよい，境界線の向こう側のこととなりました（山本2012）。原子力の管理は，専門家にゆだねられたのです。原子力発電所の建設予定地で起こった**反原発運動**も，運動を政策面で支援する組織が脆弱だったこともあり，局地的な反対運動にとどまり，全国的に拡大することはありませんでした。

　原爆の悲惨さを反原発運動に結びつける1970年代に起こった動きも，原発推進を止める全国的運動にはなりませんでした。高度経済成長の波に乗っていた国民は，原発や放射線の影響を，電気を便利に使う自分たちの日常との境界線の向こう側に切り捨てて，自分の身の回りに存在しないことにすることで，無関心でいたのです。1979年のスリーマイル島原子力発電所の事故，そして1986年に起こったチェルノブイリ原子力発電所の事故は，世界で脱原発という新しい社会運動を巻き起こしましたが，日本では多数派の意見となることがありませんでした。国民の無関心は続いていったのです。

　加えて，1963年に政治的な理由から分裂した原水爆禁止運動も，国民からの広範な支持を失いました。また，1980年代に起

216　第10章　「被爆者」と「被曝者」から差別を考える

こった世界的な平和運動の盛り上がりのなかで、悲惨な体験を語り原爆の非人道性を訴える「被爆者」たちが、反核・平和運動の「象徴」となると、「被爆者」への差別は、証言のなかで語られる過去の過ちとなり、現在の問題ではなくなっていきました。

「被爆者」たちもまた放射線の影響を、自身の日常の境界線の向こう側に位置づけようとしました。筆者自身が広島などでインタビュー調査をしていて不思議に思ったのは、被爆から1年以上が経過してからの肉親の死と原爆を結びつけて語る「被爆者」が、ほとんどいなかったことです。

けれども、実際に病の発症として降りかかってくるまで、放射線の影響を自身の境界線の向こう側に置かずにはいられなかった「被爆者」たちと、無関心でいるために自分の日常から放射線の影響を排除したマジョリティの人びととの間には、大きな違いがあります。自分の体に、さらには子どもや孫たちに放射線の影響があるのか、それともないのかわからない状態、このどちらつかずの宙ぶらりんな状態は、「被爆者」たちにとっては境界線の向こう側に置かざるをえない辛いことだったのです（根本2018）。

そして2011年に起こった福島第一原子力発電所の事故は、ふたたび放射線をめぐる差別構造を浮かび上がらせました。「被爆者」をめぐる差別構造が消滅したわけではなかったのです。ある被爆2世は、「広島にいたときにはわからなかった。東京で暮らしてからも意識することはなかった。でもフクシマのことがあって、自分たちがどう見られてきたのかはじめてわかった」と語っています。

フクシマでは、放射線をめぐる差別構造がどのように表面化したのか、そしてそれを乗り越えるためには何が必要なのか、次節で考えていきたいと思います。

3 被爆と被曝をこえて

フクシマにおける
分断と差別

2011年3月11日の東日本大震災に続いて起きた津波の被害により，福島第一原発は原子炉を冷却する機能を喪失し，メルトダウンを起こしました。メルトダウンと複数回にわたる水素爆発は，放射性物質を広範囲に拡散させ，土地，建物，山，河川を放射性物質で覆いました。

当時の政府が正確な放射性物質の拡散方向を示さなかったために，高濃度の放射性物質が拡散した地域に避難した人びとは，放射線に晒されました。なかには放射線に直接的に被曝した方もいました。そして，多くの人たちが避難を余儀なくされ，住みなれた土地を離れることになりました。避難した人の数は，ピーク時には約47万人いたといわれています。原発事故は，人びとの生活を破壊したのです。病人や高齢者のなかには，避難の過程で命を落とした人もいました。

また，原発事故による避難は地域の人びとを分断しました。バラバラに避難した人びとは，地域社会とのつながりを絶たれ，孤立しました。賠償金の違いも人びとの分断の原因となりました。強制避難を指示された地域と自主的避難地域とは，道路1本の違いで線引きされました。地域により補償金額も異なりました。

避難を選択するか，戻るかにより，家族も分断されました。避難指示が解除されても多くの子育て世代は，戻ってきませんでした。夫婦の間でも意見が分かれました。そして，避難した子どもたちに対する「いじめ」も社会問題として取り上げられましたが，そこには「被爆者」をめぐる差別構造が再現されていました。放

射性物質は風に乗り，広範に拡散します。千葉県や神奈川県にもホットスポットといわれる場所が出ました。放射線による体への影響は，避難者を受け入れる側にとっても他人事ではなかったのです。

　不安を解消するために，人びとは境界線を越えて不安を持ち込む存在を排除しようとしました。つまり不安な存在の排除が，福島からの転校生に対する「いじめ」というかたちで現れたとも考えられるのです。避難者を排除し，境界線を再設定すれば，放射線の影響に無関心でいられます。原発事故の後に起こった脱原発の運動も，国民全体を巻き込むことはできませんでした。今回も多くの国民（マジョリティ）は無関心を選んだのです。そして避難指示が解除されて地元に戻った住民たちにも，放射線の影響を境界線の向こう側に設定し，復興に取り組む傾向がみられます。

フクシマの現在

自治体によって集計基準に違いはありますが，2020 年 7 月時点で，3 万 7299 人の原発事故からの避難者が避難生活を続けています。けれども国の方針により，避難指示区域は順次解除されています。解除の方針を受け，福島第一原発が立地する双葉町，大熊町でも除染が進められています。双葉町には，避難指示が解除された区域ができています。大熊町では，一部の区域を除染し，町役場が戻ってきました。町役場の周辺に住宅街を作る計画も進行しています。

　2019 年の 8 月に現地を訪ねましたが，双葉町では，避難指示が解除された区域と解除されていない区域が道を挟んで分断されていました（本章冒頭の右の写真を参照）。大熊町役場が移転した区域は住宅地として，空き家と荒地と除染土の一時保管置き場が続く周囲からは浮いて見えました。国道 6 号線の，避難指示が解

除されていない区域では，車から降りることが禁止されていました。現地では「アリバイづくりのためだけのいい加減な除染」も問題になっていました。除染は民家の周囲20メートルと決められており，敷地内でもそれを越える場所はそのままにされることになります。現地に行くと，周辺のすべての山々の除染ができていないことがわかります。現地を案内してくれた方は，大雨が降るたびに，住民たちは山から放射性物質が流れ出てくるのではないかと不安を抱くと話していました。旧避難指示区域の空間線量は，東京より高い状態が続いています。避難指示が解除された浪江町には，2割の住民しか戻ってきていません。

　問題となるのは，現地に戻り，放射線の影響は，ないもの，見えないものとして暮らす当事者たちがいることです。放射線の影響を見えるようにするための異議申し立ては，無関心な国民だけでなく，当事者たちにとっても不利益となりうるのです。それでは，変わらない差別構造を乗り越えるために，私たちにはいったい何ができるのでしょうか。

原爆と原発の差別構造を乗り越えるために

最後に，放射線をめぐる差別構造を乗り越えるために考えておきたいことを，3つ提案したいと思います。

　第1に，放射線の影響があるかもしれない人びとと，影響がない自分たちとを区別する非対称な力（権力）のあり方を考えることです。放射線の影響を境界線の向こう側に位置づけ，自分たちは大丈夫だと安心しているその判断は，区別する権力の一部となって働きます。とはいえフクシマから離れた場所に暮らしていても，被曝の可能性はゼロではありません。私たちはけっして安全な境界線の内側にいるわけではないのです。そうだとしたら，どのような権力のあり方が自分たちを境界線の内側に位置づけて

いるのか，考えてみましょう。

　第2に，境界線の向こう側にいる人びとの体験に耳を傾けることです。私たちが，フクシマの問題を，そして「被爆者」の体験を「自分のこと」として考えないかぎり，放射線をめぐる差別構造は続いていきます。私たちが過去の出来事ではなく，自分自身の問題として原爆を，そしてフクシマのことを考えれば，境界線の断面が見えてくると思います。

　第3に，放射線の影響の告発が，必ずしも解決の出発点とはならないことを知っておくことです。「被爆者」たちも，避難解除地域に帰還したフクシマの人びとも，自分たちに放射線の影響がないことを願って暮らしています。社会学は時代のフロントランナーとして，社会問題と向き合ってきました。そのため，運動の先頭にいる人たちとともに解決を求めてもきました。けれども現在，問題から一歩下がり，放射線の影響をないものとしたい当事者たちの立ち位置から，自分たちが引いている境界線のこちら側を見直す必要があるのではないでしょうか。求められているのは，放射線の影響をないものとしたい当事者たちとも対話し，ともに解決の道筋を考えることではないでしょうか。

キーワード解説
被爆／被曝：「被爆」とは爆撃を受けたことを意味する言葉だが，「被爆者」という名前が原爆による放射線の影響を受けた人のカテゴリーとして一般化したことで，原水爆の被害を受けたことに限定されて使用される傾向がある。放射線を浴びることを意味する「被曝」は，福島第一原発の事故以来，「被曝者」として社会問題となったが，ウラン採掘場跡，水爆実験や劣化ウラン弾による汚染地域など，いまでも被曝の危険にさらされている場所は，世界中に数多くある。
カテゴリー化：それぞれの特徴や特性によって人や物をある集団や

集合体として分類し，区別することをカテゴリー化という。私たちは，学生，社会人など複数のカテゴリーに区別されて日常生活を送っているが，問題となるのは，男女，あるいは「被爆者」のように，当事者の意思に関わりなく行われるカテゴリー化である。このようなカテゴリー化が，当事者たちにとって（排除・差別など）不利に働くことがあるからだ。

原水爆禁止運動：1954 年ビキニ環礁での水爆実験により被曝した第五福竜丸の事件をきっかけに，主婦を中心に放射線の被害に対する懸念が広がった。東京都杉並区から起こった原水爆実験反対の署名運動は全国に拡大した。署名運動は，1955 年には原水爆禁止日本協議会（原水協）となって組織化されたが，保守系の人びとの脱退，旧ソ連の核実験に対する立場の違いから，1963 年には完全に分裂し，それぞれが独自の活動を行うことになった。

権力：目には見えないが，私たちの日常生活には多様な力が働いている。私たちの日常を保障し守る一方で，私たちを従わせ支配する力が，権力だといわれている。マックス・ヴェーバーは，権力は「ある社会関係の内部で，抵抗を排してまで自己の意思を貫徹するすべての可能性」（ヴェーバー 1972）と指摘しているが，権力は目に見えないために，私たちは権力に支配されるだけでなく，無意識のうちに権力を行使する立場に立つことがある。

反原発運動：1960 年から 1970 年代にかけて原子力発電所の建設予定地では，建設に反対する住民たちを中心に反原発運動が起こった。反原発運動は，原発建設を断念させたところもあるが，必ずしも全国的な運動とはならなかった。1986 年のチェルノブイリ原発事故の後，食品への放射能汚染を問題にする生活クラブ生協を中心に脱原発運動が展開された。福島第一原発の事故後には，大規模な脱原発のデモも起こった。しかしドイツのような脱原発へ向かう政治上の動きは，日本ではきわめて弱い。

ブックガイド

■中山士郎『私の広島地図』西田書店，1998 年

　原爆にあいながら生き抜くとはどういうことかを考えるための参考になる 1 冊。著者は，中学生のときに屋外で建物を壊す作業をしていて原爆にあい，顔に火傷を負いながらも生き延びた。この本には死者たちに対する著者の思いが，広島市内の場所の記憶とともに書かれており，広島市をはじめて訪れるときにもガイドブックとして役に立つ。

■直野章子『原爆体験と戦後日本──記憶の形成と継承』岩波書店，2015 年

　原爆にあった人たちが「被爆者」としてカテゴリー化されていった過程を知るために役に立つ専門書である。この本では，「被爆者」というカテゴリーを生んだ原爆医療法の制定と変化の過程だけでなく，反核・平和運動の変遷や，そのなかで「被爆者」たちが自らの被爆体験をどのように受け止めていったのかについても，ていねいに検討されている。

■夏の会編『夏の雲は忘れない──ヒロシマ・ナガサキ 1945 年』大月書店，2020 年

　アジア・太平洋戦争を体験した 18 名の女優たちが，「夏の会」というグループを作り，上演してきた，原爆朗読劇（「夏の雲は忘れない」）の脚本である。女優たちは，原爆を体験した人たちの手記を集め，選んで，自分たちで脚本を作った。そして 2008 年から毎夏，全国を回って朗読劇を上演してきた。出演料はなし，移動には高齢者向けの割引切符を利用していた。

　女優たちが高齢になり，2019 年に「夏の会」による朗読劇の上演は終わり，「夏の会」は解散した。けれども脚本は，本になり，次世代へと引き継がれた。この本には，原爆を体験した人たち，そして直接には原爆を体験していないけれども戦争を体験した女優たちの「平和への思い」がつまっている。本を手に取り，ぜひ声にだして読んでみてほしい。

　P. ブルデューは投資や蓄積としての資本を，①貨幣や不動産のような「経済資本」，②趣味や振る舞い方のような「文化資本」，③地位や威信のような「象徴資本」，④縁故やコネクションのような「社会関係資本」の4つに分類した。文化資本には，絵画や骨董品のように客観化された形態，言葉遣いや所作のように身体化された形態（ハビトゥス），学歴や資格のように制度化された形態がある。ブルデューはパスロンとの共同研究（『遺産相続者たち』『教師と学生』『再生産』）や『ディスタンクシオン』といった著書の中で，人びとを平等に扱い公平をもたらすとされる教育や個人の指向とされる趣味と社会階級の関係について調査し，教育や趣味と文化資本との結びつきが階級構造の維持（再生産）に寄与していることを明らかにした。文化資本は，経済資本では説明することが難しい社会構造を明らかにする概念として用いられている。

（W）

第IV部

差別をこえる

脱差別の理論と実践

第 11 章　環境と難民の問題をドイツに学ぶ

フライブルク近郊のヴュールにおける反原発運動の際に建設された十字架
「創造物が危険にさらされるところは，神がはりつけにされる」と書かれている（Büchele, Christoph〔Hrsg.〕, 1982）。

　環境先進国とされるドイツの政党・緑の党が，原発の段階的廃止などの環境保護に加え，性的少数者や難民などのマイノリティの人権保護にも貢献してきました。他方，これまで難民を多数受け入れてきたドイツで，難民排斥を主張する政党が躍進しています。本章では，こうした問題を，ドイツの歴史を念頭にいれて環境問題との関連で検討します。

本章のキーワード
批判理論　　権威主義的パーソナリティ　　コミュニケーション的行為の理論　　新しい社会運動　　フレーム

プラスチックゴミ問題は，今日最も注目されている世界的な環境問題の一つであるといえるでしょう。年間 800 万トンに及ぶ海洋プラスチックゴミは，海の生態系を破壊することに加え，回収が困難なゴミでもあります。日本でもようやく，レジ袋有料化の義務づけや，プラスチック製ストローの廃止といった動きが見られますが，欧米諸国に比べその動きは鈍いといえます。

　一方，環境先進国と位置づけられるドイツの環境政策を先導してきた緑の党は，市民による環境運動の成功例とされています。緑の党は，1983 年に連邦議会にはじめて進出し，1998 年からは政権与党の一翼を担いました（2005 年まで）。バーデン・ヴュルテンベルク州（以下，BW 州と略）では，2011 年の選挙で緑の党のクレッチマンを州首相に選出しました。緑の党から州首相が選ばれたのはクレッチマンが最初ですが，2016 年の州選挙でも同党は勝利を収め，クレッチマンが再選されています（緑の党には，第 2 節でも触れます）。

　ドイツ緑の党の成功の一因には，ドイツの歴史的教訓があります。たとえば，1933 年にドイツで政権を率いたアドルフ・ヒトラーは，自然保護政策を立案していましたが，同時に人種差別も推進していました。ヒトラー政権への反省から，環境政党である緑の党をはじめとして多くの政党が，マイノリティ問題に対し積極的になりました。とはいえ，今日，難民が多くなったり，難民による犯罪が着目されて，難民受け入れをめぐるドイツの世論は大きく揺れ動いているのです。

1　ナチズムへの反省と現在

ナチス政権と
環境保護関連法

環境保護を考えるとき，「人間中心主義から生命中心主義へ」といった 1970 年代の思想的転換が着目されることが多いといえます。自然の権利を重視する生命中心主義は，

簡単にいえば人間も自然の一部だという考え方です。生命中心主義は，長らく続いてきた人間中心主義が自然破壊につながるという問題点を告発します。人間中心主義は，人間のみが価値を考えることができるという立場で，キリスト教的なヒューマニズムの考え方の一種ともいえます。一見，環境保護にとって人間中心主義のメリットはないように思えますが，たとえばある生物が無人島で繁殖し，生態系のバランスが崩れて餌不足から絶滅する事態を是正できるのは人間だけ，といった状況では意義ある考え方です。しかしキリスト教は長らく，人間を自然のなかで一段高い位置に置き，自然支配をすべき存在であると考えてきた傾向があるのも事実です。たとえばフランクフルト学派のマックス・ホルクハイマーらが著した『啓蒙の弁証法』(1947＝1990) は，このような自然支配の問題点を批判しています。たしかに，人間が自然を支配できる存在であるという発想は，自然破壊に結びつく可能性があります。

　1970 年代の転換のきっかけとなった環境思想として，アルネ・ネスの「ディープ・エコロジー」(Næss 1973)，ピーター・シンガーの『動物の解放』(1975＝1988) などといった著作が有名です。しかし，自然保護は自然そのもののために行われるべきという考え方は，すでにナチスの時代に見られていたとする研究者もいます。ナチスの環境思想を研究しているフランスの研究者リュック・フェリは，ナチスにおいて実現された「動物保護法」(1933)，「国家狩猟法」(1934)，「国家自然保護法」(1935) などの法律が，環境保護にとって先駆的だとしています（フェリ 1994）。またアメリカの研究者ボリア・サックスは，これらのナチス期の環境保護関連法が，戦後ドイツでも参照されたと指摘することに加え，ナチスの環境思想が生命中心主義的であると主張していま

す。

　ナチスにおける環境思想を研究しているイェルク・ツィンクによれば，1970 年代の環境思想とナチス政権期の環境思想の両者には，自然には保護される権利があることを重視する，という共通点があるといいます。彼は，ナチス時代に環境思想が高まったのは，「血と土」というナチスのイデオロギーに影響されていると考えています（保坂 2013）。このあたりの事情を少し詳しく見ていくことにしましょう。

　ヒトラー政権の前の時代にあたるワイマール共和国期の 1920 年代は「黄金の 20 年代」といわれ，産業化が急速に進展した時代です。19 世紀末までは，たとえば 1859 年に発表されたダーウィンの『種の起源』が，当時，神が進化を決めるという教えを説いていた教会から非難された例にあるように，宗教的世界観が力を持っていました。けれども次第に，病気を治癒したり（たとえばコッホによる結核菌の発見は 1882 年です），電話などの電機製品を生み出したりする科学が，人びとによって支持されるようになりました。

　しかし急速な近代化の反動からくる自然回帰志向は，ヒトラーの「血と土」というスローガンを人びとが支持する一因となりました。「血」は（ナチスが支配民族として位置づけていた）純粋なゲルマン民族の優越性を念頭に置いた概念で，「土」では第一次世界大戦の敗戦で領土を失ったことから領土を守ることの重要性を主張しています。また「血と土」という言葉は，ナチスが農民の支持を獲得するために持ち出したイデオロギーでもあります。領土を大事にするということは，その土地の自然を大事にすることにも関連するのです。

　ただし同時に，土地を大事にしようという発想に由来する環境

思想は,「人種差別」をともなう場合があることに注意すること
が必要です。ナチス時代に見られた一種の生命中心主義では, 自
然の権利の拡大が求められましたが, 同時に自然の原理でもある
とされていた弱肉強食が支持されました。強者は生き残り, 弱者
は滅んでもよいというこのような考え方は, ナチス政権によるア
ウシュヴィッツでのようなユダヤ人の大量虐殺につながりました。
アウシュヴィッツ強制収容所の帰結は, 社会的弱者の排除といっ
たマイノリティ問題が最悪の結末にいたった例だといえるでしょ
う。

　ツィンクの理解では, ナチスの環境思想が「人種差別」をとも
なう点において, 今日の緑の党の思想とは相違があります(この
点については後述します)。そこで次に, ナチス環境思想の問題点
について見ていくことにしましょう。

権威主義的性格と
批判理論

ドイツ国内でも, ヒトラーの独裁政
権に代表されるような, ファシズム
の脅威を問題視する人びとももちろ
んいました。なかでも, フランクフルト大学の社会研究所に集っ
たフランクフルト学派は, ファシズム批判の知識人集団として有
名です。フランクフルト学派第1世代のホルクハイマーは,「伝
統理論と批判理論」(1937)と題される論文のなかで, フランク
フルト学派の問題意識の一端について言及しています。伝統理論
は, 簡潔にその特徴をいえば, 学問の実用的な性格などをいいあ
らわしています。ホルクハイマーは, 学問には体制順応主義, 分
業的専門主義といった側面があると批判し, 批判的態度でのぞむ
学際的な研究を批判理論として構想しました。そして, ヒトラー
の台頭を目の当たりにしたホルクハイマーは, テオドール・アド
ルノとともに『啓蒙の弁証法』(1947＝1990)を著しました。この

本でホルクハイマーらは,「なぜ人類は,真に人間的な状態に踏み入っていく代わりに,一種の新しい野蛮状態へ落ち込んでいくのか」という問題意識のもと,文明を根底から批判していきます。

ホルクハイマーはまた,ヒトラー台頭という社会現象を,権威と家族という視点からも検討していました。『自由からの逃走』(1941＝1951) で有名なエーリッヒ・フロムも一時期,権威主義についてホルクハイマーと共同研究をしていました。ホルクハイマーはアメリカに亡命後,アメリカもファシズムと無関係ではないという問題関心から,アドルノとの共著『権威主義的パーソナリティ』(1950＝1980) を刊行しています。同書は,ホルクハイマーらによる『偏見の研究』シリーズの全5巻中の第1巻であり,権威主義的な性格を示す人間類型に関する量的研究の古典とされています。**権威主義的パーソナリティ**は,強者に従い,弱者を蔑視するという特徴をもつとされていることから,マイノリティ問題や差別問題を分析する際にも有効な概念といえるでしょう。ただし,アメリカにも権威主義が存在したという結論にいたったことから,フランクフルト学派第1世代のホルクハイマーとアドルノは大いに失望し,第2次世界大戦後にドイツに帰国しても,一種の悲観主義 (ペシミズム) に陥っていくように思われます。

ホルクハイマーらの問題関心を引き継いだフランクフルト学派第2世代のユルゲン・ハーバーマスは,第1世代がペシミズムに陥ったのは,諸個人の意識レベルの分析に終始して諸個人間のコミュニケーション論の視点が欠けていたからだとして,第1世代を批判的に継承しています。そして,行為者相互の了解を求める「コミュケーション的理性」のもとでの『**コミュニケーション的行為の理論**』(1981＝1985-1987) を中心に思索を展開しました。ハーバーマスの考え方は,理性や認識といった従来の視点から,

言語の役割に目を向けるというコミュニケーション論的転回の一翼を担うものとされています。対等な関係で議論に参加し，行為者相互の了解を求めるといった「コミュニケーション的理性」は，マイノリティにも対等な立場で，議論に参加する権利を求めているといえるでしょう。しかし，そもそも力関係が異なる人びとの間で対等な関係が可能かどうか，といった批判が他の研究者から寄せられています。

ナチズムへの反省

ツィンクの理解にもあったように，緑の党は人種差別を批判しています。とはいうものの，戦後の環境思想全般が人種差別と無関係だとするのも困難です。たとえばギャレット・ハーディンの「救命ボートの倫理」(Hardin 1974) は，限りある地球環境保護のために，豊かな国の限られた人口のみを救って残すべきであるというマイノリティ排除にもつながる主張を，1970年代の時点でしています。救命ボートという限りある空間のなかで，救助されるべきは豊かな国の人びとであり，立場の弱い人びとはボートに乗るのを諦めてもらうべきだとハーディンは考えます。このようなハーディンの思想は，環境保護を重視するあまり，マイノリティを排除するという「環境ファシズム」の一例だとされています。ハーディンの主張を見るかぎり，ナチスの環境思想を過去のものと一蹴するのは難しいでしょう。加えて戦後のドイツ環境運動を見ても，緑の党の草創期には人種差別に賛成する人たちも少数ですが，参加していました。戦後ドイツにおいて，環境運動はナチスを想起するとしてタブーとされていたなかで，この少数の人たちの動きは，環境運動の暗部の封印を解いた側面もあると位置づけられています。どういうことでしょうか。

　次節では，緑の党の草創期の状況を，人種差別を主張する環境

運動家たちの活躍を交えて紹介し，ナチス環境思想の緑の党に対するインパクトに言及することにしましょう。

2　環境問題としての反原発運動

ドイツにおける
反原発運動

ドイツにおいて，原子力発電所の段階的廃止に貢献した緑の党は，日本から見ると反原発ということで革新勢力という位置づけをされています。実際，緑の党の紹介には，「新しい社会運動」「脱物質主義」といった言葉が使われます。**新しい社会運動**では，環境やマイノリティといった問題解決のために，女性や若者が参加する点が「新しい」特徴とされます。他方，伝統的な社会運動論では，社会運動を労働者による賃金をめぐる運動として理解します。また「脱物質主義」というのは，政治社会学者のロナルド・イングルハートによる考え方ですが，金銭的安定性よりも言論の自由や生活の質を重視する志向性です（イングルハート 1977＝1978）。この「脱物質主義」では，豊かな家庭で育ったほうが，社会問題に異議申し立てをする余裕があるということも示されてきています。環境，平和，フェミニズム，マイノリティといった社会問題に携わる人びとが一緒になって緑の党を組織したことから，緑の党は「脱物質主義」者が参加している「新しい社会運動」の成功例と位置づけられています。

　しかしながら，「新しい社会運動」や「脱物質主義」といった視点は，革新的な志向を持つ脱物質主義の都市住民が農村での環境運動に参加するといった視点になりえても，保守的な農村地帯の住民自身が再生可能エネルギー事業に参加していることを，必

ずしも説明してはいません。加えて，もともと戦後ドイツの革新勢力は，環境運動といえば前述のようにナチスが想起されたことから，環境運動に必ずしも積極的ではありませんでした。それに対して，ドイツにおける反原発運動の歴史的なシンボルともいえるヴュール（BW 州フライブルク近郊）での運動（1975 年）は，保守的なブドウ農家がその担い手でした。ブドウ農家たちは，原子力発電所がもたらす蒸気によって気候の変化が生じ，ブドウの栽培に影響が出てしまうかもしれないという生計上の理由から，反対運動に参加していました。

　現在の緑の党の主流である革新勢力と，ナチス環境思想の流れを引くような戦後ドイツの一部の保守勢力との間には，「反原子力運動」という共通項があります。両勢力は，立場の相違があるにもかかわらず，「反原子力運動」という点で共通点があることから，同じ緑の党として活躍していた時期がありました。後に，一部の保守勢力は緑の党から追い出される結果となっていきますが，その理由は人種差別に代表されるような，マイノリティ問題に対する考えの相違だとされています。

<hr>

保守層の反原発の考え方

ドイツと日本とで大幅に状況が異なるのは，保守層における反原発の考え方です。とくに大きいのは，ドイツでは保守層の基盤ともなっているキリスト教が，環境保護に理解を示していった点です。反原発運動を含む環境運動の理念となっている「創造物の保持」は，キリスト教の思想にも由来している，神がつくった創造物は，神がつくったかたちのまま保持されるべきという考え方です。キリスト教における，人間も含め，自然は神が創造したものであるという考え方は，人間が自然を支配することを神が認めてきたといった人間中心主義とも，長らく関連していました。しかし，人間

中心主義への反省が徐々に顕著になり，1960年代にキリスト教も「創造物の保持」を環境保護とよりいっそう結びつけはじめます。自然が循環することで創造物は保持される，としたのです。けれどもその考え方と，循環しない原子力とは相容れません。ヴュールにおける反原発運動は，このような「創造物の保持」といった考え方も理念となっていました。冒頭の写真は，ヴュールの反原発運動の際に建設された十字架です。今日では，教会からの離脱者が増えていることからキリスト教の影響力低下が指摘されていますが，教会税（所得税額の9％前後）を支払っている人が今日も多数存在するのも事実です。

　加えて，ドイツにおける反原発を論じる際には，チェルノブイリ原子力発電所事故にも触れることが必要でしょう。1986年に旧ソビエト連邦で発生したチェルノブイリ原発事故は，ドイツにも農作物の汚染といった被害をもたらしました。この時期，ドイツの社会学者ウルリヒ・ベックは『危険社会』（1986＝1998）という著書を刊行し幅広い支持を受けていました。彼によれば，かつてのリスクは特定の職種や境遇と結びつきやすく，炭鉱の労働者階級などに偏って一部の人に存在していましたが，現代社会では原発事故によって誰にでも生じるように，階級を問わないリスクへと変容したとされます。ベックの議論が，ドイツ人のリスク意識を高めたということも十分ありうることです。

| 日本における現状 |

日本の反原発の事情はどうでしょうか。日本における保守層が主体となった反原発運動の事例としては，新潟県の巻町（現在は2005年に住民投票の結果に基づき新潟市に合併されています）の反原発運動があります。巻町原発計画が1971年に東北電力から正式に発表されて以降，長年にわたる住民運動がありました。人口3万人に

すぎない，土地改良事業で農業が発展した保守的な巻町で，反原発派が勝利するきっかけとなったのは，保守層による住民投票への働きかけです。巻町の事例は，保守政権が長く続いてきた保守王国で原子力発電所計画を完全撤回させたことで有名です。2003年に東北電力は，新潟県の巻町に計画していた原発建設を断念しています。反対運動の過程では，女性たちによる「折り鶴運動」が見られました。折り鶴は，安全への危惧や連帯性を示すシンボル（環境社会学の専門用語では**フレーム**ともいいます）として提示されましたが，反対運動への運動参加を促すことに貢献しました。

2011年の東日本大震災にともなう福島第一原子力発電所事故は，日本のエネルギー政策に再考をせまるものとなっています。2013年9月以降，原子力発電所の停止が全国で続いていましたが，2015年8月から九州電力川内原子力発電所が運転を再開し，順次原子力発電所の再稼働が進んでいます。2020年11月時点で，再稼働している原発は9基（うち6基は停止中），設置変更許可が7基，審査中が11基となっています。廃炉が24基あり，2010年には54基が稼働していたことから考えると，相当数が福島原発事故を機に見直されたといえるでしょう。しかし，西日本を中心に毎年のように原発が再稼働されているのも事実です。

日本では再生可能エネルギーへの投資額が1.6兆円（世界第4位），自然エネルギー分野の雇用が31万人（2016年推計〔IRENA 2017〕）で，再生可能エネルギーの導入が進んではいますが，他国と比較すると風力発電の割合が低くなっています。ドイツでは，再生可能エネルギーの比率が比較的高く，発電量で見るとドイツは日本の2倍程度となっています。そのなかでも，原子力発電を停止した欧米各国の依存度が高い風力発電には，近年日本でも

注目が集まってきました。しかし，島国で国土面積が限られている事情から，風力発電施設を設置する場所も制限されるため，住民の理解を得る努力や，あるいは洋上での風力発電の推進といった方策を考える必要があるでしょう。

3　環境問題と難民問題からの示唆

ドイツにおける
難民問題の現在

AFP 通信の日本語版は，2019 年 6 月に「ドイツで移民擁護派の政治家射殺される，ネットに歓迎ヘイト投稿殺到」と報じました（AFP 通信ウェブサイト）。殺害された政治家は，移民の擁護に前向きなメルケル首相率いるキリスト教民主・社会同盟（CDU・CSU）所属のワルター・リュブケという人（ドイツ中部ヘッセン州にある地方自治体のトップ）です。彼は，助けを必要とする人びとに手を差し伸べるのはキリスト教の基本的な価値観と述べていました。

　本章との関連で，この記事が示唆するところは 2 点あります。一つは，第 1 節で触れてきたような，ナチス時代のマイノリティを排除する不寛容な社会が，現代に姿を現したことです。メルケル内閣のホルスト・ゼーホーファー内相は「もし誰かが，リベラルな見解を持っていたというだけですさまじい憎悪の対象となるのなら，それは人間らしい道徳観が衰退しているということだ」と記者に答えています（AFP 通信）。もちろん，助けを必要としているマイノリティとはいえ，際限なく難民の受け入れをするというのは難しいかもしれません。しかし，暗殺で自己の意見を主張するという事件が生じているのは，かつてのような排他的

なドイツを想起させます。暗殺という事例は極端な例だとしても，移民排斥を主張する政党「ドイツのための選択肢（AfD）」が，連邦議会や地方議会レベルで躍進しています。AfD は，2013 年の連邦議会選挙では得票率 4.7% で議席を獲得するにいたりませんでしたが（現在のドイツでは，ナチスの台頭の一因となったワイマール共和国期に見られた小党乱立を防ぐため，5% の得票率に達しないと議席を獲得できません），2017 年の連邦議会選挙では，得票率 12.6% で 94 議席を獲得しました。同様の現象は地方議会レベルでも生じており，AfD は，2014 年にブランデンブルク州など 3 州で議席を獲得したのをはじめとして，今日ではすべての州議会で議席を獲得しています。ザクセン州では，2019 年選挙で得票率 27.5% を獲得し，第 2 党に躍進しています。反移民，反 EU，徴兵制の復活を掲げる AfD の政策が，ドイツで支持を拡げているのが現状だといえるでしょう。

　もう一つは，前述したリュブケが難民を助ける理念として持ち出しているキリスト教的な隣人愛です。そもそもドイツでは，なぜ難民を受け入れてきたのでしょうか。難民を受け入れることで，治安が悪化したり，失業率が増加したり，社会保険負担が増大したりと，さまざまな問題が生じる可能性があります。ドイツで難民を受け入れてきた理念には，ナチスの排外主義への反省などとともに，隣人愛があるといえます。この難民擁護の理念になっている隣人愛はまた，環境運動でも用いられている理念です。

環境保護意識の高まり

保守と環境という結びつきのうち，現在のドイツではキリスト教的な保守という視点は，農村部の環境保護を理解するうえでは欠くことができません。キリスト教的な保守は，おもに 2 つの視点から理解できます。一つは，前に触れた「創造物の保持」であり，も

う一つが「隣人愛」です。「創造物の保持」の視点は前述しましたが，神がつくった創造物は神がつくったかたちのまま保持されるべきという考え方です。隣人愛は，マックス・ヴェーバーが『プロテスタンティズムの倫理と資本主義の精神』(1905＝1989) で論じていることで有名です。キリスト教，とくにプロテスタントでは，隣人のために働くことが救いにつながるとされています。今日の環境問題との関連でいえば，隣人に迷惑をかけないという考え方が，環境に迷惑をかけないという発想と通じています。とくに，原発事故が生じた場合は，近隣諸国にも迷惑をかけるので，隣人愛という考え方と相容れないということになります。

　環境意識の高まりの背景に関して，ヒトラー政権獲得当時と今日との異同をあらためて確認することにしましょう。前述したように，ヒトラーの政権獲得，環境意識の高まりには，「血と土」といったイデオロギーが背景にありました。そして戦後の環境政党である緑の党は，過去の反省をふまえ，マイノリティ問題に取り組む政党として人種差別に賛成するようなエコロジストと，次第に距離を置きました。

　しかし今日，難民の流入により，人種差別や難民排斥といったようなマイノリティ問題が姿を現しつつあります。社会への不満という点では，ナチス当時と状況が似てきている可能性があります。そのなかで，キリスト教的な保守（隣人愛，創造物の保持）に関していえば，ナチス時代の環境保護という考え方は今日よりも希薄であったように思われています。今日のキリスト教は，第2次大戦後の高度成長期における環境破壊をまのあたりにして，隣人愛のなかに環境という視点が入ってきたことで，当時とは異なる側面もあるでしょう。過去への反省も，マイノリティ問題解決に肯定的に作用しています。

以上のことから，今後のよりよき社会に向けて，キリスト教の隣人愛に限らずに，マイノリティを含めた「他者への配慮」が必要なこと，そして革新層からだけでなく，保守層をも巻き込んだ新しい社会運動としての環境運動が大きな可能性をもつことと述べることができるでしょう。

キーワード解説

批判理論：フランクフルト学派第1世代の「批判理論」は，マックス・ホルクハイマーの論文「伝統理論と批判理論」（1937＝1974）に由来している。批判理論が問題とするのは，学問の体制順応主義，分業的専門主義といった側面で，彼は批判的な態度で学際的に取り組む研究を「批判理論」として構想した。この「第1世代」はほかに，テオドール・アドルノ，エーリッヒ・フロム，ヴァルター・ベンヤミンらがいる。第1世代の著名な活動の一つに，研究所の機関誌，『社会研究誌』の刊行があり，第2世代はユルゲン・ハーバーマスを中心とし，さらに現在は第3世代，第4世代と継承されている。

権威主義的パーソナリティ：アドルフ・ヒトラーが登場する以前のワイマール共和国では，伝統的な権威に束縛された諸個人が解放されたが，自由を与えられたはずの諸個人が，ヒトラーという指導者の権威に自ら従属してしまった。このような現象を，アドルノらは「権威主義的性格」の観点から理論的・経験的に分析したのである。権威主義を測定するF尺度（ファシズム尺度）は，いくつかの形式があるが，そのうち形式40では「権威主義的攻撃」「権威主義的従属」など，9症候群から権威主義を論じている。

コミュニケーション的行為の理論：「対等な関係で議論に参加し，行為者相互の了解を求める」ようなコミュニケーションが可能な状況を，ハーバーマスは理想的発話状況と呼ぶ。そして，その条件として，真理性，誠実性，正当性の3つを挙げる（3つの妥当要求）。簡潔にそれぞれを説明すれば，真理性は議論の際に真理に基づいて発言しているか，誠実性は議論の際に誠実に発言しているか，正当性は議論の

際に社会的な規範に即して発言しているかといったことが問題とされた。こうした3条件をふまえて，歪められたコミュニケーションを是正し，その適正なあり方を追求しているのが，このコミュニケーション的行為の理論である。

新しい社会運動：「新しい社会運動」が登場する以前の社会運動論では，賃金アップのための労働者による運動が注目されてきた。伝統的な社会運動論の一つであるマルクス主義の社会運動論では，社会運動を労働者による運動としておもに把握する。しかし新しい社会運動では，労働運動とはこれまで無縁だった若者や女性など，それまでの社会運動論ではあまり想定されていなかった人びとが運動に参加する点で，新しいといえるだろう。「新しい社会運動」が登場した背景の一つに，1960年代にさまざまな異議申し立て運動が見られたことがある。そうした新しい社会運動の成功例の一つが，ドイツ緑の党である。

フレーム：「フレーム」とは，「個人にその生活空間や社会のなかで起こった諸現象を位置づけ，知覚し，識別し，ラベルづけすることを可能にする解釈図式」とされる。環境運動とフレームとの関連について例を挙げよう。倹約をよしとする文化がある地域で，多額の税金を投入する，非効率な大規模開発工事が計画されたとする。そのとき，倹約をよしとする地域文化は，開発に対する反対運動の「フレーム」となりうる可能性がある。

ブックガイド

■ニック・クロスリー『社会運動とは何か——理論の源流から反グローバリズム運動まで』西原和久・郭基煥・阿部純一郎訳，新泉社，2009年

「新しい社会運動」「フレーム」といった，今日の環境運動を論じる研究で登場する社会運動論を論じているばかりでなく，「価値付加アプローチ」「合理的選択理論」「資源動員論」といった社会運動論の基本となる理論を多面的に，かつ体系的に扱っている著書である。ジョ

ージ・ハーバート・ミードやピエール・ブルデューにも言及しつつ，社会運動を社会学で扱う意義についても検討されており，社会学理論の勉強に加え，環境運動を理論的に学ぶにあたっても好著である。

■伊藤守・渡辺登・松井克浩・杉原名穂子『デモクラシー・リフレクション──巻町住民投票の社会学』リベルタ出版，2005 年

　新潟県の巻町（当時）における反原発運動について，反対運動のリーダーや反対派住民に対するインタビュー調査を交え，詳細に論じている。保守層や女性の参加，さらにはメディアの取り上げ方といった視点からの分析も非常に興味深い。2011 年の福島原発事故以降の今日にあって，日本の保守的な地域における，歴史に名を残す反原子力運動を分析記録している著書として，多くの人に読んでもらいたい 1 冊である。

■保坂稔『緑の党政権の誕生──保守的な地域における環境運動の展開』晃洋書房，2013 年

　ドイツの環境運動は，革新的な「新しい社会運動」として紹介される傾向があったが，ドイツでのインタビュー調査の結果をふまえ，保守的な環境運動に焦点を当てている著書である。「新しい社会運動」としての環境運動の整理，ナチスのエコロジーの紹介，環境運動と宗教的理念との関連についても言及されている。最新のドイツ環境運動の動向に加え，今日におけるキリスト教の環境思想についても触れることができる。

■寺西俊一・石田信隆・山下英俊『ドイツに学ぶ地域からのエネルギー転換──再生可能エネルギーと地域の自立』家の光協会，2013 年

　ドイツにおける再生可能エネルギーを活用した地方創生の現状について，具体的な事例を通してコンパクトにまとめている。地域にあるバイオマスなどを活用した発電で得たエネルギーを売電することで利益をもたらすドイツの「価値創造」という発想は，日本の地方創生のヒントとなるだろう。ドイツの再生可能エネルギー事業が成功する一因である協同組合の位置づけについても言及している。

社会学史コラム⑫　ハーバーマスのコミュニケーション的行為の理論 ▬

　社会批判を主題とするいわゆる批判理論の第2世代といわれるJ. ハーバーマスの基本視点は，自由や平等などを掲げた近代の理念が未完だという点にある。そして特に現代は，市場と国家からなる「システム」と私的・公的な「生活世界」に分離し，「システムによる生活世界の植民地化」が進んでいると診断する。前者の「システム」は，成果志向的な戦略的行為を柱とする歪められたコミュニケーションが支配的なので，後者の「生活世界」における了解志向的な対話的行為で「理想的発話状況」——事実性・誠実性・正当性の3つの妥当性要求を満たす状況——を実現させ，討議倫理に基づく間主観的な合意達成によって乗り越えられなければならないと彼は論じた。こうした考え方は，「未完の近代」をより理想に近づけるために民主主義を徹底させるという方向性である。

（N）

第12章 社会運動でマイノリティの存在を知らせる

市民サミット2008におけるアイヌの人びと（筆者撮影）

　この章では，マイノリティ差別（不当性や解消）を訴える社会運動について検討していきます。立ち上がるマイノリティの人びとの差別を訴える工夫に着目しながら，いろいろな人たちが関与できる仕組みについて考えてみましょう。

本章のキーワード

国際NGO　　先住民族の権利宣言　　承認　　社会運動のグローバル化

マイノリティという名称は，さまざまなカテゴリーにあてはまる可能性のある言葉です。具体的には，民族，人種，性別，障害，性自認，性的指向，貧困者のようなカテゴリーのことです。また「少数派」というような，その人の立場や立ち位置にもいえることです（こうした点は，序章で定義・解説されています）。さらに，ある立場から見ると，ある特定の社会的マイノリティである人（例：女性）が，別の立場で見ると，他のマイノリティの要素（例：在日コリアン）をもつという面もあります。そのような複数のマイノリティの要素で差別される場合，それは「複合差別」と呼ぶことがあります（第13章も参照）。

　マイノリティという言葉を聞いたとき，あなたはどのように感じるでしょうか。本章で着目したいのは，国際的な動きのなかで，多様性というものに積極的に価値を与えていこうとする流れです。世界的に代表的なものは，SDGs（sustainable development goals：持続可能な開発目標）という国際的な目標です。2015年までMDGs（millennium development goals：ミレニアム開発目標）として国連主導でめざしていた国際的な開発目標は，国際政治の大きな変化をふまえながらSDGsとして姿を新たにしました。日本社会においても，急激に，SDGsを達成しようとする動きが広がっています。SDGsでは，包摂性や多様性が重んじられ，誰ひとり置き去りにしないことが目標とされています。そのなかで，マイノリティの人びとの多様な性質にも注目が集まっています。

1　立ち上がるマイノリティ団体
——マイノリティの存在を知らせる

マイノリティ差別と
社会運動

　差別という側面から，マイノリティの多様な性質について考えてみましょう。マイノリティ差別は，差別されたマイノリティ側にしか存在しないような意識のあり方や言葉，

特性によって，マジョリティにとってのマイノリティが「理解不可能」なものになるために，しばしば生じます。その多様な性質を理解しようと，たとえば当事者研究においては，当事者しか知りえない情報から研究がなされ，吃音者のあり方（伊藤 2018）や発達障害者の意識と行動（綾屋・熊谷 2008）について，新たな知見がもたらされています。

　SDGs という発想は，マイノリティの存在や多様な性質を尊重するということだけではなく，その個々人の特性を経済合理的に生かすという考えにも結びつきます。たとえば，ある農作物を扱う企業で，ある障害をもつ人びとの特徴（例：一つのことに長時間集中できる）が生かされ，農作業上の除草作業が効率よく行えて農薬使用量の大幅な減少につながったことが，障害者雇用のよい事例として紹介されることがあります。

　このように，マイノリティの性質は経済的に価値化され，たしかに自立的な生活ができる可能性はありますが，その一方で，マイノリティの人びとの当事者としての立場に立てば，除草作業に仕事が限定されてしまう恐れや，障害者イコール除草作業のようなイメージが付けられてしまう可能性もあります。したがって，SDGs のようなマイノリティの性質を価値化する動きは，マイノリティの人びとの多様性を尊重するどころか，その良い面悪い面の両方がともに作用する可能性があります。

　本章で取り上げる事例も，当該事例に関わっている主体者には好影響のものであっても，同じマイノリティの人びとすべてに対してそう言えるかどうかはわかりません。下手をすると悪影響を与えることもあるものです。しかし本章では，当事者や，当事者のなかでも弱い立場の人びとに対して，多様性を知らせようと誰かが声を上げる動きはポジティブな作用を起こすことができると

いう視点を大事にしたいと思います。具体的には，当事者，支援者，傍観者など多様な人びとが，つながり合えるような工夫や仕組みに着目し，自分らしく生きられる活動への回路を見出す努力をしていきたいと思います。その活動の一つに社会運動がありますので，ここで触れる社会運動の形態をまず説明しておきましょう。

　社会運動というと，路上で激しいデモをするなど，ともすると過激なイメージもあるかもしれません。けれども，すぐ後に取り上げるように政府へのアピールや主張を行う政策提言も，社会運動の活動にあたります。また，当事者たちを中心としてセルフヘルプ（自助活動）を目的に集まる活動も社会運動ですし，ボランティア活動もそうです。さらには，社会運動のテーマに沿った組織化を行って構成員の利害のために組織活動することも，社会運動といえます。西城戸（2008）の整理を参考に，これらの活動を類型別に整理すると，以下のようになります。

　　　①当事者による当事者のための活動
　　　②ボランティア活動
　　　③組織化をともなう構成員の利害のための活動
　　　④権力組織や既得権益団体に対する活動

　これらの活動には，社会運動に適切なテーマが必要となります。これまでは，労働問題，女性問題，環境問題，福祉問題などさまざまなことがテーマになってきました。こうした活動は，時折左派や左翼の活動と考えられがちですが，社会運動と呼ばれる活動には，右派や右翼の人たちの活動もあります。本章では触れるだけにしますが，興味のある人は詳しく調べてみるとよいでしょう。本章では，上記の④①③について触れ，部分的には②についても言及することにします。

ここでは，マイノリティの人びとが，自分自身の存在や主張を伝えるための手段としての社会運動について述べておきたいと思います。社会運動を分析する方法論はさまざまありますが，本章では社会運動レパートリーと呼ばれる，「社会運動をするときの多様な手法」を取り上げたいと思います。マイノリティの立場に置かれた人びとは，差別と呼ばれる現象にしばしば遭遇し，悩まされています。社会学者は，さまざまなアプローチで差別現象に対峙し，その現象の理解を深める努力をしたり，時には当事者の立場で社会運動に加わったりすることもあります。

たとえば，アクセル・ホネットという社会学者・社会理論家は，何者かが社会的に「存在がない」ことになってしまう点に着目して，差別を論じました（ホネット 2015）。具体的には，絶対主義と呼ばれる時代に，主人に仕えているのに無視されて「存在がない」ことになっていた召使いが描写されました。こうした状況を打破するために，自分自身の存在や境遇をほかの人びとに伝えていくための活動があり，それも社会運動と呼ぶことができるとします。そうした社会運動の手法には，いくつかの種類があります。路上などで主張を声に出して訴えたり，プラカードを持ったりなどして伝えていくデモンストレーション，意思決定力のある団体に対して自分たちの主張が叶うように働きかけていくロビイング活動，意思決定力のある団体に対して自分たちの主張を反映した政策を提案していく政策提言活動などです。

先住民族としての
アイヌ民族

2008 年，筆者は北海道にいました。北海道では，先進諸国首脳会議（当時は G8，2019 年現在は G7 と呼ばれる）が 2008 年 7 月 7 日から 9 日の間に開催されました（通称，北海道

洞爺湖サミット）。8つの国の首脳や政治家たちが集結し，世界の問題をいくつかのテーマに絞って話し合いました。2016年には，伊勢志摩サミットという略称で，三重県で開催されたことも記憶に新しいところでしょう。

　筆者は北海道で，このサミットに直接参加したわけではもちろんなく，サミットをめぐって活動をしている人びとを参与観察しつつ，当時は自らもそうした活動に参画して活動状況を調査していました。筆者はサミットに対して国際NGOと連携して政策提言を行うグループを追いましたが，当時ほかにも少なくとも別の3つのグループが活動し，トランスナショナルな抗議活動が行われていました。このようなサミットへの社会運動は，総称して「サミット・プロテスト」と呼ばれています（野宮・西城戸編2016）。

　本章冒頭の写真は，アイヌとよばれる北海道土着の人びとの活動のシーンです。洞爺湖サミットに合わせて北海道・札幌で開催された，市民サミット2008での様子です。アイヌに古くから受け継がれてきたとされる音楽を奏で，その存在をアピールしました。それでは，この人びとは何をアピールしていたのでしょう。明治政府は，近代国民国家として，蝦夷（えみし，えぞなどと読む。日本古来より北陵・関東北部から北海道にかけて住んでいた人びとを指す）のこの地を植民地化して新たに「北海道」と名づけ，アイヌの人びとを植民地住民として扱いました。その後，ある程度の平等は達成されたかに見えますが，アイヌの人びとが①先住民族であること，また，②植民地支配の歴史があることなどの，政府が認めていない現実が2008年当時にはありました（越田2012）。

　本章冒頭の写真（市民サミット2008）の場所とは異なりますが，別の会議（Civil G8対話2008）でアイヌのひとり，酒井美直さんは次のように訴えかけました。「〔私は〕先住民族サミットの共同

代表をしている。大地のうえで話し合い，グラスルーツの声を聞いてほしい。気候変動の影響を一番受けているのは先住民族であり，声を聞くのは不可欠である。アイヌを先住民族として日本政府は認めるべきである。世界の感覚から言ってもおかしいのではないか」(Civil G8 対話実行委員会 2008：19-20)。

　酒井さんは洞爺湖サミットの首脳に対して（正確には日本政府関係代表者を通じて），先住民族としてのアイヌの存在を訴えました。その訴えとは具体的には，アイヌの人びとが古くから居住していた平取という場所でのダム建設予定に対する，先住民族としてのアイヌの存在の重要性についての主張です（平取ダムは2018年に竣工式を行い建設が進んでいます）。また，アイヌを先住民族として認めるべきとの訴えですが，2007年に国連で提出され採択された「**先住民族の権利宣言**」を受けて，日本政府が同年に認める声明を出し，2008年6月に「アイヌ民族を先住民族とすることを求める決議」が衆議院，参議院にて決議されました。2019年にはアイヌ新法が成立し，法律上の文言としてアイヌが「先住民族」であることが明記されました。

**アイヌ民族の事例
からの学び**

　それでは，この事例から学べることを整理しておきましょう。前述のように，サミットにおける社会運動は「サミット・プロテスト」と呼ばれ（野宮・西城戸編 2016），いくつかの特徴があるとされています。実は論者によってその見方は異なるのですが，ここで筆者の視点を示しておきたいと思います。大きくは2点あります。一つは，グローバル化の進展とともに，より運動体内の多様性が存在するようになったことです。グループの主張の種類，参加する人の属性が多様になりました。いま一つは，運動の現場の多様性です。サミット現場近くで運動が展開

される場合もあれば，少し離れたところ，あるいはまったく異なる場所で行われることもあります。また多数が参加するサミットという政治イベントの性格上，サミットの会場が複数になり，さらに比較的長期間（数週間〜数カ月）にわたるので，運動の活動の空間と時間も多様になります。

　こうした「サミット・プロテスト」の運動の帰結は，先に見たように，アイヌ民族が日本政府に認められるというような大きな成果を得る場合もあれば，とくに目立った成果がない場合もあります。またグループによっては，グループ内部で，結果の解釈に違いが出たり，意見の食い違いにもつながったりしてしまうこともあります。こうした状況は社会運動体にとっては，必ずしもよい状態とはいえませんが，食い違いの調整は運動にとって永遠の課題ともいえるかもしれません。

　「サミット・プロテスト」運動における主張の伝え方にも着目してみましょう。酒井さんたちは，音楽と舞踊を通じて，自らの存在を伝える工夫をしました。アイヌ民族の音楽と舞踊という回路を通じて，一般の人びとにその存在を知らせる機会をつくりました。このように運動体外の人びとでも親しみやすい手法を用いることで，より多くの人びとに運動について興味をもってもらえる可能性があることがうかがえます。この点を指摘しておいて，次節では，社会運動の手法の工夫という視点から，マイノリティ差別について考えてみたいと思います。

2 マイノリティ差別を訴える工夫
──別の何かを介して知る

社会運動のグローバル化と
社会運動研究

みなさんは社会運動には誰かの心や行動を動かす一定の「力」があると考えるでしょうか。しかしこの問いに対しては，いつも否定的な意見がありえます。社会学者の間でも，社会運動の性質や影響力とはそもそもどのようなものなのか，ということが大きな議論を呼んでいます（稲葉 2016）。

筆者の視点は，主として前述のホネットの考え方に依拠しています。ホネットは，社会における「不正の経験」について，現場の人びとと共同でその「不正」の研究・検討を行うことを提唱しています。筆者は，その視点が社会運動研究に応用できる視点となると考えています。それは，現場との共働によって，批判的に新たな社会や規範を構想することにも連なります。ホネット自身は，ヘーゲルの社会哲学を「承認」という概念を軸に再構成し，「不正の経験」による不承認の状態を脱するための，さまざまな理論的営為を続けていますが，本章で取り上げる「立ち上がるマイノリティの人びと」は，自らの社会的な「承認」を勝ち取るための活動をしているといえるでしょう。

では，社会運動は現実に対してどのような力を持っているでしょうか。筆者は，洞爺湖サミットをめぐる運動のなかで，連携の成果と見なされる部分と，必ずしも成果とはいえない部分とを見出しました。連携の成果といえる部分は，社会運動団体に加えて，行政や市民の人びととの連携を通じて，もともと目標としていたことが実現できる可能性を切り拓いていく活動でした。筆者の問

いは，「社会運動と呼びうる活動の活動目標を共有しつつ，批判的に現場に関わりながら，活動目標の達成を学術的に共同でかなえていくことができるか」という点でした。

そこで，ここでの論点の一つである**社会運動のグローバル化**に沿って，ポイントを述べておきましょう。グローバル化とともに，ますます複数の社会運動の争点（「イシュー」といいます）が同時に議論されるようになり，社会運動も新たな連携・連帯を形成していくようになっていきます。日本でもサミットに対する対抗運動としては，1979 年の東京サミットの時点からそうした複数の状況が見られたようです（濱西 2016）。

社会運動自体がグローバル化することによって，多様なイシューの議論が進展し，そうしたイシュー群をもとにしたグループの連なり＝マルチイシュー・ネットワークが国際的に広まってきています。そして，そうした運動の影響がさまざまなかたちで国内にも浸透しつつある状況があります（それをグローカル運動と呼びます）。ここには，社会運動だけではなく，政治やメディア，経済活動の影響も複雑に絡み合っています。冒頭に触れた SDGs には，そうした複雑な影響が読み取れるでしょう。社会運動の話に戻すと，マルチイシュー・ネットワークが広がることで，争点がたくさんあれば，それだけ，多くの人が参加しやすい仕組みとなります。こうした人びとを巻き込んで，それぞれの問題を考えていける「力」が，社会運動にはあります。

そして，イシューの多様性だけではなく，多様な手法を工夫することもできるでしょう。以下では，担う側の工夫に関する事例をまず検討し，次に社会運動へアプローチする当事者の多様性について考えてみたいと思います。

運動を担う側の工夫と事例

前述のアイヌ系の酒井さんたちは，AINU REBELS（アイヌ・レブルズ）という音楽グループを作って活動をしていました。洞爺湖サミットの際にも，同時開催の「先住民族サミット」という世界の先住民族の人びとの集まりに参加して音楽を披露し，北海道，日本，そして世界におけるアイヌ民族の存在について語り合いました。アイヌ伝統の音楽と舞踊という手法は，酒井さんたちのような若い当事者にとっても，アイヌ民族を語るうえで重要であったようです。酒井さんたちは，それらを通してならば自己表現ができると捉えていました。

このような社会運動の手法の工夫は，当の活動者，そして周囲への訴えかけとしても有効であることがわかります。社会運動研究においては，手法のことを「レパートリー」といいます。すでに述べていますが，路上で主張をするデモンストレーションや，政治家などの権力者に主張を伝えたり，現実の調整活動を行ったりするロビイング活動など多種多様なレパートリーが研究書でも紹介されています。

当事者の多様性とともに変化する

さてここで，社会運動によって，私たちの社会にもたらされた多様性を知るための2つの事例を紹介します。一つの事例では当事者の視点の重要性について，もう一つでは社会への接点を増やしていくことの重要性について，見ていきたいと思います。

著書にて当事者にしかわかりえない世界観を書き上げようとしている医師・学者，そして脳性まひ患者でもある熊谷晋一郎さんは，「世界との関わりがうまくいかない」状態からの脱出経験として，リハビリをやめ電動車いすを使用しはじめたことについて

記しています。たいへん負担の大きい，かつ効果の薄かったリハビリをやめ，電動車いすに乗ったとたんに，地面の上を悠々と動き回り，これまでは容易ではなかった自動販売機に近づくことができるようになったということです。こうした経験のなかで熊谷さんは，世界との心理的な距離が近づく経験をしています。地面やモノが世界へようこそと手招きをしているというふうに表現しています（熊谷 2008：199-200）。

　少し強引なまとめになりますが，熊谷さんに必要だったのは，他者（社会）が推奨するリハビリではなく，電動車いすだったことになります。熊谷さんのこうした当事者経験を記述する営みは，当事者の側からマジョリティ社会の認識不足を発見する試みにつながっていきます。

　雑誌『ビッグイシュー』日本語版の創刊者，佐野章二さんは，ホームレスの人びとが路上で『ビッグイシュー』を販売する活動をしはじめるにあたって，「誰かが困っていることを仕事にする」という視点を大事にしています（佐野 2013）。活動の視点は，ホームレスの人びとと一緒に雑誌販売というビジネスをするということにあります。

　ビッグイシューの活動を紹介した著書に並ぶ言葉は，まるでベンチャー企業の社長のような言葉ばかりです。しかし，ただ一つ異なるのは，問題の当事者であるホームレスの人びとを主人公として据えていることです。そして，佐野さん自らも当事者の仲間となって動くことを宣言しています。佐野さんはその活動が個人ではなく組織としての活動であることも強調しています。その活動においてはホームレスの人びとは，まるで社員であるようです。ホームレスの人びとは，そこでは販売員となるわけです。筆者は何度も『ビッグイシュー』を購入していますが，そこでホームレ

スの販売員の人たちと会話をし，何度か会う方とは近況を語り合ったりもしました。販売員という新しいアイデンティティによって，当事者と社会にもたらされた経験だということができるでしょう。

　これら2つの事例からわかるのは，一つめは，当事者の視点を深掘りしていくことで，当事者自身にある問題に目を向けるのではなく，社会の側（障害学分野では「社会モデル」といいます。本書第2章参照）の問題にはっきりと目線を移していくことの重要性です。そして，もう一つは，当事者自身の役割を変質させていくことで（佐野さんの事例の場合は，貧困者というカテゴリーから販売者というアイデンティティへの変化で），社会への接点を増やし，当事者や社会により多様性をもたらすことができるということです。以上の2点は，社会運動における多様性（とくに強調したいのは「関わり方」の多様性）を検討する本章にとって重要な視点であることを確認しておきたいと思います。

3　社会運動における多様性
——関わるためのいろいろな回路

**社会運動の外にいる
人びととの関わり**

　ここまで，マイノリティの存在を可視化しようとする試みのいくつかを見てきました。マイノリティの人びとは，場合によっては活動を支える支援者とともに，マジョリティ社会の側にマイノリティのおかれている状況や主張を伝えたり，マジョリティ社会の側の不足を指摘したりして改善を要求する行動をしています。マイノリティ差別を伝える工夫についても見てきました。音楽・舞踊や学術的な知見としてもそれは表すことが

できます。また，自分に起きた変化を書き記したり，雑誌を販売する販売者になっても表現することができます。そこで今度は伝える工夫について，受け止める側に立って検討をしてみたいと思います。

社会運動組織も，法人組織（たとえば，企業や大学など）と同じで，人が入れ替わったり，世代が交代したり，断絶したり，など生命体のような側面も持ち合わせています。それは，どのようにすれば社会運動を担う主体を生み出すことができるかという問い（西城戸 2008）とも連なってきます。本章では，主体といった少し強めのイメージではなく，軽めの関わり程度でも，第三者的な立場から運動体とどのようなかたちであれば向かい合うことができるのか，あるいは少しでも関心を向けることができるのか，といった問いに変換して考えてみたいと思います。

ホームレスの人びとへの
総合的な支援

NPO Homedoor（ホームドア，以下，「ホームドア」と略記）は，川口加奈さん（現理事長）が 19 歳のときに開始した活動からはじまっています。

川口さんは幼いころからホームレス問題に関心を持ち，当時，夢として語っていたホームレスの人びとの宿泊施設を，2018 年に念願叶って設立しています（名称は「アンドセンター」）。同センターでは，宿泊ができるほか，無料のシャワー施設や相談所も兼ね備えている施設となっています。同センター設立後のはじめての活動年度報告会では，スタッフから，この設立活動が同団体の活動の強化につながったという説明がありました。

「ホームドア」の活動は，段階的に成り立っており，ホームレスの人びとの社会復帰に向けた総合的な支援となっていることが特徴です。基本となる活動として，ホームレスの人びとへの支援

表 12-1　「ホームドア」の活動からみる運動の多様性

イシュー	担い手	社会との接点
貧困問題	当事者	主　張
環境問題	支援者	政策提言
ソーシャル・ビジネス	第三者	経済活動・ビジネス

（注）　担い手は，ホームレスをマイノリティ「当事者」，「ホームドア」運営側を「支援者」，どちらでもない一般の人びとを「第三者」としている。

としてよく実施されている夜回り活動にはじまり，相談，そして宿泊場所の提供から居場所の確保，ならびに食堂を開くことによる食の回復，またそこから職の探索，そして再出発（同団体の活動メニューとしては，引越し・見守り，就労定着，卒業生サポーターへ）と移行していきます。こうした総合的な支援は，正のループを描いているといってもよいでしょう。

イシュー・担い手・社会との接点

そこで，「ホームドア」の活動を「多様性」という視点から捉え直してみたいと思います（表 12-1 も参照）。ホームドアの活動の一つに，レンタサイクルの活動があります。たんにレンタサイクルを営むわけではなく，レンタサイクルの修理などにホームレスの人びとが関わるというアイデアから，同活動ははじまっています。

これは生活の糧を得るため，空き缶を収集する目的で自転車やリヤカーを利用するホームレスの人びとが，普段から自転車のパンク修理などに長けていることに目をつけたアイデアでした。もともとはホームレスの人びとの支援という貧困問題に着目していますが，ホームレスでない誰でも利用できるレンタサイクル活動

（同活動は，後にポートと呼ばれる場所でどこでも自転車の貸し借りができるシェアサイクル事業「HUBchari」に拡大）からは，環境問題への関わりも見えてきます。サイクル事業に社会問題の解決をセットにした，ソーシャル・ビジネス（環境・貧困などの社会的課題の解決をビジネスの手法でめざす取り組み）という視点も見出すことができるでしょう。

　こうしたイシューの多様性は，それぞれが独立して活動するにも十分なボリュームもあるため，それぞれに引きつけられる第三者もおのずと出現する可能性を持っています。事実，筆者は，レンタサイクルの利用を通じて，同NPOの活動を深く知ることができました。ここで，担い手の多様性も見えてきます。「ホームドア」は当事者と支援者が深く関わり合った活動であるとともに，シェアサイクルを利用する利用者（第三者）へも，アプローチすることができています。

　これらのイシューや担い手の多様性を，社会との接点という観点からまとめてみましょう。「ホームドア」の活動は，ホームレスの人びとを支援したいという主張から成り立っていますが，アンドセンターという宿泊施設の設立も含めて，総合的な支援をホームレス支援のモデルとして，政策提言につなげていきたい考えがあります。またこれに加えて，経済活動にもコミットメントしており，収益を得ながら，活動の継続とホームレスの人びとの就労の拡大を視野に入れています。いちばん新たなソーシャル・ビジネスの活動の一つとして，ホームレスの人びとが撮影した独自の視点の写真を販売する事業もはじまっています。

マイノリティの社会運動の行方

　これまでマイノリティの人びとの社会運動への関わりについて事例を通じて見てきました。社会運動へ関わ

るということは，当事者や問題意識をもった人びとの特権ではなく，「ホームドア」の事例にも表れているように，支援者，そして第三者にもできます。私たちが知ることからはじめて，さらに気軽な関わりからはじめることが大事であり，そうして多様な関わり方を許容することで，活動の広がりと深化が期待できるともいえるでしょう。

　研究者同士でも運動体との関わりをどのようにするかが，しばしば話題になりますが，筆者は，どのようなかたちででも型にこだわらずに，運動体と接するようにしています。本章に登場した人びととともしばしば接触していますが，こうして書き記すことを含めて，筆者なりの関わりをしていきたいと思っています。

分断と差別をこえる

このように，「ホームドア」の活動に参加することでホームレスの人びとが社会復帰できることは，とてもよいことで，次々とそうした人びとが出現することで，正のループを描くことができると述べてきました。

　しかしながら，ホームレスの人びとにもいろいろな人びとがいます。ホームレスの支援活動を行うことで，ホームレスの人びとのなかに「分断」が発生することは，しばしば指摘されてきたことです。すべての人びとの満足を得ることは難しいということを念頭に置いておくべきかもしれません。マイノリティの人びとの多様性を常に意識しておくことも重要だとすれば，目の前の差別に闘いを挑みながら，しかし，どこかでまた差別が発生する可能性にも目を配っていくことも必要でしょう。

　関わる個々人それぞれが，必要とする糧を物質的・精神的両面で得ることができる環境を整えていくこと，そして，そうした環境に集う人びとが，どのようなかたちででもつながり合っている

ことが必要ではないでしょうか。それにより駆け込み寺的に，どのようなタイミング，あるいはどのような考えを持った人でも，関わることができる可能性を形成することも，不可能ではないかもしれません。

　マイノリティの立場からマジョリティの側の人びとと対峙するのではなく，新しい世界のあり方を提示し実践していくことこそ，本章で例示した，立ち上がる人びとから垣間見えることであると筆者はみています。みなさんには，マイノリティの社会運動はどのように見えるでしょうか。

キーワード解説

国際 NGO：一国家の問題というよりは，国際的に複合的に対応したほうがよい問題群，人権，平和，地球環境などの課題をテーマとするNGO のことを，とくに国際 NGO と呼ぶ。国際的に有名な団体は，国境なき医師団やアムネスティ・インターナショナル，グリーンピースなどである。日本でも，人権や平和問題を扱う国際協力 NGO センター（通称：JANIC），気候変動問題を扱う気候ネットワークなどがある。これらは国連などが実施する国際会議で，現場において課題になっていることを議論し政治を動かしたり，現場での情報収集，救援活動や支援活動などを行ったりして，幅広く活動している。

先住民族の権利宣言：先住民族の権利宣言は，正式には，「先住民族の権利に関する国際連合宣言」という国際連合総会において可決された宣言である。時は，2007 年のこと。先住民族について，国連において議論がはじまったのは，1982 年のことであり，実に二十数年の歳月がかかっている。1993 年は「世界の先住民族の国際年」とされ，1995 年には，次の 10 年間を「世界の先住民族の国際 10 年」とし，それがさらに次の 10 年間も継続され，その間に，世界のさまざまな先住民族の人びとが議論を繰り返し，ネットワークをつくり出している。その結果，そうした先住民族の人びとの視点からも地球規模

の問題が議論される素地を生み出している。

承認：アクセル・ホネットは『承認をめぐる闘争』において承認の3つの形式（愛・法・連帯）の理論的・現実的内実を描き，社会の批判的分析のための中心概念とした。ホネットの構想は，承認とは，その反対の状況，非承認，あるいは不承認という現実の状況を打破するための理論的・現実的な貢献である。本章のテーマに沿えば，マイノリティの人びとの不遇な状態＝非承認・不承認の状態を理解する探究に加えて，問題の解決＝承認に向けてどのようなことができるかを考えていく枠組みが示されているといえる。

社会運動のグローバル化：1999年にシアトルで行われた国際会議，第3回世界貿易機関閣僚会議に対する抗議運動には，地元の人びとだけではなく，世界のさまざまな場所から人びとが集結した。こうした動きを契機にして社会運動のグローバル化も議論されるようになってきている。グローバルな移動のしやすさや情報交流の活発化が背景にあり，グローバルな連帯が議論の俎上に挙がっている。気候変動問題の際にも，社会運動のグローバル化においてと同様に国家の存在が問われつつあり，注視をしておくべき出来事であろう。

ブックガイド

■アクセル・ホネット『承認をめぐる闘争――社会的コンフリクトの 道徳的文法』山本啓・直江清隆訳，法政大学出版局，2003年

　タイトルにある「承認をめぐる闘争」は，承認をめぐって人びとが行為するさまを捉えた言葉である。ヘーゲルの議論を受けて，人びとが社会生活を送るうえでの基本的な承認のかたちとして，「愛（家族や友人関係）」「法（秩序の形成）」「連帯（社会活動や労働を通じた自己実現をもとにした連帯）」を提示している。具体的な社会調査もふまえながら，ホネットは，現代社会における承認をめぐる葛藤や活動の様相を捉え，未来の社会形態について積極的に議論，発言を行っている。

■アントニオ・ネグリ『〈帝国〉をめぐる五つの講義』小原耕一・吉澤明訳，青土社，2004 年

『帝国』という著作において，「マルチチュード」という概念をネグリは提示した。彼によれば，現代は民主主義によって描かれる多数決や少数者の擁護が実現する世の中ではなく，少数の絶対者が君臨する絶対主義の世の中に近い。そこで，少数者による絶対的支配を揺るがし変革するために，多数性を意味するマルチチュードという論点を示したのだ。マルチチュードは，高度な情報社会である現代における多数派でもあると捉えられる。この本では，5 つの講義が 13 個のテーマに分けられて，世界規模のマルチチュードの概念が日常語に近い言葉で語られている。

■佐野章二『社会を変える仕事をしよう』日本実業出版社，2013 年

ここで取り上げた著書は，ほかの 3 冊と異なり，ビッグイシュー日本を立ち上げた実践家の佐野章二によるものである。彼は，本章でも触れているが，ホームレスの人びとにたんに手を差し伸べるのではなく，一緒にビジネスをしていくことで，当事者とともにホームレス問題に立ち向かうという方法論を提示している。いまや少しずつ浸透しつつあるアプローチだが，実践から生み出された貴重な方法論として一読の価値があると思われる。

■綾屋紗月・熊谷晋一郎『発達障害当事者研究——ゆっくりていねいにつながりたい』医学書院，2008 年

この著作で，著者らが伝えたかったのは，発達障害者の行動原理である。感覚，声，自己感覚，他者について，綾屋の体験がテキストとして表現される。しかしそれは，健常者のそれと地続きでもある。たとえば，健常者にとって当たり前である「空腹」はどのように立ち現れるのか，「モノ」の意味はどのように把握されるのか。読後には，説明の迫力が身体に響き渡り，自分の認識が新たになったような気持ちになる。「ゆっくりていねいに」とは，「当たり前」のことがどのように成立しているかを見通すことであり，障害者とは，あるいはさらには健常者とは，という意味内容に深みを与え，どのように人がつながりあうかのスローガンになっている。同書ではさらに哲学的な概念

　近現代社会を，資本主義，工業主義，軍事力，監視という4つの制度特性として捉えるA. ギデンズは，行為論を彼の社会学理論の根底に置いて，社会を相互行為と構造からなる「構造の二重性」をもったものとして捉える。つまり社会は，相互行為によって構造形成する構造化する位相と，出来上がった構造によって相互行為が規制的に構造化される位相がらせん状に進行するものとして捉える。そして近代（モダニティ）は，近代化の過程で，相互行為が自らの行為に関する自省的な再帰性を向上させるように，自らに再帰する能力の拡大をもたらしたと彼はみなす。特に現代は，グローバル化のように時空間の拡大（ギデンズはそれを「脱埋め込み」と呼ぶ）が著しい。そこでギデンズは，自己と社会の再帰性（reflexivity：反省性という意味合いもある）の能力の向上のために，教育に力を入れる社会投資国家をめざしていくことを提唱している。　　　　　　　　　　　　　　　　　　　　　　　　　　　　（N）

▬▬

（アフォーダンスや間身体性）の再検討にも挑戦しており，最新の動向は，同著の共著者である熊谷さんと哲学者である國分功一郎さんとの対談集『〈責任〉の生成』（新曜社，2020年）でうかがうことができる。

第 *13* 章　マイノリティ／マジョリティを問い直す

「人間」

健常者

男　性

異性愛

日本人

一般的な「人間」としてイメージするのは，どんな人？（筆者作成）

　本章では，差別をマジョリティ／マイノリティの社会関係として分析する基礎的な理論について考察します。社会集団におけるマジョリティとマイノリティの非対称的な関係をふまえて，それを克服するような「脱差別」の方向性について考えていきましょう。

本章のキーワード
排除　　内集団／外集団　　エスノセントリズム　　三者関係

一般に，差別は「マイノリティの問題」と考えられがちです。マイノリティが，その属性ゆえに忌避・排除され，不公平な扱いを受けている，というわけです。そのように考えるかぎり，差別の原因はあくまでもマイノリティの特殊性にあることになってしまいます。

　しかし，そもそも「マイノリティ」とは，「マジョリティ」との対比によって定義される相対的な概念であるはずです。誰がマイノリティであるかは，誰がマジョリティであるかと裏表です。たとえば，Aというエスニック・グループがマイノリティになるのは，その社会のなかで，ほかのエスニック・グループが多数を占めるからであって，逆にAというエスニック・グループが多数を占める社会のなかでは，Aはほかならぬマジョリティであり，その属性が「特殊」と見られることはないでしょう。このように，マイノリティの「特殊性」（その特徴が「特殊だ」と見なされること）は，その特徴をもたない者がマジョリティの地位にあることに由来するのです。

　また，たとえマイノリティが「特殊性」をもっているとしても，だからといって差別される必然性はないはずです。にもかかわらずマイノリティが差別されてしまうのは，マジョリティが差別するからにほかなりません。

　したがって，マイノリティをめぐる問題は，マジョリティのあり方と相関します。その意味で，差別は「マジョリティの問題」であるといえるでしょう。そこで本章では，マジョリティのあり方に力点をおいて，マイノリティとマジョリティの関係について考えてみようと思います。

1　マジョリティ問題としての差別
——マイノリティ／マジョリティの非対称性

マイノリティとマジョリティの間には，さまざまな意味で非対称的な関係がみられます。これから述べることは，必ずしもそれ自体が即差別とはいいきれませんが，差別と深く関わっています。

差別の前提条件といえるかもしれません。

カテゴリーの非対称性

まず一つは，カテゴリーの非対称性です。私たちは人を認識するとき，なんらかの社会的カテゴリーにあてはめます（カテゴリー化）。「男性／女性」「日本人／外国人」「大人／子ども」「教員／学生」といった区分によって，他者はもちろん自分自身をもカテゴリー化しているのです。

しかし，マイノリティとマジョリティでは，カテゴリー化の仕方が異なるという傾向がみられます。たとえば，女性の医師はしばしば「女医」と呼ばれますが，他方，男性の医師を「男医」とは呼びません。一般的に医師は男性であることが多いため，「医師」といえば暗黙のうちに男性をイメージしがちであることから，「男性」の医師とあえて表す言葉がないのでしょう。

性別に関していえば，そもそも「女性」と「男性」は，英語では"woman"と"man"ですが，"man"は性別を問わず人間一般を表すときにも使われます（たとえば"Man is a social animal."＝「人間は社会的動物である」）。男性を指す代名詞"he"も同様です。他方，女性を表すときには，そしてそのときのみ，"man"（＝人間）に"wo"という印を付け加えた"woman"や，代名詞"she"が使われます。いわば，「男性＝人間」に対し「女性＝女の人間」というわけです（ただし現在では，以上のような男性中心的な用語法が疑問視され，人間一般を表す場合に"person"や"human being"，また代名詞では"he or she"などと表記する傾向があります）。

また，「障害者」という言葉がしばしば単独で使われるのに対して，「健常者」という言葉はほとんど「障害者」と対比される場合にしか使われません。「同性愛」と「異性愛」も同様です（「異性愛」という言葉自体，最近まで辞書にも載っていませんでした）。

このように，マイノリティ（女性の医師，障害者，同性愛者）は性，障害，性的指向といった特定の特徴を示す（言語学や記号論の用語では「有標」あるいは「有徴」の）カテゴリーで認識され，他方，マジョリティ（男性の医師，健常者，異性愛者）は，マイノリティと対比されないかぎり，「有徴」のカテゴリーで認識されることがほとんどないのです（池上 1984）。

マジョリティは普段，自らの特徴を意識せず，「当たり前のもの」として生活しています。たとえば，障害者はさまざまな場面で「障害者」であることを意識せざるをえないのに対し，障害をもたない者は日常生活のなかで自分が「健常者」であることを意識することがほとんどありません。

同様に，同性愛者は「同性愛」であることを意識せざるをえない場面に直面することが多いですが，他方，異性愛者は普段，自分が「異性愛」であると意識することはほとんどありません。それどころか，暗黙のうちに周りもみな異性愛者だと思い込みがちです。たとえば恋愛の話をするとき，相手の性的指向を確かめることなく，相手が女性なら「彼氏いるの？」と聞いたり，相手が男性なら「彼女いるの？」と聞いたりします（もちろん，場合によってはセクシュアル・ハラスメントになりますが）。しかし，この何気ない問いは，相手がレズビアンやゲイであった場合，その人を大いに困惑させることになります。なぜなら，この問いは暗黙のうちに異性愛を前提としたものであり，問われた側はその前提を共有できないので，同性愛者としてどう対応すべきか（同性愛者であることをカミングアウトするか，それとも異性愛者を装って「まだいないんだ」などと答えるか）という問題を突きつけられてしまうからです。

次に，メンバーシップの非対称性が
あります。私たちは，さまざまな集
団に属して生活していますが，必ず
しも集団のメンバーすべてが同じ資格で集団に属しているとは限
りませんし，互いに「仲間」として承認し合っているとも限りま
せん。「差別」と見なされるケースに限らず，集団内の一部のメ
ンバーが，集団に属していながらメンバーとして完全には認めら
れていないという場合が，しばしばみられます。たとえば職場の
集団における正社員と非正規社員の差異も，その一例といえるで
しょう。

社会のなかでマイノリティが置かれている立場についても，そ
のようなことがいえます。たとえば外国から帰化した人や，一方
の親が外国出身の人など，いわゆる外国にルーツをもつ人が，れ
っきとした日本国籍をもつ国民であるにもかかわらず，しばしば
「純粋な（または真の）日本人ではない」と見なされることがあり
ます。このとき，外国にルーツをもつ人は日本国のメンバーであ
りながら，完全にはメンバーとして認められていないという状況
にあります。

ここで重要なのは，他者を「純粋な日本人ではない」と言って
いる人びと自身は，その「純粋な日本人」に属しているわけです
が，「純粋な日本人」の定義を決めているのは，ほかならぬその
人びと（マジョリティ）自身だということです。つまり，誰を完
全なメンバーとして認めるかを判断する権力が，マジョリティの
手の内にあるということです。

このとき，二重の集団が成立していることがわかります。マイ
ノリティをも含んだ広義の集団と，マジョリティのみから成る狭
義の集団です（図13-1）。先の例でいえば，外国にルーツをもつ

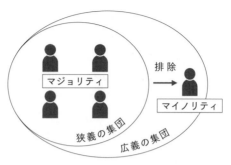

図 13-1　広義／狭義の集団

人を包摂した「日本人」と，それを排除した「純粋な日本人」と
いうことになります（戴 2005）。マイノリティは，広義の集団に
属していながらも，狭義の集団からは排除されていることになり
ます。他方，マジョリティは広義と狭義のどちらの意味でも集団
に属しているので，自分が集団のメンバーとして認められるかど
うかを気にかける必要がなく，安住していられるのです。そればか
りか，マイノリティをメンバーとして認めるかを判断する権力を
をも行使できる地位にいるのです。

　社会学には「内集団／外集団」という概念があります。自分が
所属し，「われわれ」という共属意識をもっている集団を「内集
団」，自分が所属しておらず「他者」として認識している集団を
「外集団」と呼びます。しかし，上に述べたように広義の集団に
属していながら狭義の集団からは排除されているマイノリティは，
自分にとって「内集団」であるはずの集団のメンバーから，あた
かも「外集団」の人間であるかのように扱われてしまう，という
ことになるのです。

マジョリティの普遍化

本章の冒頭で，マイノリティ／マジョリティは相対的な概念だと述べました。いずれも集団あるいはカテゴリーとして捉えるかぎり，互いに異なった特徴（身体的特徴や，言語・生活習慣などの文化）をもっているといえます。あえていえば，マイノリティもマジョリティも，「特殊」な存在なのです。にもかかわらず，マイノリティの特徴がとりわけ「特殊」なものに見えるのは，なぜでしょうか。もちろん，ただたんに数の比較によって，多いものが普通に見え，少ないものが珍しいので特殊に見えるというのも一因でしょう。しかし，それに加えてつぎのようなメカニズムがあるのではないでしょうか。

　社会全体の制度や規則，慣習などは，社会のなかで主流の地位を占めるマジョリティによって，自分たちを基準としてつくられる傾向があります。さらに，それらの制度・規則・慣習が，本来は特定の人びとを基準としたものにすぎないのにもかかわらず，あたかもすべての人間にあてはまる「普遍的なもの」のように見なされてしまいます。そうなると，マジョリティの基準にあてはまらないマイノリティは，ただたんにマジョリティと比べて社会的に不利な状況に置かれるだけでなく，「普遍的」な制度・規則・慣習に適応できない「特殊」な（しばしば「劣った」）存在として，否定的な評価を受けてしまうのです。

マジョリティを「基準」とした社会

いまの説明をもう少し具体的に，男性がマジョリティを占める職場の場合に置き換えてみましょう。そこでは，マジョリティである男性（このケースの場合，家事・育児といった家庭のことを妻に任せて仕事に専念できるようなタイプの男性）を基準にして，働き方や職場づきあいの慣習（長時間の残業，酒席への

参加など）ができあがっているとします。この場合，家庭を軽視した働き方や職場づきあいが，「男性を基準にした特殊なもの」というよりは，「人としてあたりまえの普遍的なもの」だと認識されがちです。このような職場環境のなかで，女性従業員や，仕事だけでなく家庭にも参加したい男性従業員は，どのような立場になるでしょうか。妊娠・出産や子育てなどの事情に左右されやすい従業員は，「あたりまえ」の働き方やつきあい方ができない特殊な存在として，半人前扱いや厄介者扱いをされてしまう可能性があります。「男女共同参画」が唱えられている現在，男女が職場で平等・対等に働くには，「男性の働き方＝普遍的な働き方」という前提を見直す必要があるのです。

　また，マジョリティを基準としてつくられているものには，制度・規則・慣習だけでなく，建物や交通機関などの物理的な社会環境もあります。本書の第 2 章で論じられている「障害の社会モデル」は，障害者に生活の制限をもたらしている原因は，本人の心身の障害だけでなく社会的障壁にもあるという考え方ですが，この社会的障壁となっているものこそ，まさにマジョリティである健常者を基準としてつくられた制度・規則・慣習や，物理的環境だといえるでしょう。しかしそうした制度・規則・慣習や物理的環境が「健常者を基準にしたもの」というよりは「普遍的なもの」と見なされたことによって，これまで問題視されにくかったと考えられます。

　マジョリティは，その社会の全員ではありません。にもかかわらず，マジョリティがあたかも社会全体であるかのように見なされることがある——というのがここでの要点です。こうした洞察は，さほど目新しいものではありません。社会学の古典として知られるゲオルク・ジンメルの『社会学』のなかに，多数決に関す

る考察がありますが，そこにもいま述べたような指摘が見られる
のです。

多数決は，集団全体の意思決定をする際，メンバー全員の意見
が一致しない場合に行われます。決議の結果，多数のメンバー
（マジョリティ）の意見が採用され，異なる意見をもったメンバー
（マイノリティ）もそれに従わなくてはなりません。少数派がこの
決定に従う動機は2通りあると，ジンメルは考えます。一つは，
多数派と少数派には勢力の差があるため，抗えないからというも
の。もう一つは，個々人の意思をこえて「集団全体の意思」が存
在するということを前提に，多数派の意思は集団全体の意思と見
なされ，人びとが「多数派の口によって語られるこの総体に」従
うというものです（ジンメル 1994：207）。

本書が扱っている「マジョリティ／マイノリティ」は，多数決
における多数派／少数派とは異なるものですが，多数派の意思が
集団全体の意思と見なされることと，マジョリティの基準が社会
全体の普遍的な基準と見なされることが，重なり合っているよう
に思われます。

2 カテゴリーの複数性と複合差別

カテゴリーの複数性と
差別

先ほどから述べているとおり，私た
ちは自己や他者をカテゴリー化して
いるのですが，一人の人物は複数の
カテゴリーにあてはまります。たとえば，ある人が「女性」とい
うカテゴリーにあてはまるとしても，それだけでこの人の属性を
すべて表せるわけではありません。この人は「日本人」であり

「健常者」であり「大学生」であり……と，さまざまな（ほとんど無限の）ほかのカテゴリーにもあてはまるわけです。

　ある人がどのカテゴリーで捉えられるかは，文脈（その人が置かれている社会的場面）によって異なります。たとえば学生割引を受ける際には「学生」というカテゴリーにあてはまることを証明する必要がありますが，海外旅行の際には「日本国民」であることを証明するパスポートを持参しなくてはなりません。また，たとえば「女子学生」などのように，複数のカテゴリーが組み合わされて用いられることもあります。

　さらに，その人が属するカテゴリーは，マジョリティであったりマイノリティであったりします。ただし本章の冒頭で述べたように，マジョリティかマイノリティかは文脈によって異なります。たとえば「日本人」というカテゴリーは，日本社会ではマジョリティですが，外国に行けばマイノリティになります。

　つまり，私たち一人ひとりは複数のカテゴリーに属しており，あるカテゴリーではマジョリティ，別のカテゴリーではマイノリティになる可能性があります。また，その人がどのカテゴリーで認識されるか，そしてマジョリティになるかマイノリティになるかは，文脈によって変わるのです。一人の人物が複数のカテゴリーでマイノリティになる可能性もあります。

　たとえば，エスニック・マイノリティに属することによって差別されている人びとのなかでも，男性がマジョリティとして女性を差別する場合があります。またエスニック・マイノリティの女性は，人種差別と女性差別という二重の差別を受けることもあります。このように，マイノリティ／マジョリティは複雑な関係にあり，それにともなって差別も複雑な様相を呈しています（図13-2）。

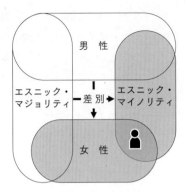

図 13-2　複合差別

複　合　差　別　このような複数の差別の複雑な関係を分析するために，上野千鶴子が「複合差別」という概念を提起しました。複合差別とは，「複数の差別が，それを成り立たせる複数の文脈のなかでねじれたり，葛藤したり，一つの差別が他の差別を強化したり，補償したりという複雑な関係にある」（上野 1996：204）ことをいいます。

　先述の例について，詳しく見ていきましょう。エスニック・マイノリティはマジョリティから差別を受けますが，そのエスニック・マイノリティのなかにも，しばしば女性差別的な慣習や意識が存在します。エスニック・マイノリティの女性は，エスニック・マジョリティの男性からエスニックな差別と女性差別の両方を受けるだけでなく，同じエスニック・マイノリティの男性から女性差別を受けることもあるのです。エスニック・マイノリティが反差別の運動をする際にも，男性が主導的な立場に立ち，女性がそれに追随するという関係になりがちです。こうしたエスニッ

ク・マイノリティ内部の女性差別を問題として，女性が声を上げ
ようとすると，エスニック・マイノリティ全体の団結を妨げる行
為だと非難されてしまうことがしばしばです。また，「女性」と
いうカテゴリーのなかでも，エスニック・マイノリティの女性は
差別されることがあります。フェミニズム運動の内部でも，従来
は「女性」内部の多様性（エスニック・マイノリティやセクシュア
ル・マイノリティなどの存在）に無自覚であったことが，近年にな
って反省されるようになってきました。一方，エスニック・マイ
ノリティの文化に対し，マジョリティが外部から女性差別的だと
批判することは，ともすればマジョリティの文化を基準にした**エ
スノセントリズム**になりかねません。

　ひとつの差別から脱却しようとすることが，他の差別におちい
ることになる場合もあります。たとえば障害をもつ女性が，障害
者であることによって女性性を否定される状況から脱却すべく，
結婚して「女性としての幸せ」を手に入れようと望むとき，その
「女性としての幸せ」は，家父長制を前提とした「妻」「母」役割
を受け入れることを意味してしまう可能性があるのです（上野
1996：212-4）。

3　マジョリティ／マイノリティをこえて

　　　「差別をこえる」とは

この章が含まれている第Ⅳ部のタイ
トルは，「差別をこえる──脱差別
の理論と実践」です。そして，このテーマについてマジョリティ
側に力点をおいて考察する本章では，マジョリティ側がいかに差
別をこえるかという観点で考えることになります。では，マジョ

リティ側が「差別をこえる」とは，どのようなことでしょうか。

　まず，いわば「叩き台」として，よく見られるタイプの「差別をこえる論理」を取り上げてみましょう。それは，「私たち一人ひとりがマイノリティに対する差別意識や偏見を改め，差別的言動をなくす」といった考えです。もちろん，差別意識や偏見を改めることは，「差別をこえる」ために必要なことではあるでしょう。しかし，こうした考えだけでは，重要な点が見逃されてしまいます。それは，差別は必ずしも個人が単独で行う行為（発言を含む）とはかぎらないし，またつねに差別意識や偏見にもとづくともかぎらない，という点です。

　差別という現象には，社会関係からの排除という要素が含まれます（ただし，排除することがすべて差別というわけではありません）。社会関係から誰かを排除することは，一人の人間だけでは不可能です。たとえば，もしあなたが誰か（仮にAさんとしましょう）を集団から排除しようと思っても，ほかのメンバーが協力あるいは同意しなければ，排除は成功しないでしょう。それどころか，逆にあなたの方が排除されてしまうかもしれません。Aさんを排除するには，Aさん以外の人びとと密接な関係をつくる必要があります。そうした意味で，差別は個人が単独で行う行為ではないのです。したがって，差別には，他人を巻き込もうとする傾向があるといえます。

　さらに加えていえば，排除に協力する人は，必ずしもマイノリティに対する偏見からそうするわけではありません。たとえば，保身を動機として排除を容認してしまうこともあるでしょう。差別意識や偏見をもって積極的に差別をするつもりはなくとも，差別する人との関わりのなかで，結果的に差別をしてしまう場合もあるのです。「差別をこえる論理」を考えるとき，以上のような

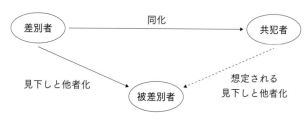

図 13-3　三者関係モデル

（出所）　佐藤 2018：73。

ことをふまえることが必要です。

三者関係モデルによる
分析

　そうした問題を考える際に，佐藤裕の差別論が参考になります。佐藤は，差別に関するたいていの議論が「差別者」と「被差別者」の二者関係を前提にしていることを批判し，差別現象を**三者関係**のモデルで分析することを提唱しています（図 13-3）。

　ここでいう三者関係とは，「差別者」「被差別者」に「共犯者」を加えた三者の関係です。ただし，「三者」といっても人数が 3 人に限られるわけではなく，3 つの立場という意味ですから，それぞれの立場の人が複数いる場合もあります。この観点から，差別行為は次のように定義されます。「差別行為とは，ある基準を持ち込むことによって，ある人（々）を同化するとともに，別のある人（々）を他者化し，見下す行為である」（佐藤 2018：71）。「ある基準」とは何かといえば，たとえば性別や性的指向，国籍やエスニシティ，障害の有無といった，人を区分するカテゴリーがそれに該当します。ある人を「同化」するとは，その人を自分と同じ立場，すなわち「われわれ」という関係に引き込むことを

意味します。そして「他者化」とは，「われわれ」にとって外部の「他者」と見なすことです。

　例として，差別者（男）が職場の同僚に向かって，同じ職場で働くＡさんのことを「女だから仕事ができない」などと見下す発言をした場面を取り上げてみましょう（佐藤の例とは少し異なりますが）。差別者がこのような発言をすることができたのは，自分と同じ男性の同僚たちが，自分の発言に同意してくれるだろうと期待したからです。これが「同化」にあたります。差別者は，周りの人びとが自分と同じ立場で（つまり「われわれ」として）Ａさんを女性として「他者化」し，ともに見下してくれること（つまり「共犯者」になってくれること）を，期待しているわけです。

　差別的な発言は，被差別者に面と向かって投げつけられるとはかぎらず，しばしば被差別者のいない場面で行われます。上の例のような発言も，実際にはＡさん本人がいないところで発せられる場合が多いでしょう。「差別者―被差別者」の二者関係では，被差別者に対する直接の行為しか扱えないのに対し，被差別者が不在の状況での差別を分析できるのが，三者関係モデルの利点の一つです。

「われわれ」形成と差別

　また差別表現は，被差別者を排除すること自体を目的として発せられるものばかりではありません。差別表現はしばしば，「『他者』として〔の〕被差別者をネガとして参照することによって，『われわれ』を形成していく」ために用いられます（佐藤 2018：238，〔　〕内は引用者）。佐藤は，授業中に私語ばかりして何度注意してもやめない学生に向かって教師が言い放った「何度言ったらわかるんだ，君はつんぼなのか〔そうではないだろう〕」という発言を例に挙げて分析しています。

この例では,「つんぼ」という, ろう者に対する差別語が, 当事者のいない場面で, 当事者でない相手に向けて発せられています。佐藤はこの発言を, この場にいない他者 (ろう者) をネガティブな存在として引き合いに出し,「『つんぼでないわれわれ』の一員だったら, ちゃんと人の話を聞かなければならない」という同化のメッセージと解釈します。この発言の主な目的は, ろう者を差別すること自体ではなく, むしろ言うことを聞かない相手を同化させることにあります。それゆえ, もしこの発言を「差別発言だ」と批判しても, この教師は「その意図はなかった」と弁明するでしょう。しかし, 三者関係モデルによる定義では, これもれっきとした差別行為なのです。このような差別語の用法は, しばしば見られるのではないでしょうか。

　差別行為は必ずしも被差別者を直接の対象として, 被差別者に不利益を与えたり傷つけたりすることを意図したものとは限りません。佐藤はこのことに着目して, むしろ被差別者を排除することでほかの誰かと「われわれ」という関係を築く行為として, 差別行為を定義し直したといえます。

　なお, 佐藤はつぎのような重要な指摘をしています。差別者と共犯者から成る「われわれ」という関係は, なんらかの社会的カテゴリーとして明示されない, ということです。たとえば, ある人を女性として他者化し見下している人びとは, 明確に「われわれ＝男性」であると意識しているわけではなく, また, 外国人を他者化し見下している人びとは, 明確に「われわれ＝日本人」と自覚しているわけではないということです。客観的に見れば, あるいは論理的にいえば, この人びとは「男性」や「日本人」にほかならないのですが, 当人たちにとっては, あくまでも被差別者が「他者」であり,「われわれ」は「そのような人 (たち) では

．．
ない」ということに意味があるのです。これは第1節で述べた「カテゴリーの非対称性」に通じる指摘だといえるでしょう。

「マジョリティ＝普遍」をこえる

以上のことをふまえて，「差別をこえる」論理をどのように考えることができるでしょうか。三者関係モデルで差別行為を分析した佐藤は，差別者が同化を求めることに注目して，その同化を無効化することによって差別を未遂に終わらせることを提唱します。同化を無効化するには，差別者から同化を求められた際に，差別者の意図（周りの人を同化してともに差別させようとしていること）を露呈させ，むしろその差別行為を対象化する「われわれ」を形成すればよいと，佐藤はいいます。

このような対応は，実際に誰かが差別的な行為（とりわけ言語表現）をしている場合には，効果を発揮するかもしれません。しかし，あからさまな差別行為だけが，マイノリティの「生きづらさ」の要因ではありません。すでに述べてきたとおり，マジョリティを基準とした社会の制度や規則，慣習，そして物理的環境（これらを全部まとめて「社会構造」といってもよいでしょう）が，マイノリティにとっては活動の制約や権利の制限，不当な評価につながっている場合があります。その問題については，どう対処すべきでしょうか。

まずは，まさにいま述べたことに気づくことが必要です。すなわち，現在の社会構造は普遍的なものではなく，あくまでもマジョリティを基準として成立しており，それがマイノリティにとって活動の制約や権利の制限，不当な評価につながっているということを認識することが，第一歩です。そのことを抜きに，マジョリティ側が「自分たち＝普遍的な存在」という前提を崩さないまま，マイノリティを「包摂」しようとした場合，どうでしょうか。

「あなたたちは特殊な存在だけれども，特別に受け入れてあげる」というかたちの温情主義的な受け入れ方しかできないのではないでしょうか。そこには，マジョリティが「入れてあげる」側で，マイノリティは「入れてもらう」側という，上下・優劣の関係があります。それでは結局，「狭義の集団／広義の集団」という二重構造は変わりません。

境界をこえて連帯へ

ところで，マジョリティに属する人はそれだけで最初からさまざまな特権を手にしている，という考え方があります（グッドマン 2017）。たとえば，異性愛者は結婚することで，税金の控除や遺産の相続などの権利を得ることができます（異性間の結婚しか認められない社会では，同性のカップルにはそれらの権利がありません）。身体的性（体の性）と性自認（心の性）が一致している人は，自分が思っている性別の装いと違う服を着させられることはありません（トランスジェンダーの人は，自分が男子だと思っていても女子の制服を着させられたりします）。性別分業のもとでは，たいていの男性は結婚して子どもができたとき，せっかくキャリアを積んできた仕事を辞めたり，家事・育児との両立に悩んだりする必要はありません（女性は仕事を辞めるか，「家事・育児を疎かにしない範囲で」仕事を続けるように求められがちです）。健常者はあるイベントに出かけるときに，移動手段（エレベーターで上の階に上がれるか）やコミュニケーション手段（点字や手話通訳が用意されているか）を心配する必要がありません。そして両親のルーツが「日本人」である人には，自分が日本人であることを否定される恐れがありません。

このように，マジョリティにとって普段は「あたりまえ」として意識していない権利や自由が，マイノリティと対比したときに，「特権」として浮かび上がってきます。これらの権利や自由は，

自分自身の努力によって獲得したものではありません。「特権」という呼び方には抵抗を感じるかもしれませんが，逆にいえば，マイノリティにはこうした「あたりまえ」の権利や自由が保障されていないのです。何より，自分の立場が「あたりまえ」で「正常」と思えること自体が，特権にほかならないのです。

　マジョリティ特権という概念は，マジョリティの人びとに罪悪感をもたせるためのものではありませんし，ましてやマジョリティの優越感を助長するためのものでもありません。マジョリティの人びと自身が現状の社会に疑問をもち，より公正な社会をめざすためのきっかけとなることを期待して，提起された概念です。「自分は差別とは無縁だ」と思っている人も，マジョリティ特権を享受しているのであれば，マイノリティの抑圧と無関係ではありません。現状の社会がマジョリティを基準にできており，それが結果的にマイノリティに対する抑圧をもたらしている――このことにマジョリティ自身が気づいたならば，次にすべきことが見えてくるはずです。

　これまでに，差別や抑圧に対して声を上げる数々の運動が，マイノリティによって起こされてきました。しかしそれらの運動には，マイノリティの当事者だけが参加してきたわけではありません。たとえば1950年代から60年代にアメリカで展開された大規模な公民権運動には，アフリカ系の人たちだけでなく，いわゆる「白人」も多数参加していました。また，近年の例を挙げれば，いわゆるLGBTQの人びとについて理解を示し，その運動を支援するマジョリティ側の人たち（「アライ〔ally〕」と呼ばれます）がいます。このように，マイノリティの訴えに耳を傾け，支援・協力をする人びとが，マジョリティのなかにもいるのです。こうした人びとが，マジョリティ／マイノリティの境界をこえる存在とし

て，重要な役割を担うことになるでしょう。

　もちろん，運動に参加することだけが支援・協力のかたちではありません。日常生活のなかでも，実践できることは多々あるはずです。いずれにせよ，「マジョリティ＝われわれ」／「マイノリティ＝他者」という構図を固守したままでマイノリティを「入れてあげる」という発想ではなく，マイノリティと連帯しながら，マジョリティ中心の社会や，そこに安住している自分自身をも見つめ直し，変えていくという方向性を追求すべきではないでしょうか。

キーワード解説

排除：社会学の専門用語として確立したものではないが，ジョック・ヤングの「排除型社会」，社会保障の分野で使われる「社会的排除」，ニクラス・ルーマンの「包摂／排除」など，さまざまな文脈で，それぞれ異なった意味・用法で使われる。いずれの場合も，対義語は「包摂」である。ただし本章では「排除」を，社会から完全に追放するということではなく，あくまでも社会や集団（広義の集団）のなかで，より密接な関係（狭義の集団）から分け隔てることを指して使っている。

内集団／外集団：20世紀初頭にアメリカの社会学者ウィリアム・グラハム・サムナーが提唱した概念。「内集団」は，自分が所属し，「われわれ」という一体感や仲間意識をもっている集団を指す。他方「外集団」は，自分が所属しておらず，「他者」として意識している集団を指す。人は内集団に愛着を感じる反面，外集団には敵対心を抱きやすいことが指摘されている。社会心理学の分野では，外集団の人よりも内集団に属する人（たとえば同じ趣味の人）を優遇したり好意的に評価したりする傾向があることがわかっており，「内集団バイアス」または「内集団ひいき」と呼ばれる。

エスノセントリズム（ethnocentrism）：これもサムナーが提唱した，

「内集団/外集団」と関連する概念。「自民族中心主義」と訳されることもあるが，必ずしも民族（エスニック・グループ）に限らず，自分の所属する集団（内集団）の文化を優れたものと見なして，それを基準にして他の文化を低く評価することを指す。とくに文化人類学の分野では，初期の諸研究が欧米の価値観で異文化を見る傾向にあったことを批判する際に，エスノセントリズムという概念が用いられた。

三者関係：社会学で三者関係に重要な意味を見出したのは，ゲオルク・ジンメルである。ジンメルは三者関係を，二者関係と対比しながら考察している。二者関係では，互いに相手に対してのみ向き合っているが，それに対し三者関係では，2人の間に第三者が介在する。この第三者は，2人を仲介して結びつける場合もあるが，逆に2人の間に割り込んで2人を分離させる場合もある。差別の現象も，たとえば結婚しようとしている2人に対して，相手のエスニシティや出身を理由に親が反対するケースのように，2人の間に第三者が介入して2人を分離させるというかたちで起こることがしばしばある。

ブックガイド

■佐藤裕『〔新版〕差別論——偏見理論批判』明石書店，2018年

　本文でも紹介したように，「差別」のメカニズムを三者関係モデルで捉え，「同化」（「われわれ」形成）と「他者化」（排除）という2つのベクトルをもつものとして解明する。理論的な本でありながら，いたずらに専門的な概念を振りかざすことなく，平易な言葉で語りかけてくれるので理解しやすい。また，具体的な事例に対する分析も盛り込まれている。

■清田隆之（桃山商事）『さよなら，俺たち』スタンド・ブックス，
　2020年

　学問的な本ではなく，女性から恋愛の悩みを聞くという活動をしている団体の代表による，ジェンダーにまつわるエッセイ集。男性の地位にあぐらをかいてきた自分自身を，恥ずかしいエピソードもさらけ

出しながら反省的に捉え直す。タイトルに表現されているとおり，「われわれ＝男性」に安住する生き方からの決別を試みている。私も思い当たる点が多々あり，読みながら身につまされる気持ちになった。

■早川洋行・菅野仁編『ジンメル社会学を学ぶ人のために』世界思想社，2008 年

　ジンメルの著作には，本章で直接言及した以外にも，マジョリティ／マイノリティ問題を原理的に考えるためのヒントが豊富に散りばめられている。いきなりジンメルの著作でそれらを探すのは大変なので，ここでは入門的な解説書としてこの本を紹介しておきたい。宝探しの地図として活用することをおすすめする。

■ベル・フックス『アメリカ黒人女性とフェミニズム──ベル・フックスの「私は女ではないの？」』大類久恵監訳，柳沢圭子訳，明石書店，2010 年

　複合差別の一つの例として，人種差別と性差別をテーマとした本を紹介しておこう。アフリカ系アメリカ人のフェミニストとして知られる著者の，いわばデビュー作。黒人差別と女性差別の両方を被ってきた「黒人女性」の歴史を語る。そして従来のフェミニズム運動が黒人女性の存在を軽視して白人偏重で進められてきたことを批判し，人種による分断を超えたフェミニズムを希求する。

■塩原良和『共に生きる──多民族・多文化社会における対話』弘文堂，2012 年

　オーストラリアを主な研究のフィールドとする社会学者によって書かれた，多文化主義・多文化共生についての入門書。エスニックな多様性を念頭に置いているものの，それだけにとどまらずさまざまなマイノリティ─マジョリティ関係に共通する論点を提供してくれる。

　N. ルーマン（1927〜1998）は社会システムを，諸個人やその行為で
はなくコミュニケーションを要素とするものと捉え直した。コミュニケ
ーションは，次々に新たなコミュニケーションを生み出して連鎖してい
く。したがってコミュニケーションを要素とする社会システムは，生物
の体と同じように，自らの構成要素を自己産出（オートポイエーシス）
するものである。ただし，システムの中であらゆるコミュニケーション
が可能なわけではない。コミュニケーションが連鎖する際，新たなコミ
ュニケーションは先行するコミュニケーションによってある程度制約さ
れ，他の可能性（コンティンジェンシー＝偶有性）が縮減されるのであ
る。

　ルーマンによれば近代社会は，経済・法・政治・教育など，それぞれ
別個の機能に応じた複数のサブシステムに分化している。機能分化した
社会において，各システムは固有の二元コードを用いて，あらゆること
に対処する。たとえば経済システムは「支払う／支払わない」というコ
ードで，法システムは「合法／不法」というコードで物事を区別する。
そしてそのことによって，独自のシステムとして閉鎖性を維持するので
ある。これらのサブシステムは並列的な関係にあり，いずれかが中心と
なって全体を統御するということはない。　　　　　　　　　　　（S）

第14章 差別をこえていく

沖縄からの視点

埋め立てが進む沖縄県名護市辺野古の沿岸部（毎日新聞社提供）

　　差別する側の行為を突き動かす社会的・構造的な論理とは何でしょうか。ここでは差別する側の論理の主要なものを取り上げ，さらに事例として沖縄（人）差別に論及して，差別をこえていく可能性の一つを考えます。

本章のキーワード
ナショナリズム　　帝国主義　　トランスナショナリズム
リージョナリズム

本書の焦点は，日本における差別問題にあります。本章ではこれまで
の章で論じられてきた日本在住のアジア人や南米人に関する議論とは異
なり，日本の「国民」の内部での「民族」差別，すなわち，これまで一
定の固有の歴史をもっているアイヌの人びとや沖縄の人びとに関する
「民族」問題・エスニシティ問題を考えたいと思います。ここでは，お
もに沖縄（人）差別の問題に焦点を当てて見ていきます。

　そこで，本書の序章とも密接に関連するのですが，あらためてこの章
で，差別する側の論理について——序章とは少し別角度から——論じて
おきましょう。差別に関して序章では，「歴史構造的な経緯」「集団関係
的な要因」「文化価値的な理由」「相互行為的な場面」に着目して考えな
がら，「区別・蔑視・排除」の３つがそろうことで，区別が明確な差別
に転じると述べられてきました。では，たんなる「区別」を，蔑視と排
除からなる「差別」に転化させる主要な論理とは，どのようなものでし
ょうか。もちろん，考えられる論理は，近現代社会に特有なものとして
考えただけでも実はかなりたくさんあります。しかしここでは，女性差
別や障害者差別も念頭におきながら，「人種」差別・「民族」差別を取り
上げつつ，とくに差別する側の論理（理由づけ）の代表的な視点を見て
おきましょう。

1　差別する側の論理とは何か

差別する側の論理

　差別する側の論理を考えるとき，他
者をある一面的な価値観からのみ捉
えて，蔑視し，排除する際の，その「価値」とは何か，というよ
うに，差別者の価値観を検討する問いを立てることができます。
なぜならば，本来，人びとは多様で価値も多様なのですが——本
書の序章冒頭で示したように，仏教用語で差別（しゃべつ）は
「それぞれの個物が具体的な差異をもっていること」でした——，

一面的な価値観が基準となり，その基準に合致しない人が差別されてしまうので，その価値基準という物差しに，おもにどういう論理が用いられているのかを考えてみたいのです。つまり差別する側は，主としてどのような論理で「価値づけ」られて突き動かされているのかということです。ここでは，「差別する側の論理」として3つの代表的なものを挙げておきたいと思います。

　その3つの論理とは以下のものです。序章第1節の「マイノリティと差別の社会的背景」の4つの指摘とも関係するので，あわせて検討してほしいと思います。

①「資本の論理」

　一つめの価値観のもっとも近現代的でわかりやすい要素は，利潤追求のための「能率」「効率」です。人が能率・効率の点からみて「役立つ」（有用）かどうかが，一つの基準点となります。その典型として，経済的な能率を取り上げることができます。利潤を上げる企業の論理からいえば利潤獲得に役立たない人，たとえば，結婚・妊娠・出産・育児などにともなう退職や長時間労働できない可能性がある女性や，健常者と同じように動くことができない可能性がある身体障害者などは，排除の対象となりがちです。

　これは，他社との競争のもとで企業が存続・発展していくための，資本主義社会におけるいわば「資本の論理」ともいうべき価値の観点です。近現代社会が利潤の追求を至上命題として編成されてきた歴史的経緯を見ると，この価値観が前面に出てくる時期は，19世紀以後の資本主義の本格的な展開期でした（なお，経済発展を至上命題とするかぎりでは，20世紀からの社会主義諸国もここに含まれます）。

②「国家の論理」

　もう一つ，近現代に特徴的な価値観があります。それはナショナリズム

に象徴される近現代の，国家を中心に物事を見る観点です。この点も序章で触れておきましたが，それは「国家の論理」だということができます。

たとえば，Ｘ国人といっても実は多様性があるのですが，「あの人はＸ国人だから」といって，類型的に一面化して捉えるようなケースです。そしてその価値観では，自分自身もある国の国民の一員として，同質的に（一面的に）捉えがちです。日本人なのだから，日本人として，日本人ならば，といったようにです。もちろん，日本人のみならず，多くの国の国民は，自分の国の発展を願っています。ただここにも，一種の落とし穴があります。それは，自国の発展だけを願って自分の国さえよければいいという自国中心主義（自国ファースト！）に容易に転化しがちであることです。

つまり，こうした発想は一種の国家間の競争につながり，社会発展が進んでいる国か遅れている国か，あるいは経済や文化が豊かな国か貧しい国か，などといった基準で，自国民と他国民の区別を差別に転化させる契機となります。オリンピックも国家間競争のようになっています。経済的，社会的な観点から（そしてそもそもスポーツ競技の観点からも）発展の遅れた国の人びとを見下して排除するケースがあります。また歴史的にいえば，**帝国主義**によってかつて植民地とされていた国や地域の人びと，あるいは戦争で敗戦国となった国の人びとなどが，宗主国や戦勝国の人びとから差別の対象とされています。

③「種族の論理」

最後に挙げるのは，「人種」や「民族」の区分に基づく差別の論理ですが，ここではまとめてその論理を「種族の論理」と呼んでおきます。典型的なのは，「人種」差別の問題です。歴史的経緯からい

うと，かつてアフリカから奴隷として連れてこられた欧米のアフリカ系の人びと（黒人）は，奴隷売買による強制移住の以前や以後の劣悪な生活・教育環境などから，蔑視されて差別の対象となってきました。また 19 世紀末から見られた黄禍論という黄色人種差別や，いまも黄色人種への差別は存在していますし，現在でもアメリカでは人種差別問題が注目されています。「Black Lives Matter」（黒人の生命・生活も大切だ）は，その代表的なスローガンです。

　ただ近年では，そもそも「人種」という概念それ自体が，たんなる区別ではなく，差別的な扱いと結びついた概念だったのではないかという反省が生じてきています（竹沢編 2005）。白・黄・黒というのは，皮膚の色の区別だけではなく，能力・文化・美などの面での人間の優劣をも意味するような区分となっていました。こうした明らかに根拠のない，偏見に基づく差別と結びついた「人種」という用語を見直そう，という動きも見られています（ただし，差別を告発する「人種差別批判」という文脈では「人種」を用います）。

民族差別と
アイヌの人びと

　さて，「人種」と同様に「民族」差別も，過去から現在まで目立ちますが，日本においてかつて顕著でいまも問題化されるのは，（在日の方々を含む）韓国・朝鮮人差別や沖縄人差別などです。こうした差別は国家の論理とももちろん関係して生じますが，コリアン（韓国人・朝鮮人の総称，第 6 章参照）は，日韓併合時代，国籍は「日本人」でした。また沖縄人はかつての琉球国の「琉球人」が日本に併合されて，最終的に沖縄県人として日本国民となった人びとです。

　さらに，アイヌの人びともかつて「土人」（「北海道旧土人保護

法」という法律が 1899～1997 年まで存在しました）として，日本語教育をはじめとした強烈な同化政策のもとで日本人化が進められました（第 12 章も参照）。アイヌの土地の没収や収入源である漁業・狩猟の禁止，そしてアイヌ固有の言語や習慣・風習の禁止，日本語使用の強制，さらには日本風氏名への改名による戸籍への編入などがなされました。戦後になって，アイヌ民族の解放運動が活発に展開されたこともあり，アイヌの人びとのなかから国会議員も生まれ，1997 年には「アイヌ文化振興法」が成立しました。

　こうしてようやく，2008 年，国連の勧告に基づいて日本政府と国会は，アイヌの人びとを「先住民族」と認めることを決議し，2019 年に「アイヌの人々の誇りが尊重される社会を実現するための施策の推進に関する法律」（「アイヌ施策推進法」と呼ばれています）が定められました。北海道白老町には博物館などを含む「ウポポイ」（「民族共生象徴空間」）と呼ばれるナショナルセンターが誕生しました。しかし，アイヌの伝統であるサケ漁などの権利（「先住権」）はいまだ認められておらず，この件に関して裁判も行われており，アイヌの人びとの苦難の歴史はまだ続いているということができます。なお，アイヌ民族との対比でいえば，沖縄の人びとに対しては，国連からの勧告があるにもかかわらず，日本政府は先住民族だとは認めていません。

民族概念の再考

　ただし，「民族」という概念も要注意です。民族性の重視とか多様な民族文化の保持の主張というのは，もちろん大いに理解できるのですが，「民族」というとき，たとえばいわゆる「国際結婚」によって生まれた，ナショナリティやエスニシティを超えた「ハイブリッド」な（いわゆる「混血」「ダブル」の）人びとはどうなるので

しょうか（とくにアメリカ軍のアジア駐留軍人と現地の女性との間に生まれた「アメラジアン」と呼ばれる人びと，あるいはその他アフリカ系やフィリピン系の「ハーフ」の人びとなどは差別の格好の対象になってきました）。

　歴史的にみれば，民族の優秀性をうたい，さらには「民族浄化」という名目で，旧ナチス・ドイツや旧ユーゴスラビア紛争などでは大量虐殺が行われてきました。日本列島でも，関東大震災時，多くの犠牲者が出た朝鮮人虐殺事件がありました。いわゆる自民族中心主義（エスノセントリズム，第13章参照）は，極端な場合は，差別の典型例を形成します。「民族自決」「民族解放」などのスローガンに見られるように，20世紀には「民族」重視の姿勢が（他民族からの支配や抑圧からの解放という文脈で）重要でしたが，国境を越えるトランスナショナルな移動がグローバルに見られる21世紀には，この「民族」という言葉もまた，その使用に際しては——たとえば多民族国家とか多文化主義といった用語とともに——注意を要する概念です。なぜならばそれは，一つのカテゴリーに収まりきらない個性を，あるいは時代とともに変化する文化を，無理矢理に（「人種」の場合と同様に）「民族」に固定化し一面化する，いわば物象化の帰結だからです。それゆえ，ここでは「人種」や「民族」という言葉を避けて「種族」という言葉を使いました。

　さてここまでは，差別の代表事例にも言及して，差別を促す代表的価値観，その論理を3つだけ取り上げてきました。もちろん，差別は，「資本の論理」や「国家の論理」や「種族の論理」だけに回収されるものではありませんが，日本の「国民」内部での「民族」差別を，女性差別や障害者差別などとともに，21世紀にはぜひしっかりとこれらの論点のもとで考え直してみたいのです。

そこで，次節では，「資本の論理」「国家の論理」「種族の論理」の3つが重なり合う地点で際立っていた沖縄（人）差別に関して検討してみましょう。

2 沖縄と差別

沖縄小史

沖縄はかつて「琉球国」という王国でした。15世紀前半に統一されて16世紀には東アジア貿易の中継地点として繁栄していたようです（新城 2014）。1609年，その利益にも目をつけた薩摩藩が徳川家康の了承のもと，琉球に侵攻して支配するようになります。ただし琉球国は，中国への朝貢国として，また東アジア貿易の拠点としてもおおいに利益を上げていたので，薩摩藩はその状況を継続させたまま利益の横取りを意図し，その結果，琉球藩においては中国と日本の2つに属する，いわば両属状態が続いたのです。

その形態が変化するのは1870年代です。新生の明治政府は，1872年に琉球国を廃して琉球藩とし，1879年には廃藩置県を実施して沖縄県（したがって廃琉置県と呼ばれる）として琉球を完全に日本に編入しました。それは「琉球処分」と呼ばれています。

それ以後，日本とは異なる歴史と文化をもつ琉球／沖縄に対して，早い段階からの皇民化政策や徴兵制が実施され，さらに選挙制の施行，そして神社重視の宗教政策や方言政策なども実行されていきました。具体的には，いち早く天皇の御真影が沖縄の学校に配置され，徴兵制が敷かれ，さらに国家神道も導入され，方言撲滅（学校では方言を使用した子どもに「方言札」を掛けて「矯正」したのです）の運動や名字を日本風に改名する政策も展開されまし

た。これらは，その後の台湾や朝鮮半島の植民地化などへと続く大日本帝国の対植民地向けの対外政策（同化政策）の先駆けとなったといえます。

<u>戦争と米軍基地</u>　ここでしっかりと記しておくべきことは，沖縄戦とその後27年間にわたる米軍統治の問題でしょう。アジア太平洋戦争で，沖縄は本土防衛のための「捨て石」とされ，沖縄の県民約12万を含む，全体で20万人を超える死者を出した地上戦の修羅場となりました。

　戦後，米軍は日本を占領しましたが，1952年のサンフランシスコ講和条約の発効をもって日本が独立したあとも，沖縄では米軍統治の時代が続きます（サンフランシスコ講和条約は，沖縄の占領が継続されることになった条約でもあります）。この米軍支配は，新憲法下で象徴となったはずの昭和天皇も積極的に米軍による統治を希望する（この希望を述べた「天皇のメッセージ」として知られる文書が1970年代末にアメリカで見つかりました）として継続されたのです（進藤2002）。

　沖縄の人びとは，「銃剣とブルドーザー」による米軍の基地建設・拡張に対して1950年代から「島ぐるみ」で抵抗運動を行い，「祖国」復帰運動が実ってようやく1972年に沖縄の本土返還が実現されました。しかしながら，この運動が望んでいた米軍基地に関する「核抜き，本土並み」返還は実現されずに現在にいたっています。2020年現在でも，日本の国土面積の0.6％の沖縄に，日本国内の70％を超える米軍基地施設が存在しています。1950年代の朝鮮戦争のみならず，1960年代半ばから1970年代半ばまでのベトナム戦争でも，沖縄の基地は戦地に向かう米軍機の出撃拠点となっていたのです。

　さらに返還後も在沖米軍の引き起こす事件は絶えず，とくに

1995 年に発生した米兵 3 名による少女レイプ事件は衝撃的であり，その後沖縄県民は基地撤去運動にさらに力を入れましたが，日米の政府の対応は，普天間基地撤去に代わる「辺野古」の新基地建設という案の提示でした。2018 年の年末には，沖縄県知事らの反対派を押しのけて，辺野古の海を埋め立てる作業が開始されました。これらは，アメリカのグローバルな軍事体制の一環として，沖縄が東アジアの軍事拠点として指定され，かつ日本政府も（外交上の密約を含めて）追従してきた政策でした（2009 年に鳩山由紀夫・民主党政権が誕生した際に，基地の国外・県外移設が提案されましたが，日米の政府や軍事関係者そして日本の外務官僚らの強い反対で，実現されませんでした）。

国家と資本の論理

少なくとも近代以降のこうした沖縄の歴史——琉球処分・沖縄戦・米軍支配・基地問題——は，ほぼ完全に「国家の論理」に翻弄されてきたことを示すものです。沖縄の県民の意志は「県民投票」などで辺野古新基地反対 7 割強という数値で示されながらも（2019 年 2 月 24 日沖縄県民投票），政府はこうした県民の声や自己決定権を，ほぼ完全に無視しているといえるでしょう。

けれども，こうした「国家の論理」は，資本主義を維持し発展させる動きとしても位置づけられ，そこに「資本の論理」が働いているともいえます。その「資本の論理」は，少なくとも 2 点でみられます。一つは，返還後の沖縄国際海洋博覧会（1975 年）や九州・沖縄サミット（2000 年）などの公的事業には，本土の企業が積極的に参加しました。さらに地場産業も巨大資本の系列下に置かれることになるなど，資本の論理が沖縄で発揮されます（2019 年沖縄ブランドのオリオンビールは日本の大手投資銀行と米投資ファンドに買収されました）。

もう一つは沖縄の貧困問題です。この問題の「本当の理由」は，沖縄の企業が本土からの「補助金」に支えられて経営努力を怠っているからだとするような，能率・効率を求める「資本の論理」の視点から批判する議論があります。沖縄独自の共同体意識から，競争社会への参入を渋り「イノベーション」も行われない，と沖縄人のメンタリティを批判する論調は最近も目立っているのです（樋口 2020）。

　戦後の沖縄・伊江島で反基地運動に長く携わった阿波根 昌鴻は，1984 年に伊江島に反戦平和資料館「ヌチドゥタカラの家」を開設しました。彼がもっとも問題があると考えていたのは「消費・浪費を美徳とするような現在の資本主義」で，それが「一番いけない」という趣旨のことを常日頃語っていたそうです（西原 2018：186-188，365，西原 2020）。「資本の論理」は，別の論理（たとえば「共生の論理」）を模索する人びとのいる沖縄を「遅れている」と批判しますが，誰一人置き去りにしない社会がめざされるいま（第 12 章），阿波根や沖縄の人びとの論理は新しい意味を持っています。この点は，あらためて考えるに値する問題だと思われます（川満 1990，2010）。

沖縄差別

　本土では，戦前や戦後でも「朝鮮人，琉球人，お断り」という不動産関係などでの張り紙があったといわれています（新垣 2017）。（旧）植民地であり，発展の遅れた朝鮮半島や沖縄の出身者が，本土の日本人と区別され，見下されて蔑視され，排除されていたという典型的な差別の事例です。そしてそれは紛れもなく「種族の論理」でもあります。日系移民の多いハワイにおいても，本土系の移民から 15 年遅れて 1900 年以降に移住した沖縄系移民が差別されたといわれています（西原 2018）。それゆえ，現在でもハワイで

は，移民に関する本土系の文化センターと沖縄系のセンターが別々に存在し，本土系の県人会とは別にハワイ沖縄連合会という沖縄系の組織が確立されて，毎年原則9月初旬に「オキナワン・フェスティバル」が開催されています。そしてこうした点は，一部の沖縄系知識人が，（本土の）ヤマトの人びと（ヤマトゥンチュ）とは別のウチナーンチュ（沖縄人）であるという「異族の論理」を掲げて，沖縄の自治・自立・独立を要求する根拠の一つともなっています（新川 1973）。

とはいえ，沖縄の民族性を過度に強調することは，一面では歴史の再認識を促すとともに，他面ではほかとの対立を深める面ももち，異なる出自の人びとの協力や共生を求める連携が難しくなる面もあります。それはどういうことでしょうか。最後にここから，差別をこえる共生・連携，そして平和といった問題を考えてみたいと思います。

3 差別をこえて

構造的差別

ある沖縄研究者がいうように，沖縄差別の事例は，米軍や日本政府が関与する「構造的沖縄差別」と呼びうる，歴史的に積み重なった国内外の政治力学上の構造的問題を抱えていることはたしかです（新崎 2012）。しかしながら，歴史的経緯を過大視して，差別を不変のものと考えることも問題でしょう。

たとえば，日本人ははるか昔から，中国人や朝鮮人に対して差別的であったわけではありません。律令期までの日本は，遣隋使や遣唐使を派遣して，中国からさまざまなことを学びました。朝

鮮半島に関しても，豊臣秀吉の朝鮮侵略や，明治期以来の朝鮮への蔑視と植民地化から続く差別の歴史が，いまも在日コリアンの人びとの生きづらさにつながっています。けれども，それ以前にはさまざまな文化が朝鮮半島を経由して入ってきており，渡来系の朝鮮半島の人びとに多くを負って，日本の社会と文化が形成されてきました。そうした人の移動にともない，漢字や仏教あるいは陶器製造の窯業や朱子学のような学問も，朝鮮半島経由で日本に入ってきているのです。江戸時代だけでも12回の朝鮮通信使が日本に来て歓待され，さらにいえば沖縄からも，江戸上りと称される徳川幕府への（琉球国王即位時の）謝恩使や（徳川の将軍交代時の）慶賀使が合計18回送られていました。

　おそらくは，琉球処分や朝鮮半島の植民地化という近代のそう長くはない歴史的経緯のなかで，構造的差別が形成されてきたということができます。そして最終的には，日清戦争，日露戦争などを経て1931年の満州事変から15年続く帝国日本のアジアへの侵略によって，日本を中心とする「東亜の新体制」（「大東亜共栄圏」や「八紘一宇」といった発想を含む）構築が，日本人によるほかのアジアの国々への蔑視およびその実践を形づくってきたことは，決して無視しえない事柄でしょうし，その後の沖縄への日米政府による基地押しつけも，重大な構造的差別といわざるをえないでしょう。

国家と資本の論理への
批判

　ただし，そのような政治的な権力面だけで，もちろん差別を語りつくせるわけではありません。本節でまず触れたのは，「国家の論理」に導かれ，かつ「国民」もまたそれを支持せざるをえない状況を生み出してきた歴史でした。

　しかしさらに深く考えなければならないのは，帝国日本が中国

東北部（満州）や東南アジアまで進出しようとした背景には，世界的な帝国主義の時代のなかで，西洋列強に対抗しながら日本が国際競争で生き残り，自国の富を拡大しようとする論理があったことでしょう。けれども，帝国的な国家が猪突猛進に競争する，あるいは国際競争に勝ち抜き世界で有数の経済大国になる，そしてそのためには戦争によって相手を打ち負かすこともいとわない，こうしたことが至上目的となるような国際世界とは，どのような世界なのでしょうか。

　20世紀の国際世界は，世界大戦や東西冷戦などの争いの絶えない時代でした。その原因を突きつめて考えれば，国家の経済発展を至上命題とする「資本の論理」に突き動かされた，ということがあるのではないでしょうか。植民地の争奪を中心に，帝国主義的な「市場」の獲得競争もめざされたのです。そしてその際に，民族の繁栄のためにという「種族の論理」が，いとも簡単に動員されてきたのではなかったでしょうか。

　グローバル時代において，世界的な格差社会の形成が語られて久しくなりました。欧米や日本などの富める国と，サハラ以南のアフリカの国々や一部のアジア諸国などの，「南」に象徴されるような貧しい国々（グローバル・サウスとも呼ばれます）との格差のみならず，アメリカや日本といった「先進国」の内部でも格差が問題化されています。そこで，国家間の競争・対立ではなく，いかにして各国の人びとが協力・共生していけるのか，が問われているのが21世紀ではないでしょうか。そしてさらに，そうした国家間の関係のようなマクロな政治経済面だけでなく，私たちの身近な生活に関わる社会文化面においても，こうした連携が問われているのではないでしょうか。

　多文化共生のあり方，ジェンダーのあり方，障害者との関係，

外国人との関係などは，まさに私たちの日常の現場での日々の関係性が問われているのです。そこにおいて，人びとがいかにして協力・共生・連携していけるのかは，国際社会への私たちの視線や実践に大きく影響することになるはずです。なお，ここであえて「共生」や「連携」といった言葉を使ったのは，異質な他者たちと共生・共存できる「平和」な状態をめざして，武力衝突を回避する態勢の構築・維持・拡大を念頭に置いているからです。それは，多様性をもった人びとが協力する——シュッツの言葉を使えば——「相互に波長を合わせる」（シュッツ 1991）ようにして，差異のなかでの共通性を認識し合う関係であるといってもよいでしょう。そしてそれは，身近な相互行為世界における共生論の中心にある一つの考え方でもあります（西原 2018）。

競争・対立から協力・共生へ

そのような共生状態をもたらすには，平和裏に，区別はあっても蔑視的にふるまわずに，権利として，人として，対等であること，あるいは公平であることが前提になります。

　2020 年末，本書の執筆時には世界的な新型コロナウイルス感染症の流行で，人と人が直接対面する交流は妨げられていますが，他方でウェブ会議サービスなどの発展によって，トランスナショナルな交流はより容易になっています。そこでは，あらためて「万民対等主義」的なコスモポリタニズム（終章も参照）の時代を展望することが課題となるでしょう。そのためには，差異のある，個性をもった諸個人が，お互いをよく知ることと，その間でのさまざまなかたちでの交流の活発化こそ重要です。いまここで可能な，いわばそうした草の根の交流からはじめて，そのうえで，トランスナショナルな小さな連携を質的・量的に拡大していくことが問われているのです。つまり，まずは他国から来た隣人を身近

な交流相手として，対等な関係を構築していくという土着のコスモポリタンな関係が問われます。筆者はそれを，「国家を主体とする国際関係から人を主体とする人際関係へ」と表現してきました（西原 2018）。この人際関係の焦点は，国家をこえる人と人との関係の活性化にあります。

　具体的な一つの方向性としては，次のような道が考えられはじめています。それは，新たな米中の冷戦も語られるなかで，東アジアの連携を求める動きの活性化・深化が「東アジア共同体」の形成可能性として，沖縄から具体化しはじめている点です（たとえば，木村編 2019）。こうしたトランスナショナルな（国境を越える）人際的な関係を，身近な範囲の実行可能な分野からはじめて，やがてリージョナルに（広域地域的に）活発化させていくことが，通信網や交通網の発達したグローバルな社会をより充実した差別のない世界にしていく一つの道となるだろうと思われます（西原 2020）。

　その意味でも，国家の論理や資本の論理，そして種族の論理にとらわれずに，一人ひとりが可能な，国境を越えた小さな連携を量的・質的に拡大・深化させていくこと。さらに今できることは，現在までの差別の歴史をきちんと認識して現状を捉え，そして未来を展望すること。その際に，**トランスナショナリズムやリージョナリズム**，コスモポリタニズムといった考え方も役に立つだろうと思われます（西原 2018，2020）。

キーワード解説
ナショナリズム：広義には，自国を愛する心情のもとで国家や国民を優先する発想を指すが，その基本は政治的単位と民族的単位とを一致させる政治原理であると語られる。ただし後者の場合，民族的な単

位をどう捉えるかという問題は残る。民族性は歴史的原型があるとか，逆に創られた伝統にすぎないという見方もある。歴史的には，ナショナリズムは多様な文脈で強調され，「抵抗と独立の拠点として」，あるいは「支配と侵略の道具として」，さらには「対抗と競争の基盤として」語られることが多い。

帝国主義：一般的には，幸徳秋水の『帝国主義』（1901）のように，他国や他地域を征服して大国家を建設しようとする傾向を指すが，レーニンの『帝国主義論』（1916）以後は，国内市場だけでは完結せずに，海外進出して利潤を追求する資本主義の世界展開とあわせて論じられるようになった。具体的には，生産と資本の集中と独占，金融寡頭制支配，資本の輸出，国際的独占による経済的世界分割，そして世界の領土的分割といった特徴をもつにいたった資本主義の形態の展開された段階を指す。

トランスナショナリズム：国境を越えて人びとが移動や交流する様子を示す言葉や考え方のことであるが，移民のように実際に国境を越える移動の事実を検討する言葉としても，またナショナリズムをこえていく（＝トランスする）という意味合いの言葉としても使われる。後者においては，国家内部の社会ではなくグローバルな世界社会を念頭に置いた方法論的トランスナショナリズムの視点や，今後めざすべき脱国家的な世界社会のあり方を検討する視点としても着目されている。

リージョナリズム：ヨーロッパ連合（EU）や東南アジア諸国連合（ASEAN）のような，広域の地域統合体を志向する考え方。近隣の国々と広域地域（リージョン）における経済・政治・社会などの協力体制を構築しようとする主張である。それは，ナショナルなレベルとグローバルなレベルとの中間にあるということもできる。日本を含む東アジアでも「東アジア共同体」の構想が進んでいるが，異質な国々の間で，たんなるブロック経済や戦前日本の（日本を盟主とする）「東亜協同体」とは異なる，平和で対等な相互交流の関係をいかに形成するかが鍵となる。

ブックガイド

■阿波根昌鴻『米軍と農民——沖縄県伊江島』岩波新書, 1973 年

　アジア太平洋戦争の最後の年（1945 年）に, 米軍が沖縄本島に続いて上陸して戦闘が行われた伊江島で, 著者は農民として戦闘に巻き込まれた。この本は, 戦後の基地建設のため「銃剣とブルドーザー」によって, 農民の土地を強引に取り上げようとする米軍に対して反対運動を担った著者の, 非暴力による抵抗運動を記した渾身の書物である。同じ著者の『命こそ宝——沖縄反戦の心』（岩波新書）とあわせて読みたい。

■川満信一『沖縄発——復帰運動から 40 年』世界書院, 2010 年

　沖縄の祖国復帰運動に対して, 「それはおかしい」と反復帰論を展開した若い人びとが沖縄にいた。この著者もその一人で, 沖縄タイムス記者として活躍しながら, 自立や共生への問いを発した思想家・詩人でもある。とくに復帰後に「琉球共和社会憲法」案を発表して注目された。それは, 国家憲法ではなく社会憲法であって, 「国家」を廃絶して今後のあるべき「社会」のあり方を検討する案であった。この案も含め, 東アジアとの連携をめざす, 未来社会へ向けた思索の軌跡がたどれる興味深い本である。

■琉球新報社・新垣毅編『沖縄の自己決定権——その歴史的根拠と近未来の展望』高文研, 2015 年

　ペリーの来航と琉球との関係から始め, 琉球処分の歴史も踏まえて, 沖縄の自己決定権確立への道を説くさまざまな論者の見解も含んでいる著作。同時に, スコットランドの独立問題や国連の人種差別撤廃委員会の勧告などの論点にも言及して, 沖縄の自立を多様な角度から論じている。

社会学史コラム⑮　バウマンのリキッド・モダニティ ■■■■■■■

　しばしばポスト・モダンと呼ばれる現代を，Z. バウマン（1925〜2017）は「リキッド・モダン」と言い換える。以前の近代が，雇用・労働や結婚などさまざまな領域で固定的な制度や組織を築いてきたソリッド（固体）な近代であるのに対し，現在はそれらの制度・組織が流動化し，不確実性が増したリキッド（液体）な近代だというのである。リキッド・モダニティにおいて，人生の長期的展望や一貫したアイデンティティは無用になり，人びとは社会による救済を当てにできず，それぞれ個人として諸課題に対処しなくてはならない（個人化）。

　リキッド・モダンの社会は，グローバル化した移動社会であり，消費社会である。バウマンは，自由に移動できる人びとと移動の自由がない人びと（移動できない人びとや，移動せざるをえない人びと）の間に格差が生じ，そしてまた消費能力を持たない人びとは消費社会から"廃棄"されているとして，辛辣な社会批判をおこなっている。　　　　　　（S）

現代社会のその先へ

ポスト近代のゆくえ

ポストモダン建築で知られる江戸東京博物館（編集部撮影）

　　これまでのマイノリティと差別をめぐるさまざまな検討
をふまえて，現代から未来の社会に向けて，私たちは何を
考えていくべきなのでしょうか。考えるべき問題点はいろ
いろありますが，この終章では，私たちの未来に向けた基
本的なまなざしについて，述べていくことにします。

本章のキーワード
グローバル化　　ポストコロニアリズム　　コスモポリタニズ
ム

これまでの各章で，今日の日本でしばしば問題となっている女性差別，障害者差別，外国籍の子どもへの差別といった問題から，あるエスニシティにかかわる差別，とくに日系ブラジル人，在日コリアン，中国系の人びと，さらには部落差別，病者たちへの差別，被爆者/被曝者への差別，そして難民問題，差別に対して立ち上がる人びとなどが検討されてきました。

　また，序章や第13章，第14章では，差別の背景やマイノリティ問題の基本的な考え方も論じられてきました。ここでは最後に，日本社会も含まれるグローバル世界の，現代から未来への望ましい方向性を述べていくことで，まとめの章としましょう。

グローバル化の時代

20世紀の終わりごろから，現代社会は大きな変化の渦中に入りはじめます。それはグローバル化という社会変動です。1990年前後に，20世紀の大きな社会実験ともいわれる社会主義国家が崩壊過程に入り，東欧諸国とソビエト連邦が解体します。それまでの資本主義・自由経済の西側陣営と社会主義・計画経済の東側陣営との主要な対立（冷戦）が解消され，中国も社会主義市場経済体制に移行して，世界が資本主義のもと一つの大きな経済圏になりました。それは，国家単位の国民経済が，世界単位のグローバルな資本主義に編み込まれていく過程でもあります。

　さらに，こうしたグローバル化と同時に，一気に情報社会化も進みました。それは，インターネットを介して，情報網が地球規模で結ばれていく過程です。インターネットの世界には，原則として国境はありません。情報を統制して一部のウェブサイトやソーシャル・ネットワーキング・サービス（SNS）などを利用できないようにする国家もありますが，原則としてネットの世界では，国境はなくなります。言語の壁という問題も，翻訳機能や通訳機能が同時に発達していきますから，事実上はますます低い壁とな

っていくでしょう。したがって，情報や文化も容易に国境を越えて広がっていきます。

　さらに，21世紀には，各種のSNSが著しく進展しています。ほかにも，移動のための交通手段も格安の航空会社が現れるようになって，いままで以上に人や物が国境を越えて移動するようになりました。2020年末時点では，新型コロナウイルスの世界的な流行で人や物の移動は，一定期間難しくなっていましたが，流行の収束後の世界では多少の形態の変化はあれ，人や物の移動は復活すると思われます。グローバル化の趨勢は，もはや後戻りできないところまで来ているのです。

移動する人や物と
復活する国家主義

いまや他国に移住して生活や労働をする人びとの数は——移民をどう定義するかによって数値は異なりますが——世界で2億人とも3億人ともいわれます。また若い世代の国外留学生も，世界で500万人の時代に入ったといわれています。さらにわかりやすい例として，日本に来る外国人観光客を例にとると，1970年には約66万人だったのが，2002年には500万人を超えました（日本政府観光局〔JNTO〕）。

　その後，2008年に観光庁がスタートして，訪日外国人旅行者数は2013年に1000万人を超え，2016年には2000万人を超え，「コロナ」前の2018年と2019年には3000万人をも超えました。実に，ここ50年という時間幅では，50倍以上の急増ぶりです。

　国境がなくなっている例として，あるいは，「食卓のグローバル化」といわれる日々の食生活の場面を思い起こすこともできます。日本の食卓の上の多くの食材は，米は別にして，牛肉はアメリカやオーストラリアから，魚はノルウェー沖あるいは南米沖から，さらに大豆や小麦や果物などはアジアを含めた各国からとい

った具合に，国境を越えてトランスナショナルに移動して届きます。さらに衣類に関しても中国やアジアの各地で製品化されて日本に入ってきます。いまやグローバル化は，私たちの日常生活に浸透している事態なのです。

　しかし，21世紀に入ってから，同時に「自国ファースト」の考え方も目立つようになりました。1993年に発足したヨーロッパ連合（EU）では，加盟国が28カ国まで拡大した段階で，2020年イギリスはEUを離脱（Brexit）しました。さらに，アメリカはドナルド・トランプ大統領時代に，地球温暖化対策の取り決めであったパリ協定から離脱したり，イスラム系の人の入国を制限したりするなどして，自国の利益を最優先に考える国家主義的な発想が目立つようになりました。中国も2012年に習近平・中国最高指導者（当時）が「中国の夢」や「復興」を掲げて，「一帯一路」政策などで経済的・政治的に世界への影響を強めています。ロシアも一部の国々と結びついて影響力を高めています。そして世界規模に拡大したグローバル経済は，富める国と貧しい国という分断を引き起こし，格差社会が広がっています。経済的な格差問題のみならず，人種問題に見られるようなエスニシティにおいても，分断社会が立ち現れています。地球環境問題や多文化共生などが語られるなかで，このような流れはどう考えればよいのでしょうか。

ポストモダン論・再考

序章ですでにみたように，近代に特徴的な主体主義，科学主義，資本主義，そして国家主義などがいま批判の対象となっています。そうした批判の思潮は建築分野ではじまったとされる，ポストモダン（ポスト近代，脱近代）と呼ばれることもみてきました。実際，ポストモダンの潮流は，自分中心の主体の解体，理性中心への批判，

あるいは資本主義批判や国家主義批判を行ってきました。そして
そうした思潮が展開した「近代批判」は，たんなる近代の破壊
（destruction）ではなく，近代的な発想全体の徹底的な解体（＝
「脱構築」：deconstruction）をめざす思潮であるといわれてきまし
た。けれどもそこでは，解体後の社会のあり方を考えることさえ，
近代の構築的で抑圧的な発想にとらわれているとされて，拒否さ
れることもありました。

　したがって，ポストモダンの思潮は，西洋を中心とする「近
代」批判において一定の成果を示しましたが，近代の後，次に来
る社会や世界を具体的に構想することは少なく，思潮としては衰
えてきました。deconstruction（脱構築）には reconstruction（再構
築）の発想が欠けていたというべきなのかもしれません。そして
「解体」の掛け声だけが聞こえてくるなかで，現実の世界では，
近代の特性である資本主義の展開（超国籍企業！）や国家主義の
再興（自国ファースト！）の傾向がますます強まり，それらに引き
ずられる形で科学技術も，国家の経済発展の基盤であるとして重
要視されていきます。さらに現在では，AIの普及やビッグデー
タの活用など，IT技術が国家発展の核であると論じられていま
す。

　なお，国家に関しても補足しておきましょう。現代の国家主義
者は，それぞれイギリス，スペインからの独立をめざしているス
コットランドやカタルーニャ州などに見られるように，分離＝独
立に否定的で，地域の人びとの自己決定権を軽んじる結果となっ
ています。日本においては沖縄も同じです。米軍基地を過剰に押
しつけられ，いくら基地反対の知事や国会議員が選出されても，
あるいは県民投票で7割以上が基地の新設に反対しても，その
自己決定権は認められず，ましてや本土からの自立・独立を主張

する沖縄の人びとは完全に無視される状況が続いています。人民（people）の自己決定（self-determination）の権利が国連の国際人権規約で認められている（市民権規約でも社会権規約でも，ともに同文で，それぞれ第1部第1条でこの権利が規定されている）のにもかかわらず，いまだにこのような古い植民地主義的な支配を残しているような地域も多数あります。地域の人びとの民主的な自己決定権を認められないという点では，ポストコロニアリズム状況において近代の植民地主義的な「差別」が残存している事例だと筆者は考えています。

　では，どうすればいいのでしょうか。

リアル・ユートピア
という視点

　筆者は，ここで「リアル・ユートピア（real utopia）」という言葉を用いようと思います。この言葉は，アメリカ社会学会元会長のエリック・ライトが使った言葉です。

　彼のいう「リアル・ユートピア」論とは，簡潔にいえば，十全なかたちではまだ現在の世の中で現実化されていない――それゆえユートピアです――が，そのユートピアの片鱗は部分的であれ現実に（＝リアルに）立ち現れはじめているので，言いかえれば「現在支配的な制度の基本論理を覆すような，現に存在している」ユートピアの事例や現象が生じているので，そこに光を当てるという発想です（ライト 2016：38）。

　リアル・ユートピアのユートピア的思考とは，「私たちが望む公正で人間的な世界を実現するために，現在支配的である諸制度の代替案つまりオルタナティブを考えることを意味する」と彼は同じ論考で述べています。そしてさらに，その際に生じてくる課題として，彼は次の3点を挙げています。①「権力と不平等の社会的組織」といった「害悪の社会的な原因を分析すること」，

②「これらに代わる制度と構造を作りだすこと」，③「現在から
ユートピアへと到達する方法を教えるような変化の理論を作り出
すこと」です（ライト 2016：37）。

　以上は簡潔に，①歴史分析，②未来構想，③方法戦略，とまと
めることができるでしょう。なお，ここで①の「権力と不平等の
社会的組織」という点を，「マイノリティへの差別の仕組み」と
いう本書の主題に置き替えても同様のことがいえると思われます。

　これまで本書では，「害悪の社会的な原因を分析」し，これに
代わる仕組みを考え，そしてその仕組みを現実化するための戦略
を考えてきました。もちろん，戦略は一つとは限りません。富士
山の頂上に到達するにはいくつかのルートがあります。本書はそ
のうちの一つ以上のルート──しかも比較的身近で実行可能なル
ート──を考えてきました。ルートを考えるために，「先人の知
恵」，とくにこれまでの社会学者をはじめとする研究者たちや社
会変革の実践に携わってきた人びとが示してきた考え方から，私
たちは学んできました。

　重要なのは，まず近代的価値観からの転換です。近代の主体主
義は，人間を理性的で健全な身体を持ち，経済的に有用な人材を
「役に立つ」ものとして考えてきました。それは，理性を働かせ
るという意味では合理的な人間像であり，経済的には生産性のあ
る「ホモエコノミクス（経済人）」的な人物が有用だとする人間観
です。主体主義は，経済と国家の発展に役立つ人物を，学校教育
のなかで育成してきました。そこでは，心身に問題を抱える人物
は役立たないものとして排除され，学歴・学力が不足しているも
のは社会の周辺に置かれています。合理的人間のモデルに従えず，
他者とも一定程度うまく関係をつくれないで，自己決定も十分で
きない人びとも，国家や経済の発展に役立たない「無能者」とし

313

て排除されてきました。

　それに対して，ポストモダン論者はその近代的価値を全否定するような言説を展開しました。しかし，何が新しい理想なのかは不明なままだったのです。そこで，マーサ・ヌスバウムのような哲学者・倫理学者は，これからの世界における「正義」とは何かを説き，潜在能力をもつ人間の「ケイパビリティ」（能力発展）論を展開します。彼女は，まずもって生命・生活を最重視して，人間を保護されるべき存在と規定し，人間の理性だけではなく感性を働かせることにも重きを置きました。さらに自己中心的ではなく常に他者との共生を，とくに外国人や動物など他の種との共生も大切だと力説し，そのうえで自らの社会や環境をつくり変える能力の涵養を目標とした，「正義」を描いたのでした（ヌスバウム2012）。

共感と共生の現場へ

こうした主張から見えてくるのは，自己中心ではなく他者との共生を実践し，国家の枠をこえたトランスナショナルな社会関係を重視し，感性をも重んじて，社会と環境を大切にする考え方でした。そうした考え方は，一方で，他者を歓待し，国家の権限を抑えて国家をこえるリージョナルな共同関係を構想したり（西原2018），国連を改革して世界政府的な統治機構をつくろうとする（ヘルド2011）ような方向性，他方で，日々の足元の相互行為のレベルから「誰もが等しく異なることができる権利」（バーバ2009）の実現を主張する方向性に体現されます。

　とくに後者の，日々の生活のなかの対等な関係構築をめざす方向性は，たとえば大きな災害に見舞われた際にお互いが——国籍や性別，学歴や職業や年齢などの差異，あるいは社会的地位や社会的能力などとは関係なく——助け合う活動のなかに実例をいく

らでも見出すことができる，「リアル・ユートピア」です（「災害ユートピア」とも呼ばれています〔ソルニット 2010〕）。それは，**コスモポリタニズム**，とくに草の根の「万民対等主義」という言葉で表すことができる，日常のコスモポリタニズム，あるいは土着のコスモポリタニズム（バーバ 2009）への着目によって見出すことができます（西原・樽本編 2016）。

　けれども，災害現場という特殊な場ではなく，助け合い（相互扶助）を日常的に実践していくには，その実践を阻害する差別の要因を取り除く必要があります。区別・蔑視・排除ではなく，差異を認めて対等な協力関係を構築すること，これを日々の相互行為や集団関係の現場から実践することが肝要です。なぜならば，そこにこそ私たちの生活があるからです。いま・ここの生活実践の現場から，とりわけ「共感能力」を活性化して，他者たちと共生していくことが重要です。

　まずは自らが，そして差異をもったままに関係する周囲の人たちと協力しながら，そのような万民対等主義を実践していく過程のなかで，マイノリティの重荷を背負った人びととの共生の道も開けてくると思われます。序章で示された仏教用語としての差別は，案外こうした理想を示すような言葉として読み替えることができるかもしれません。そして，個性や差異を持った人びとからなる，その日々の具体的な共生の現場はどのような仕組みで，どのような背景でできあがっているのか，そうしたことを学んでいく必要があります。異なる他者との共生という意味での，「異他共生」（金城 2019），それは紛れもなく，今後の私たちの生活を豊かにする実践でもあります。とくに私たちが生きているグローバル時代では，国家をこえる人間関係（国際関係というよりも，いわば国境を越えたトランスナショナルな人際関係）も問われているので

315

す（西原・樽本編 2016，西原 2018）。

　マイノリティや差別の具体的な現場の事例を的確に把握して，自分たちの生活をより充実したものにする「戦略」を一緒に考えていきましょう。ともに知り，理解し，それが相手にとってどのような意味を持つのか考えながら，他者とともに実践していくことがポイントとなります。それは，他者を競争相手や対立する敵と見なすのではなく，「競争・対立から協力・共生へ」と視線を転じ，価値の転換を図って自分たちの生の充実を，その人なりに実現していくことでもあるのです。ともに生き，ともに学び，ともに考えていく。そこから未来が少しずつ切り拓かれていくのではないでしょうか。

キーワード解説
グローバル化：人，物，金，情報，文化などが国家をこえて全地球的に移動し拡大すること。グローバリゼーション。この拡大がよい傾向だとする人，（とくにグローバリズムと表現して）大国の支配のイデオロギーだとして反対する人，さらにはもはや止めえない時代の傾向だと捉える人などがいる。16 世紀や 19 世紀末，あるいは 1960 年代からグローバル化がみられるようになり，とくに 1990 年前後からは情報社会化とともに本格的なグローバル化がはじまったといわれている。

ポストコロニアリズム：文字どおりには，コロニアリズム（植民地主義）の後を指すが，そこには 2 つの区別すべき論点がある。一つは，古いコロニアリズムの差別的扱いが現在も残っているので，それを改善すべきだという論点である。もう一つは，あえてポスト・コロニアリズムと表記することができるように，コロニアリズムを乗り越えていくために，それを生み出してきた近現代の国家や社会（の概念）をも根本的に問いなおし変革することをめざす論点である。

コスモポリタニズム：辞書では「地球市民主義」などと訳されるが，

特定の都市国家（ポリス）ではなく，コスモポリス（世界社会）で人びとが対等に生きる理想を示す言葉であるので，今日的な意味では，世界における「万民対等主義」と訳すことができる。とはいえ，国連改革を進めて世界的な民主制構築をめざす人から，来たるべき共生社会での理想・理念として強調する人や，経験的な事例から身近な共同体での土着のコスモポリタニズムを強調する人にいたるまで，幅広い概念としても用いられている。

ブックガイド

■西原和久・樽本英樹編『現代人の国際社会学・入門──トランスナショナリズムという視点』有斐閣コンパクト，2016 年

　トランスナショナリズムを踏まえた国際社会学の視点から，日・中・韓，東南アジア，南アジア，イスラム圏，アフリカ，ヨーロッパ，南北アメリカ，そしてオセアニアの現状も踏まえて，未来の世界社会への展望を論じた著書。世界の国々が，一国主義をこえて多様に連携している状況がよく理解できる。

■西原和久『トランスナショナリズム論序説──移民・沖縄・国家』新泉社，2018 年

　著者は移民などの国家をこえる移動者たちに着目し，現代社会において脱国家的な思考・志向を意味するトランスナショナリズムが重要なことを説き，日本に来る外国人や沖縄系移民の人びとなどのトランスナショナルな活動を事例として検討しながら，沖縄系の知識人を中心に捉えて，未来を展望する社会像を描き出そうとしている。

■東アジア共同体研究所琉球・沖縄センター編『沖縄を平和の要石に──地域連合が国境を拓く』芙蓉書房出版，2020 年

　平和学者やジャーナリストを含めた沖縄問題研究者が，「国境を越える社会を造ろう」という呼びかけに答えるかたちで，独立，自治，憲法，先住民などにかかわる諸問題を論じている。とくに沖縄の基地問題解決のためにも，東アジアの「不戦共同体」を構築しようという

社会学史コラム⑯　ベックのリスク社会論とコスモポリタン社会学 ━━

　チェルノブイリの原発事故の少し前に，現代社会が「リスク社会」であるという議論を展開していたU.ベックは，そうした原発などのリスクは近代（科学）が生み出したいわば負の遺産であり，その遺産が社会自体に跳ね返ってくるという「負の再帰性」を指摘した。そしてベックは，「資本のグローバル化」のみならず，世界リスク社会論に象徴されるような「リスクのグローバル化」にも対応できる「コスモポリタン社会学」を提唱する。それは，ただたんに現象としてのグローバル化を論じるグローバル社会学をこえて，21世紀のヴィジョンの提示をめざす。ただし，その際にはこれまでのように国家内の社会を研究する「方法論的ナショナリズム」を批判して，国家をこえて未来を視野に入れた「コスモポリタン的転回」をはからなければならないと彼は論じたのである。

（N）

　視点は，平和問題だけでなく，共生問題などにも重要な展望をもたらすと期待できる。

参 考 文 献

序　章

クロスリー，N. 2003『間主観性と公共性——社会生成の現場』西原和久訳，新泉社

デカルト，R. 1997『方法序説』谷川多佳子訳，岩波書店

西原和久 2018『トランスナショナリズム論序説——移民・沖縄・国家』新泉社

西原和久・保坂稔編 2016『〔増補改訂版〕グローバル化時代の新しい社会学』新泉社

西原和久・油井清光編 2010『現代人の社会学・入門——グローバル化時代の生活世界』有斐閣

斎藤幸平 2020『人新世の「資本論」』集英社

世界経済フォーラムウェブサイト「ジェンダーギャップ指数」
https://www.weforum.org/reports/gender-gap-2020-report-100-years-pay-equality（2021年1月25日最終閲覧）

ヴェーバー，M. 1989『プロテスタンティズムの倫理と資本主義の精神』大塚久雄訳，岩波書店

第1章

ブルデュ，P. 1988『実践感覚』1，今村仁司・港道隆訳，みすず書房

ブルデュ，P. 1990『実践感覚』2，今村仁司・福井憲彦・塚原史・港道隆訳，みすず書房

ブルデュー，P. 1990『ディスタンクシオン——社会的判断力批判』Ⅰ・Ⅱ，石井洋二郎訳，藤原書店

バトラー，J. 1999『ジェンダー・トラブル——フェミニズムとアイデンティティの攪乱』竹村和子訳，青土社

江原由美子 2001『ジェンダー秩序』勁草書房

ファルーディ，S. 1994『バックラッシュ——逆襲される女たち』伊藤由紀子・加藤真樹子訳，新潮社

フーコー，M. 1977『監獄の誕生——監視と処罰』田村俶訳，新潮社

フーコー，M. 1986『性の歴史Ⅰ　知への意志』渡辺守章訳，新潮社

フリーダン，B. 1970『新しい女性の創造』三浦冨美子訳，大和書房

ガーフィンケル，H. 1987「アグネス，彼女はいかにして女になり続けたか

——ある両性的人間の女性としての通過作業とその社会的地位の操作的達成」『エスノメソドロジー——社会学的思考の解体』山田富秋・好井裕明・山崎敬一編訳，せりか書房

ハラウェイ，D. 1991「サイボーグ宣言——1980年代の科学とテクノロジー，そして社会主義フェミニズムについて」ダナ・ハラウェイ，サミュエル・ディレイニー，ジェシカ・アマンダ・サーモンスン，巽孝之『サイボーグ・フェミニズム』巽孝之・小谷真理編訳，水声社

モース，M. 1976『社会学と人類学』II，有地亨・山口俊夫訳，弘文堂

ミード，M. 1961『男性と女性——移りゆく世界における両性の研究』上・下，田中寿美子・加藤秀俊訳，東京創元社

Young, I. M. 2005 "Throwing Like a Girl: a Phenomenology of Feminine Body Comportment, Motility, and Spatiality," *On Female Body Experience: "Throwing Like a Girl" and Other Essays*, Oxford University Press

第2章

土橋圭子・渡辺慶一郎編 2020『発達障害・知的障害のための合理的配慮ハンドブック』有斐閣

星加良司 2007『障害とは何か——ディスアビリティの社会理論に向けて』生活書院

星加良司 2017「合理的配慮と能力評価」川島聡・飯野由里子・西倉実季・星加良司著『合理的配慮——対話を開く，対話が拓く』有斐閣

Hughes, B. 2012 "Fear, Pity and Disgust: Emotions and the Non-Disabled Imaginary," N. Watson, A. Roulstone and C. Thomas eds., *Routledge Handbook of Disability Studies*, Routledge

内閣府 2015「障害を理由とする差別の解消の推進に関する基本方針」https://www8.cao.go.jp/shougai/suishin/sabekai/kihonhoushin/honbun.html（2021年2月22日最終閲覧）

内閣府 2017「障害者に関する世論調査」https://survey.gov-online.go.jp/h29/h29-shougai/index.html（2021年2月22日最終閲覧）

内閣府 2020「合理的配慮の提供等事例集」https://www8.cao.go.jp/shougai/suishin/jirei/example.html（2021年2月22日最終閲覧）

中西正司・上野千鶴子 2003『当事者主権』岩波書店

Oliver, M. 1983 *Social work with disabled people*, Macmillan

オリバー，M. 2006『障害の政治——イギリス障害学の原点』三島亜紀子・山岸倫子・山森亮・横須賀俊司訳，明石書店

榊原賢二郎編 2019『障害社会学という視座——社会モデルから社会学的反省へ』新曜社

杉野昭博 2007『障害学——理論形成と射程』東京大学出版会

Turner, B. S. 2006 *Vulnerability and Human Rights,* Pennsylvania State University Press.

Zola, I. K. 1993 "Self, Identity and the Naming Question : Reflections on the Language of Disability," *Social Science & Medicine,* 36（2）: 167-173.

第3章

秋山千佳 2016『ルポ保健室──子どもの貧困・虐待・性のリアル』朝日新聞出版

ベック，U. 2014『世界リスク社会』山本啓訳，法政大学出版局

デューイ，J. 1957『学校と社会』宮原誠一訳，岩波書店

イリッチ，I. 1977『脱学校の社会』東洋・小澤周三訳，東京創元社

川田耕 2019『生きることの社会学──人生をたどる12章』世界思想社

森田洋司・清永賢二 1994『いじめ──教室の病い〔新訂版〕』金子書房

大内裕和 2015「日本の奨学金問題」『教育社会学研究』96：69-86

宇沢弘文 1994『社会的共通資本と社会的費用』（宇沢弘文著作集──新しい経済学を求めて I）岩波書店

宇沢弘文 2000『社会的共通資本』岩波新書

安林奈緒美 2006「養護社会学の効用──保健室におけるナラティヴ・アプローチを中心として」日本教育社会学会第58回大会発表要旨集録

安林奈緒美 2009「養護社会学」の構築に向けて──養護教諭の歴史と現代的「養護」概念」『コロキウム──現代社会学理論・新地平』4, 158-176

安林奈緒美 2010a「グローバルな視座から見つめ直す学校保健の国際比較」『健康教室』717：60-63

安林奈緒美 2010b「グローバルな視座から見つめ直す学校保健の国際比較」『健康教室』718：52-56

ヤング，J. 2007『排除型社会──後期近代における犯罪・雇用・差異』青木秀男・伊藤泰郎・岸政彦・村澤真保呂訳，洛北出版

第4章

阿部純一郎 2014『〈移動〉と〈比較〉の日本帝国史──統治技術としての観光・博覧会・フィールドワーク』新曜社

江口信清 2010「社会的弱者と観光に関する研究」江口信清・藤巻正己編『貧困の超克とツーリズム』明石書店

フーコー，M. 1969『臨床医学の誕生』神谷美恵子訳，みすず書房

石井香世子 2010「国際観光システムを底辺で支えるはざまの人々──タイ山岳少数民族と観光産業」江口信清・藤巻正己編『貧困の超克とツーリズム』明石書店

久保忠行 2014「タイのカヤン観光の成立と変遷——観光人類学の枠組みを再考する」『東南アジア研究』51(2)：267-296

マキァーネル，D. 2012『ザ・ツーリスト——高度近代社会の構造分析』安村克己・須藤廣・高橋雄一郎・堀野正人ほか訳，学文社

松井やより 1993『アジアの観光開発と日本』（アジアが見えてくる 3）新幹社

宮本佳範 2011「観光対象として"持続すべき文化"に関する考察——持続可能なエスニック・ツーリズムへの視点」『東邦学誌』40(1)：19-33

スミス，V. L. 編 2018『ホスト・アンド・ゲスト——観光人類学とはなにか』市野澤潤平・東賢太朗・橋本和也監訳，ミネルヴァ書房

須藤廣 2007「現代の観光における『まなざし』の非対称性——タイの山岳民族「首長族（カヤン族)」の観光化を巡って」『都市政策研究所紀要』1：31-41

髙橋伸子 2019「観光系大学における教育が観光産業に果たす役割」『日本労働研究雑誌』61(7)：31-46

東京大学総合研究資料館特別展示実行委員会編 1991『乾板に刻まれた世界——鳥居龍蔵の見たアジア』東京大学総合研究資料館

アーリ，J. 2015『モビリティーズ——移動の社会学』吉原直樹・伊藤嘉高訳，作品社

アーリ，J.・J. ラーソン 2014『観光のまなざし〔増補改訂版〕』加太宏邦訳，法政大学出版局

安福恵美子 1996「観光と売買春——東南アジアを中心に」石森秀三編『観光の二〇世紀』（二〇世紀における諸民族文化の伝統と変容 3）ドメス出版

第5章

Baldassar, L., C. Baldock and R. Wilding 2007 *Families Caring Across Borders: Migration, Ageing and Transnational Caregiving*, Palgrave Macmillan.

拝野寿美子 2011「在日ブラジル人第二世代のホームランド——自ら選びとる『生きる場所』」三田千代子編『グローバル化の中で生きるとは——日系ブラジル人のトランスナショナルな暮らし』上智大学出版

法務省 2020「在留外国人統計」http://www.moj.go.jp/isa/policies/statistics/toukei_ichiran_touroku.html（2021 年 2 月 22 日最終閲覧）

樋口直人 2019「労働——人材への投資なき政策の愚」高谷幸編『移民政策とは何か』人文書院

稲葉奈々子・髙谷幸・樋口直人 2019「ジェンダー——格差是正のための政策に向けて」髙谷幸編『移民政策とは何か』人文書院

梶田孝道・丹野清人・樋口直人 2005『顔の見えない定住化──日系ブラジル人と国家・市場・移民ネットワーク』名古屋大学出版会

上林千恵子 2015『外国人労働者受け入れと日本社会──技能実習制度の展開とジレンマ』東京大学出版会

松宮朝 2017「日系ブラジル人コミュニティと教育支援」伊藤守・小泉秀樹・三本松政之・似田貝香門編『コミュニティ事典』春風社

松宮朝 2019「リーマンショック後の南米系住民の動向と第二世代をめぐる状況」駒井洋監修・是川夕編『人口問題と移民──日本の人口・階層構造はどう変わるのか』明石書店

宮島喬 2014『多文化であることとは──新しい市民社会の条件』岩波書店

大久保武 2005『日系人の労働市場とエスニシティ──地方工業都市に就労する日系ブラジル人』御茶の水書房

高畑幸 2017「人口減少時代の日本における『移民受け入れ』──政策の変遷と定住外国人の居住分布」大久保史郎・樋爪誠・吉田美喜夫編『人の国際移動と現代日本の法──人身取引・外国人労働・入管法制』日本評論社

徳田剛 2019「日本の地方部における多文化対応の現況」徳田剛ほか編『地方発 外国人住民との地域づくり──多文化共生の現場から』晃洋書房

山口博史 2014「日系ブラジル人親の国内居住と子の滞日化傾向──ある人材派遣会社の事例から」『移民研究年報』20：59-75.

第6章

ベンヤミン，W. 1969『暴力批判論』（ヴァルター・ベンヤミン著作集 1）高原宏平・野村修編集解説，晶文社

郭基煥 2006『差別と抵抗の現象学──在日朝鮮人の〈経験〉を基点に』新泉社

本橋哲也 2005『ポストコロニアリズム』岩波書店

シュッツ，A. 1991『社会理論の研究』（アルフレッド・シュッツ著作集 3）A. ブロダーセン編，渡部光・那須壽・西原和久訳，マルジュ社

ジンメル，G. 2016『社会学──社会化の諸形式についての研究』下，居安正訳，白水社

第7章

浅野慎一・佟岩 2016『中国残留日本人孤児の研究──ポスト・コロニアルの東アジアを生きる』御茶の水書房

歩平・劉小萌・李長莉 2008『若者に伝えたい中国の歴史──共同の歴史認識に向けて』鈴木博訳，明石書店

陳天璽 2011『無国籍』新潮社

法務省 2020「在留外国人統計」

法務省 2020「在留外国人統計」http://www.moj.go.jp/isa/policies/statistics/
　　toukei_ichiran_touroku.html（2021年2月22日最終閲覧）

華僑華人の事典編集委員会編 2017『華僑華人の事典』丸善出版

南誠 2016『中国帰国者をめぐる包摂と排除の歴史社会学――境界文化の生
　　成とそのポリティクス』明石書店

内閣府 2015「外交に関する世論調査 2. 1. 日本と諸外国との関係」https://
　　survey.gov-online.go.jp/h27/h27-gaiko/2-1.html（2021年2月22日最終
　　閲覧）

内閣府政府広報室 1980「外交に対する世論調査（昭和55年5月）」https://
　　survey.gov-online.go.jp/s55/S55-05-55-04.html（2021年2月22日最終閲
　　覧）

中村圭 2019『なぜ中国企業は人材の流出をプラスに変えられるのか』勁草
　　書房

李培林 2011『再び立ち上がる日本――異国文化という視点からの日本観察』
　　西原和久監修，楊慶敏訳，人間の科学新社

陸麗君 2019「インナーシティの新華僑と地域社会」鯵坂学・西村雄郎・丸
　　山真央・徳田剛編『さまよえる大都市・大阪――「都市回帰」とコミュ
　　ニティ』東信堂

賽漢卓娜 2011『国際移動時代の国際結婚――日本の農村に嫁いだ中国人女
　　性』勁草書房

坂部晶子 2008『「満州」経験の社会学――植民地経験の記憶のかたち』世界
　　思想社

品田悦一 2019「東大教授が解説！『令和』から浮かび上がる大伴旅人のメ
　　ッセージ」講談社現代ビジネスウェブサイト，https://gendai.ismedia.
　　jp/articles/-/64241（2021年1月25日最終閲覧）

品田悦一 2020『万葉ポピュリズムを斬る』短歌研究社・講談社

東京大学 2020「懲戒処分の公表について」（2020年1月15日記者発表）
　　https://www.u-tokyo.ac.jp/focus/ja/press/z1304_00124.html（2021年1
　　月25日閲覧）

坪谷美欧子 2008『「永続的ソジョナー」中国人のアイデンティティ――中国
　　からの日本留学にみる国際移民システム』有信堂高文社

山下清海 2016『新・中華街――世界各地で〈華人社会〉は変貌する』講談
　　社

第8章

阿部謹也 2001『学問と「世間」』岩波書店

井上忠司 1977『「世間体」の構造』日本放送出版協会

川口泰司 2018「インターネット社会と部落差別の現実」，朝治武・谷元昭信・寺本伸明・友永健三編著『部落解放論の最前線——多角的な視点からの展開』解放出版社

黒川みどり 2011『近代部落史——明治から現代まで』平凡社

野口道彦 1993「家意識と結婚忌避」，『同和問題研究』16，大阪市立大学同和問題研究会

奥田均 2007『見なされる差別——なぜ部落を避けるのか』解放出版社

奥田均 2019『部落差別解消推進法を学ぶ』解放出版社

齋藤直子 2017『結婚差別の社会学』勁草書房

第9章

荒井裕樹 2013『生きていく絵——アートが人を「癒す」とき』亜紀書房

蘭由岐子 2017『「病いの経験」を聞き取る〔新版〕——ハンセン病者のライフヒストリー』生活書院

有薗真代 2017『ハンセン病療養所を生きる——隔離壁を砦に』世界思想社

藤澤三佳 2014『生きづらさの自己表現——アートによってよみがえる「生」』晃洋書房

ゴッフマン，E. 1984『アサイラム——施設収容者の日常世界』石黒毅訳，誠信書房

クラインマン，A. 1996『病いの語り——慢性の病いをめぐる臨床人類学』江口重幸・五木田紳・上野豪志訳，誠信書房

小坂有資 2020「ハンセン病者をめぐる社会関係の変容——ART SETOUCHIにおける国立療養所大島青松園での活動に着目して」岡原正幸編『アート・ライフ・社会学——エンパワーするアートベース・リサーチ』晃洋書房

桑畑洋一郎 2013『ハンセン病者の生活実践に関する研究』風間書房

松岡弘之 2020『ハンセン病療養所と自治の歴史』みすず書房

森修一・阿戸学・石井則久 2019「国立ハンセン病療養所における入退所動向に関する研究——1909年から2010年の入退所者数調査から」『日本ハンセン病学会雑誌』88(2)：53-75

西尾雄志 2014『ハンセン病の「脱」神話化——自己実現型ボランティアの可能性と陥穽』皓星社

坂田勝彦 2012『ハンセン病者の生活史——隔離経験を生きるということ』青弓社

髙橋涼子 2015「精神医療」中川輝彦・黒田浩一郎編『現代医療の社会学——日本の現状と課題〔新版〕』世界思想社

田中耕一郎 2005『障害者運動と価値形成——日英の比較から』現代書館

山本俊一 1997『日本らい史〔増補〕』東京大学出版会

第 10 章

安藤丈将 2019『脱原発の運動史——チェルノブイリ，福島，そしてこれから』岩波書店

バトラー，J. 1999『ジェンダー・トラブル——フェミニズムとアイデンティティの攪乱』竹村和子訳，青土社

バトラー，J. 2004『触発する言葉——言語・権力・行為体』竹村和子訳，岩波書店

浜日出夫 2005「ヒロシマからヒロシマたちへ——ヒロシマを歩く」有末賢・関根政美編『戦後日本の社会と市民意識』慶應義塾大学出版会

リフトン，R. J. 2009『ヒロシマを生き抜く——精神史的考察』上・下，桝井迪夫・湯浅信之・越智道雄・松田誠思訳，岩波書店

直野章子 2015『原爆体験と戦後日本——記憶の形成と継承』岩波書店

根本雅也 2018『ヒロシマ・パラドクス——戦後日本の反核と人道意識』勉誠出版

冨永佐登美 2017「観光都市における被爆の表象——地図に描かれる長崎を例として」葉柳和則編『長崎——記憶の風景とその表象』晃洋書房

ヴェーバー，M. 1972『社会学の根本概念』清水幾太郎訳，岩波書店

山本昭宏 2012『核エネルギー言説の戦後史 1945-1960——「被爆の記憶」と「原子力の夢」』人文書院

第 11 章

アドルノ，T. 1980『権威主義的パーソナリティ』日高六郎ほか編，田中義久・矢沢修次郎・小林修一訳，青木書店

AFP 通信ウェブサイト「ドイツで移民擁護派の政治家射殺される，ネットに歓迎ヘイト投稿殺到」（2019 年 6 月 10 日付）https://www.afpbb.com/articles/-/3229196（2021 年 2 月 22 日最終閲覧）

ベック，U. 1998『危険社会——新しい近代への道』東廉・伊藤美登里訳，法政大学出版局

Büchele, C. (Hrsg.), 1982, *Wyhl. Der Widerstand geht weiter. Der Bürgerprotest gegen Kernkraft von 1976 bis zum Mannheimer Prozeß*, Dreisam Verlag.

フェリ，L. 1994『エコロジーの新秩序——樹木，動物，人間』加藤宏幸訳，法政大学出版局

フロム，E. 1951『自由からの逃走』日高六郎訳，創元社

ハーバーマス，J. 1985-87『コミュニケイション的行為の理論』上・中・下，河上倫逸・平井俊彦・藤澤賢一郎・岩倉正博ほか訳，未來社

Hardin, G. 1974 Lifeboat Ethics: The Case Against Helping the Poor, *Psychol-*

ogy Today, 8：38-43.

ホルクハイマー，M. 1974「伝統的理論と批判的理論」『哲学の社会的機能』
　　久野収訳，晶文社

ホルクハイマー，M.・アドルノ，T. 1990『啓蒙の弁証法——哲学的断想』
　　徳永恂訳，岩波書店

保坂稔 2013『緑の党政権の誕生——保守的な地域における環境運動の展開』
　　晃洋書房

イングルハート，R. 1978『静かなる革命——政治意識と行動様式の変化』
　　三宅一郎・金丸輝男・富沢克訳，東洋経済新報社

IRENA（International Renewable Energy Agency）2017 *Renewable Energy
and Jobs Annual Review 2017.*

Næss, A. 1973 The Shallow and the Deep, Long-Range Ecology Movements：
A Summary, *Inquiry* 16：95-100.

シンガー，P. 1988『動物の解放』戸田清訳，技術と人間

ヴェーバー，M. 1989『プロテスタンティズムの倫理と資本主義の精神』大
　　塚久雄訳，岩波書店

第 12 章

稲葉奈々子 2016「分野別研究動向（社会運動）——失われた敵対性と『さ
　　まよう』主体のゆくえ」『社会学評論』67(2)：238-252.

伊藤亜紗 2018『どもる体』医学書院

Civil G8 対話実行委員会 2008『Civil G8 対話 2008 報告書』

濱西栄司 2016「サミット・プロテストの全体像とメカニズム——5 つの日
　　本開催サミットにおける争点・アクター・アクションと集合的経験／空
　　間的密集」野宮大志郎・西城戸誠編『サミット・プロテスト——グロー
　　バル化時代の社会運動』新泉社

ホネット，A. 2015『見えないこと——相互主体性理論の諸段階について』
　　宮本真也・日暮雅夫・水上英徳訳，法政大学出版局

NPO ホームドア 2019『Challenge Document 2018（2018 年度年次報告書）』

越田清和 2012「平和学と植民地責任——市民の科学としての平和学をめざ
　　して」日本平和学会第 4 回全国キャラバン《脱植民地化のための平和
　　学とは——北海道／アイヌモシリで考える》

熊谷晋一郎 2008「『おいてけぼり同士』でつながる——共著にあたって」綾
　　屋紗月・熊谷晋一郎『発達障害当事者研究——ゆっくりていねいにつな
　　がりたい』医学書院

西城戸誠 2008『抗いの条件——社会運動の文化的アプローチ』人文書院

野宮大志郎・西城戸誠編 2016『サミット・プロテスト——グローバル化時
　　代の社会運動』新泉社

佐野章二 2013『社会を変える仕事をしよう——ビッグイシュー 10 年続けてわかった大事なこと』日本実業出版社

第 13 章

グッドマン，D. J. 2017『真のダイバーシティをめざして——特権に無自覚なマジョリティのための社会的公正教育』出口真紀子監訳，田辺希久子訳，上智大学出版
池上嘉彦 1984『記号論への招待』岩波書店
佐藤裕 2018『〔新版〕差別論——偏見理論批判』明石書店
ジンメル，G. 1994『社会学——社会化の諸形式についての研究』上，居安正訳，白水社
戴エイカ 2005「『われわれ日本人』『純粋な日本人』そして『内なる越境』」『人権問題研究』5：55-69
上野千鶴子 1996「複合差別論」井上俊・上野千鶴子・大澤真幸・見田宗介・吉見俊哉編『差別と共生の社会学』（岩波講座現代社会学 15）岩波書店

第 14 章

新垣毅 2017『続 沖縄の自己決定権 沖縄のアイデンティティー——「うちなーんちゅ」とは何者か』高文研
新川明 1973『異族と天皇の国家——沖縄民衆史への試み』二月社
新崎盛暉 2012『新崎盛暉が説く構造的沖縄差別』高文研
新城俊明 2014『教養講座琉球・沖縄史』編集工房東洋企画
樋口耕太郎 2020『沖縄から貧困がなくならない本当の理由』光文社
川満信一 1990『沖縄・自立と共生の思想——「未来の縄文」へ架ける橋』海風社
川満信一 2010『沖縄発——復帰運動から 40 年』世界書院
木村朗編 2019『沖縄から問う東アジア共同体——「軍事のかなめ」から「平和のかなめ」へ』花伝社
幸徳秋水 2004『帝国主義』山泉進校注，岩波書店
レーニン，V. 2006『帝国主義論』角田安正訳，光文社
西原和久 2018『トランスナショナリズム論序説——移民・沖縄・国家』新泉社
西原和久 2020『現代国際社会学のフロンティア——アジア太平洋の越境者をめぐるトランスナショナル社会学』東信堂
シュッツ，A. 1991『社会理論の研究』（アルフレッド・シュッツ著作集 3）A. ブロダーセン編，渡部光・那須壽・西原和久訳，マルジュ社
進藤榮一 2002『分割された領土——もうひとつの戦後史』岩波書店

竹沢泰子編 2005『人種概念の普遍性を問う——西洋的パラダイムを超えて』人文書院

終　章

バーバ，H. K. 2009『ナラティヴの権利——戸惑いの生へ向けて』磯前順一・D. ガモリア訳，みすず書房

ヘルド，D. 2011『コスモポリタニズム——民主政の再構築』中谷義和訳，法律文化社

金城馨，ロシナンテ社編 2019『沖縄人として日本人を生きる——基地引き取りで暴力を断つ』解放出版社

日本政府観光局〔JNTO〕https://www.jnto.go.jp

西原和久 2018『トランスナショナリズム論序説——移民・沖縄・国家』新泉社

西原和久・樽本英樹編 2016『現代人の国際社会学・入門——トランスナショナリズムという視点』有斐閣

ヌスバウム，M. C. 2012『正義のフロンティア——障碍者・外国人・動物という限界を越えて』法政大学出版局

ソルニット，R. 2010『災害ユートピア——なぜそのとき特別な共同体が立ち上がるのか』高月園子訳，亜紀書房

ライト，E. O. 2016「グローバル社会学のためのリアル・ユートピア」西原和久・芝真理編『国際社会学の射程——社会学をめぐるグローバル・ダイアログ』（国際社会学ブックレット 1）東信堂

社会学史コラム（代表的な著作のみ）

バウマン，Z. 2001『リキッド・モダニティ——液状化する社会』森田典正訳，大月書店

ベック，U. 1998『危険社会——新しい近代への道』東廉・伊藤美登里訳，法政大学出版局

ベッカー，H. S. 2011『完訳アウトサイダーズ——ラベリング理論再考』村上直之訳，現代人文社

ブルデュー，P. 2020『ディスタンクシオン——社会的判断力批判〔普及版〕』1・2，石井洋二郎訳，藤原書店

デュルケム，E. 1985『自殺論』宮島喬訳，中公文庫

ガーフィンケル，H. 1987『エスノメソドロジー——社会学的思考の解体』山田富秋・好井裕明・山崎敬一訳，せりか書房

ギデンズ，A. 1993『近代とはいかなる時代か？——モダニティの帰結』松尾精文・小幡正敏訳，而立書房

ゴッフマン，E. 1974『行為と演技——日常生活における自己呈示』石黒毅

訳，誠信書房

ハーバーマス，J. 1985-87『コミュニケイション的行為の理論』上・中・下，河上倫逸・平井俊彦・藤澤賢一郎・岩倉正博ほか訳，未來社

ルーマン，N. 2020『社会システム——或る普遍的理論の要綱』上・下，馬場靖雄訳，勁草書房

マルクス，K. 1997『資本論』1〜9，向坂逸郎訳，岩波文庫

パーソンズ，T. 1974-89『社会的行為の構造』1〜5，稲上毅・厚東洋輔・溝部明男訳，木鐸社

シュッツ，A. 1983-1998『アルフレッド・シュッツ著作集』1〜4，渡部光・那須壽・西原和久訳，マルジュ社

ジンメル，G. 1994『社会学——社会化の諸形式についての研究』上・下，居安正訳，白水社

ヴェーバー，M. 1987『社会学の基礎概念』阿閉吉男・内藤莞爾訳，恒星社厚生閣

索　引

●人名索引

●編者紹介

西原和久（にしはら かずひさ）

　名古屋大学名誉教授，成城大学名誉教授，南京大学客員教授

杉本　学（すぎもと まなぶ）

　熊本学園大学商学部教授

マイノリティ問題から考える社会学・入門
　　——差別をこえるために
*Introduction to Sociology from the Perspective of Minority
Issues: To Solve the Problem of Discrimination*

2021 年 3 月 31 日　初版第 1 刷発行
2024 年 9 月 30 日　初版第 5 刷発行

編　　者	西　原　和　久
	杉　本　　　学
発 行 者	江　草　貞　治
発 行 所	株式会社 有　斐　閣

郵便番号101-0051
東京都千代田区神田神保町 2 - 17
https://www.yuhikaku.co.jp/

印刷・大日本法令印刷株式会社／製本・大口製本印刷株式会社
© 2021, Kazuhisa Nishihara, Manabu Sugimoto. Printed in Japan
落丁・乱丁本はお取替えいたします。

★定価はカバーに表示してあります。

ISBN 978-4-641-17463-4